アートの教育学

革新型社会を拓く学びの技

OECD教育研究革新センター［編著］
篠原康正／篠原真子／袰岩 晶［訳］

明石書店

経済協力開発機構(OECD)

　経済協力開発機構（Organisation for Economic Co-operation and Development, OECD）は、民主主義を原則とする34か国の先進諸国が集まる唯一の国際機関であり、グローバル化の時代にあって経済、社会、環境の諸問題に取り組んでいる。OECDはまた、コーポレート・ガバナンスや情報経済、高齢化等の新しい課題に先頭になって取り組み、各国政府のこれらの新たな状況への対応を支援している。OECDは各国政府がこれまでの政策を相互に比較し、共通の課題に対する解決策を模索し、優れた実績を明らかにし、国内および国際政策の調和を実現する場を提供している。

　OECD加盟国は、オーストラリア、オーストリア、ベルギー、カナダ、チリ、チェコ、デンマーク、エストニア、フィンランド、フランス、ドイツ、ギリシャ、ハンガリー、アイスランド、アイルランド、イスラエル、イタリア、日本、韓国、ルクセンブルク、メキシコ、オランダ、ニュージーランド、ノルウェー、ポーランド、ポルトガル、スロバキア、スロベニア、スペイン、スウェーデン、スイス、トルコ、英国、米国である。欧州委員会もOECDの活動に参加している。

　OECDが収集した統計、経済、社会、環境の諸問題に関する研究成果は、加盟各国の合意に基づく協定、指針、標準と同様にOECD出版物として広く公開されている。

　　本書はOECDの事務総長の責任のもとで発行されている。本書で表明されている意
　　見や主張は必ずしもOECDまたはその加盟国政府の公式見解を反映するものではない。

Originally Published in English under the title:

"Art for Art's Sake?: The Impact of Arts Education"

© OECD, 2013
© アートの教育学──革新型社会を拓く学びの技, Japanese language edition, Organisation for Economic Co-operation and Development, Paris, and Akashi Shoten Co., Ltd., Tokyo 2016.

The quality of the Japanese translation and its coherence with the original text is the responsibility of Akashi Shoten Co., Ltd.

日本の読者の皆様へ

　芸術教育は、すべての子供にとってその教育の中心に位置すべきものです。また実際、日本の教育においても不可欠な要素となっています。しかし大抵の場合、特に子供が成長するにしたがって、学校は伝統的でアカデミックな教科に重点を置くようになり、芸術教育は、たとえあったとしても、最小限しか行われていません。

　学校教育において芸術にもっと大きな役割を与える試みの中で、芸術を擁護する人々の中には、芸術は学力を高め、テストの得点を上げられるから重要なのだと主張する人々もいます。これが本当だとしても、教育者は芸術が芸術以外の教科に役立つという観点から芸術を正当化すべきではなく、芸術は芸術それ自体が重要なものだと、そう私たちは考えています。日本には豊かな芸術的伝統がありますので、他の教科の成績を高めるかどうかにかかわらず、芸術は学校教育において中心的な役割を担うに値するという私たちの考えに、日本の教育者の皆様も賛成してくれるのではないでしょうか。

　しかしながら、芸術の学習と伝統的でアカデミックな学習との間に関連があるかのかどうかという問いは、それ自体が非常に興味深い研究テーマです。2000年に、エレン・ウィナー（Ellen Winner）とロイス・ヘトランド（Lois Hetland）はそれに関連する研究を精査しましたが、この主張を裏付けるエビデンスはあまり見つかりませんでした。これはおそらく、芸術には、数学や読解力、科学とはかなり違うスキルが必要とされるからではないでしょうか。

　日本を含むOECD加盟国は現在、「21世紀型スキル」を掲げています。その中で、芸術教育には、アカデミックな教科の成績を高めるばかりでなく、イノベーション、批判的思考力、粘り強さ、自信、社会的スキルといった幅広い「学びの技（habits of mind）」を促進する力があるのかが問題となっています。本書では、上述の2000年に行った精査の内容をアップデートするとともに、創造性、動機付け、そして社会的スキルといった新しい領域を含めました。検討の結果の半数は、新たに加わったものです。

学力に対する芸術教育のインパクトについて、最も確かなエビデンスが見つかったのは演劇の分野です。私たちは、初等学校で演劇を行うことによって、子供たちの読解などの言語能力を向上させることを示す研究を取り上げました。また、21世紀型スキルに対する芸術教育の効果を調べた研究は、ごくわずかしかないこともわかったのですが、この中には、今後にかなり期待できるものも含まれています。例えば、演劇に取り組むことによって、他者の視点に立つ能力や共感する能力を高めるというエビデンスがありますが、演劇では異なる役を演じることが生徒たちに求められることを考えれば、これは当然のことと言えます。ただし、私たちが確実な結論を得ようと思えば、アカデミックな教科の成績と21世紀型スキルの両方に対する芸術教育の効果を調べるさらなる研究が、それもさらなる実験研究が必要です。つまり、やらなければならない仕事がまだまだ残っているのです。

　本書の結論の章で、私たちは、教科の成績といった学力、そして21世紀型スキルや汎用性の高い「学びの技」のすべてに対する、芸術分野による効果をより深く理解するために、いくつかの研究方法を提案しました。芸術には様々な分野があり、それぞれが異なる効果を持つと考えます。演劇が他者の視点に立つ能力を訓練すれば、視覚芸術は観察する能力を訓練するといった具合に。芸術教育が、汎用性の高い「学びの技」、すなわち観察する能力、粘り強く取り組む能力、試してみる能力、他者の視点に立つ能力、振り返ったり評価したりする能力などを育むことを明らかにするためには、より多くの、より良い研究が必要です。こうした「学びの技」は、人々が生きて生活する上で、そして様々な仕事をする上で有益なものなのです。

　私たちは、本書が、子供の発達に対する芸術のインパクトを調べる、次なる研究課題を設定する上で助けとなることを、そしてまた、なぜ学校や大学が、そのカリキュラムの一部として芸術を大切にし、生徒・学生を豊かに育み続けなければならないのかについて、新たな対話をもたらすことを期待しています。

2016年4月

エレン・ウィナー（Ellen Winner）
タリア・R. ゴールドスタイン（Thalia R. Goldstein）
ステファン・ヴィンセント＝ランクリン（Stéphan Vincent-Lancrin）

序　文

　スキルが21世紀の世界通貨となる中で、各国の教育が生徒に身に付けさせるべきものは、地球規模の知識基盤型経済において求められるスキルである。特に、経済及び社会における革新（イノベーション）に力を与えるようなスキル、すなわち創造性（クリエイティビティ）、想像力（イマジネーション）、コミュニケーション能力、チームワークといったスキルを育成しなければならない。芸術教育（アーツ・エデュケーション）には、まさにこうしたスキルを育成することのできる可能性がある。芸術（アーツ）における訓練はまた、読解や数学といった基本的なスキルを向上させることもできると論じる者もいる。

　本書は、こうした問いに関する研究を網羅し、批判的に検討することによって、様々なスキルに対する芸術教育のインパクトをみるものである。これらの研究成果を豊かに、また繊細に解釈することでわかったことは、芸術教育が芸術以外の成果に与えるインパクト、そしてスキルをより広範に転移させる上でのインパクトについて言及する際には、慎重でなければならないということである。

　本書で明らかにした我々の主張を、以下に３点挙げたい。

　第一に、ある特定の分野の芸術教育には、一定のスキルを発達させる上でのプラスのインパクトが認められるという明確なエビデンスがある。例えば、演劇教育は、読解やテキストを理解したりする言語能力を明らかに向上させる。ただし、残念なことに、演劇は学校の授業で体系的に教えられてはいない。

　第二に、芸術教育が創造性や批判的思考力、粘り強さ、動機付け、自己概念といった生徒の能力に与えるインパクトに関する研究は極めて少ないため、我々自身、これらのインパクトについて確固たる結論を導くことができなかった点である。芸術教育がこうしたスキルを高めるという考えは妥当であり、これが時に当てはまることを示すエビデンスもみられる。だが、そうした結果は、その芸術がどのように教えられるかによって異なる。芸術はこうした能力を高めるようなやり方でも教えられるし、逆に、ダメにするようなやり方で教える

こうも可能なのだ。このことはつまり、カリキュラムが重要なのと同じくらい、こうした能力をよりよく導く指導方法や態度を理解する必要があるということである。

　第三に、教育政策にとっては、芸術が（そして他の教科の指導が）革新型スキルの育成にどう貢献するのかを詳しく知ることが重要ではあるが、私は著者たちの次の結論に賛成したい。つまり、たとえ芸術教育がイノベーションに寄与しなかったとしても、人間の経験において芸術が果たす重要性に照らせば、芸術教育は学校教育において一定の位置を占めるというものである。実際のところ、芸術や文化的な気付きがなくても送れる良い生活というものを、私は想像することができない。

経済協力開発機構（OECD）教育・スキル局長
バーバラ・イシンガー（Barbara Ischinger）

謝　辞

　本書は、エレン・ウィナー(Ellen Winner)(ボストンカレッジ心理学部)、タリア・R. ゴールドスタイン (Thalia R. Goldstein) (ペイス大学心理学部)、ステファン・ヴィンセント＝ランクリン (Stéphan Vincent-Lancrin) (OECD教育・スキル局) の共著であり、ステファン・ヴィンセント＝ランクリンが主導したCERIのプロジェクト、「教育訓練のためのイノベーション戦略」の成果の1つです。

　本書の内容は、エレン・ウィナーとロイス・ヘトランド（Lois Hetland）による以下の著作にその多くを負っています。

- Hetland, L. and E. Winner (2001), "The arts and academic achievement: What the evidence shows", *Arts Education Policy Review*, Vol.102/5, pp.3-6.
- Winner, E and L. Hetland (2000a), "The arts and academic achievement: What the evidence shows", double issue of *Journal of Aesthetic Education*, vol. 34/3-4, Fall/Winter, 2000.
- Winner, E. and L. Hetland (2000b), "Does studying the arts enhance academic achievement? A mixed picture emerges. Commentary", *Education Week*, November 1, pp. 64-46.
- Hetland, L. and E. Winner (2004), "Cognitive transfer from arts education to non-arts outcomes: Research evidence and policy implications" in E. Eisner and M. Day (eds.), *Handbook of Research and Policy in Art Education*, Lawrence Erlbaum Associates, Mahwah, NJ, pp. 135-161.

　関連するドイツ語の報告書を探し出し、それを私たちのために翻訳してくれたフォルカート・ハーンストラ（Folkert Haanstra）に感謝します。彼はまた、本書の原稿すべてに目を通し、建設的なコメントをくれました。

次の方々にも感謝申し上げます。韓国語の書誌目録のデータベースをあたり、本書のためにすばらしい研究支援を提供してくれたイーヨン・ホン（Yeeyoung Hong）（早稲田大学）、イタリア語の書誌目録の検索にあたってくれたフランチェスコ・アヴィサティ（Francesco Avvisati）（OECD）、フィンランド語のデータベースにあたってくれたキラ・カルカイネン（Kiira Kärkkäinen）（OECD）、ドイツ語のデータベースにあたり、ドイツ語の文献を探し出してくれたザビーネ・ホイデン（Sabine Hoidn）（ザンクトガレン大学）、日本語のデータベースにあたってくれたタナカ・サトミ（早稲田大学）、スペイン語のデータベースにあたってくれたオスカー・ヴァリエンテ（Oscar Valiente）（元OECD）、統計に関して支援してくれたウェナエル・ヤコーティン（Gwenaël Jacotin）（OECD）の皆様です。

また、2001年5月23・24日にパリで開催されたOECD／フランスワークショップ「教育のためのイノベーション：芸術教育と科学・技術・工学・数学（STEM）教育の役割」の参加者が提供してくれた貴重な意見に対しても感謝申し上げます。中でも、グレン・シェレンベルク（Glenn Schellenberg）（トロント大学）、モニカ・モット（Monika Mott）（KulturKontakt、オーストリア）、トゥーニス・イデゥンス（Teunis Ijdens）（Cultuurnetwerk、オランダ）は、本書の草稿に有益なコメントをくれました。さらに、原稿に対して意見を述べたり、各国の事例について情報を提供してくれたり、また時には、関連研究を見つけるために国のデータベースをあたってくれるなどした、CERI運営理事会の委員各位にお礼申し上げます。

OECD教育・スキル局イノベーション経済発展測定課のダーク・ヴァン・ダム（Dirk Van Damme）課長が、この活動に対してゆまず支援してくださったことにも感謝申し上げます。

最後になりましたが、このプロジェクト全体を通じて、フローレンス・ウォイタシンスキー（Florence Wojtasinski）（OECD）が有益な支援をくれたことに、大いに感謝します。

本書は、ドイツのスティフタング・メルカトール財団（Stiftung Mercator）及びフランス教育省、並びにOECD事務局長中央優先基金からの財政的支援を受けたものです。関係者の皆様に対し、ここに感謝申し上げます。

アートの教育学
革新型社会を拓く学びの技

目　次

日本の読者の皆様へ 3
序　文 5
謝　辞 7
要　旨 21

第1章　芸術教育のインパクト：擁護からエビデンスへ 27
第1節　本研究の背景：イノベーションのための教育、芸術擁護及び芸術教育 28
第2節　芸術以外の成果に対する芸術教育のインパクトを評価する 42
第3節　本書の研究方法 50
第4節　結論の概観 56
　▶コラム1.1　芸術からの学習転移における研究方法論上の課題 58

第2章　マルチ・アート教育の認知的成果 75
第1節　マルチ・アート教育と一般的な学力に関する研究のREAPメタ分析 77
　▶コラム2.1　REAPのメタ分析及び報告されている効果量 79
　▶コラム2.2　マルチ・アート教育は学力と正の相関がある 83
　▶コラム2.3　芸術の統合：教科の知識に対する矛盾した効果 89
　▶コラム2.4　「SPECTRA プラス」プログラム：芸術統合群は対照群よりも
　　　　　　　改善してはいない 91
　▶コラム2.5　シカゴ芸術パートナーシップ（CAPE）スクール：高い芸術性
　　　　　　　と高い学力──複合的な説明可能性 92
第2節　REAPによって示されたその他のマルチ・アートと一般的な学力に
　　　　関する研究 93
第3節　マルチ・アート教育と一般的な学力に関するREAP以後の準実験研究 95
　▶コラム2.6　芸術を通じた学習：転移についての矛盾した研究結果 97
第4節　結論 98

第3章　音楽教育の認知的成果 109
第1節　音楽教育と一般的な学力 110
第2節　音楽教育と知能指数 113

▶コラム 3.1　音楽のレッスンが子供の知能指数を高める……………………116
第3節　音楽教育、読解力、音韻意識のスキル………………………………………119
　▶コラム 3.2　第1学年終了時の読解力、数学及び音楽に対する幼稚園での
　　　　　　　音楽教育の効果……………………………………………………125
　▶コラム 3.3　音楽の訓練は音楽のみならず発話の聴覚をも改善する…………128
第4節　音楽教育と非母語の学習………………………………………………………130
第5節　音楽教育と数学…………………………………………………………………131
　▶コラム 3.4　音楽教育と幾何の推論……………………………………………137
　▶コラム 3.5　音楽的スキルと数学的スキルに対する数学と音楽の統合教育
　　　　　　　の効果……………………………………………………………139
第6節　音楽教育と視覚的・空間的スキル……………………………………………140
　▶コラム 3.6　追跡調査から、ピアノ指導を3年間受けた後の認知能力と
　　　　　　　空間能力に対する効果がみられなかった…………………………145
第7節　音楽教育と注意力………………………………………………………………147
　▶コラム 3.7　バイオリンの訓練が脳における注意反応を高める………………149
第8節　音楽教育と記憶…………………………………………………………………150
　▶コラム 3.8　優れた言語的記憶力：音楽訓練の結果かそれとも知能指数の
　　　　　　　結果か？……………………………………………………………152
第9節　結び：音楽教育と認知機能について…………………………………………154

第4章　視覚芸術教育の認知的成果……………………………………………………171
第1節　視覚芸術教育と一般的な学力…………………………………………………173
　▶コラム 4.1　スタジオにおいて視覚芸術の教師が重視する「学びの技」………174
第2節　視覚芸術教育と読解力…………………………………………………………179
第3節　視覚芸術教育と幾何学的・空間的推論………………………………………182
　▶コラム 4.2　幾何学的推論テストにおける、心理学専攻学生に対する視覚
　　　　　　　芸術専攻学生の優位性……………………………………………184
　▶コラム 4.3　幾何学的推論テストにおける、ハイスクールの演劇及びライ
　　　　　　　ティング専攻生徒に対する視覚芸術専攻生徒の優位性…………186
第4節　視覚芸術教育と観察能力………………………………………………………188
第5節　要約と結論………………………………………………………………………190

第5章　演劇教育の認知的成果……197
第1節　演劇教育と一般的な学力……198
第2節　演劇教育と言語能力……201

第6章　ダンス教育の認知的成果……219
第1節　ダンス教育と一般的な学力……222
第2節　ダンス教育と読解力……223
第3節　ダンス教育と視覚的・空間的スキル……226
第4節　ダンス教育、問題解決能力、批判的思考力……227

第7章　創造性に対する芸術教育の効果……231
第1節　マルチ・アート教育と創造性……235
　▶コラム 7.1　マルチ・アート教育と創造性：それは芸術によるものなのか、それとも革新的な教師によるものなのか……237
第2節　音楽教育と創造性……240
第3節　視覚芸術教育と創造性……240
第4節　演劇教育と創造性……242
第5節　ダンス教育と創造性……244
第6節　創造性の成果：結論……247

第8章　学業への動機付けに対する芸術教育の効果……253
第1節　マルチ・アート教育とアカデミックな学習の動機付け……255
　▶コラム 8.1　芸術教育はハイスクール中退を食い止めることができるのか：エビデンスはまだない……256
第2節　学業への動機付けの成果：結論……264

第9章　社会的スキルに対する芸術教育の効果……267
第1節　マルチ・アートとアカデミックな教科に対する自己概念……268
第2節　社会的スキルに対する音楽教育の効果……269
　▶コラム 9.1　創設者が語るエル・システマ……270

第3節　視覚芸術教育と社会的スキル··275
　▶コラム 9.2　演劇学習は、視覚芸術とは違って、望ましい感情の調整を促
　　　　　　　す：感情を抑制しないようにする方法を学習する俳優たち······277
第4節　演劇教育と社会的成果··280
　▶コラム 9.3　欧州委員会による生涯学習のためのキー・コンピテンシーの
　　　　　　　中のいくつかの要素に対する演劇教育の効果に関する準実験
　　　　　　　研究···283
第5節　ダンス教育と社会的成果··295
第6節　芸術教育の社会的スキルの成果：結論··298

第10章　脳に対する芸術教育の効果··305
　▶コラム 10.1　脳に対する音楽の効果：いくつかの研究例·····························308

第11章　なぜ、今、芸術教育なのか：まとめと結論··313
第1節　イノベーションのためのスキルと教育··314
第2節　芸術教育に対するインパクトに関する新たな検討································316
第3節　今後の研究課題··323
　▶コラム 11.1　芸術教育のインパクトに焦点を当てた研究分野への提言·······326
第4節　政策課題··330
第5節　結論··335

日本語版解説··339

図表一覧

──第1章 芸術教育のインパクト:擁護からエビデンスへ

図 1.1　革新性の高い職業に就いた大学卒業者の学科別割合 ……… 32
図 1.2　9〜11 歳が受ける必修教科の総授業時間に対する芸術教科の割合
　　　　(2010 年、2001 年) ……… 37
図 1.3　12〜14 歳が受ける必修教科の総授業時間に対する芸術教科の割合
　　　　(2010 年、2002 年、1996 年) ……… 37
図 1.A1.1　OECD 諸国の 9〜11 歳が受ける必修教科内での芸術教科の年間
　　　　授業時間 (2010 年、2001 年) ……… 72
図 1.A1.2　OECD 諸国の 12〜14 歳が受ける必修教科内での芸術教科の年間
　　　　授業時間 (2010 年、2002 年、1996 年) ……… 72
図 1.A1.3　非 OECD 諸国の 9〜11 歳が受ける必修教科の総授業時間に対する
　　　　芸術教科の割合 (2010 年、2001 年) ……… 73
図 1.A1.4　非 OECD 諸国の 12〜14 歳が受ける必修教科の総授業時間に対する
　　　　芸術教科の割合 (2010 年、2002 年) ……… 73
表 1.1　本書で検討した研究:成果別芸術分野 ……… 55
表 1.A1.1　各国の初等 (ISCED1) 及び前期中等 (ISCED2) 段階のカリキュラム
　　　　における芸術教科の現状 (2013 年) ……… 68
表 1.A1.2　各国の初等及び前期中等段階における芸術教科の評価基準 (2013 年) ……… 69
表 1.A1.3　各国の初等 (ISCED1) 及び前期中等 (ISCED2) 段階での芸術教育
　　　　の目標と目的 (2013 年) ……… 70

──第2章 マルチ・アート教育の認知的成果

図 2.1　相関研究と実験研究における重み付け後の平均効果量 ……… 91
表 2.1　マルチ・アート教育とテストの合成得点との関係をみた 5 つの相関研究 ……… 81
表 2.2　マルチ・アート教育と言語テストの得点との関係をみた 11 の相関研究 ……… 82
表 2.3　マルチ・アート教育と数学のテストの得点との関係をみた 11 の相関
　　　　研究 ……… 82

目　次

表 2.4　芸術教育と言語テストの得点との関係をみた 24 の準実験研究及び実験研究············88
表 2.5　芸術教育と数学のテストの得点との関係をみた 15 の準実験研究············90
表 2.6　REAP のメタ分析に含まれなかったマルチ・アート教育と学力を検討した 27 の研究············94
表 2.7　（芸術統合プログラムにおける）マルチ・アート教育と一般的な学力との関係を分析した REAP 以後の 8 つの研究············96
表 2.A1.1　マルチ・アート教育とテストの合成得点との関係をみた 5 つの相関研究············106
表 2.A1.2　マルチ・アート教育と言語テストの得点との関係をみた 11 の相関研究············106
表 2.A1.3　マルチ・アート教育と数学のテストの得点との関係をみた 11 の相関研究············106
表 2.A1.4　芸術教育と言語テストの得点との関係をみた 24 の準実験研究及び実験研究············107
表 2.A1.5　芸術教育と数学のテストの得点との関係をみた 15 の準実験研究············108

──第 3 章　音楽教育の認知的成果

図 3.1　ハイスクールで音楽の授業を取った生徒と取らなかった生徒の SAT の得点············111
表 3.1　音楽と学力を検証した REAP 以後の 4 つの相関研究············112
表 3.2　音楽と学力を検証した REAP 以後の 2 つの準実験研究············113
表 3.3　音楽と知能指数との相関を検証した 5 つの研究············114
表 3.4　知能指数に対する音楽教育の効果を検証した 2 つの準実験研究············115
表 3.5　知能指数に対する音楽教育の効果を検証した 5 つの実験研究············115
表 3.6　音楽教育と読解力との関係を検証した 24 の相関研究············121
表 3.7　読解力に対する音楽教育の効果を検証した 6 つの実験研究のメタ分析·····122
表 3.8　音楽と読解力又は読解力に関係するスキルを検証した REAP 以後の 9 つの相関研究············123
表 3.9　音楽と読解力又は読解力に関係するスキルを検証した REAP 以後の 2 つの準実験研究············125

表 3.10	音楽と読解力又は読解力に関係するスキルを検証した REAP 以後の研究（30 の実験研究のメタ分析とその他の 2 つの実験研究）	127
表 3.11	非母語の学習に対する音楽の効果を検証した準実験研究	131
表 3.12	音楽と数学との関係を検証した 20 の相関研究	133
表 3.13	音楽と数学との関係を検証した 6 つの実験研究	133
表 3.14	音楽教育と数学的スキルを検証した REAP 以後の 9 つの研究	135
表 3.15	音楽教育と数学的スキルに関する 2 つの準実験研究	135
表 3.16	視覚的・空間的スキルに対する音楽教育の効果についての 3 つのメタ分析に含まれる 29 の準実験研究及び実験研究	143
表 3.17	音楽教育と視覚的・空間的スキルとの関係を検証した REAP 以後の相関研究	146
表 3.18	視覚的・空間的スキルに対する音楽教育の効果を検証した REAP 以後の 2 つの研究	146
表 3.19	音楽と注意力との関係を検証した 3 つの相関研究	148
表 3.20	注意力に対する音楽の効果を検証した 3 つの研究	149
表 3.21	音楽の訓練と言語的記憶力との関係を検証した相関研究	151
表 3.22	言語的記憶力に対する音楽の訓練の効果を検証した準実験研究	152
表 3.A1.1	音楽教育と読解力との関係を検証した 24 の相関研究	168
表 3.A1.2	読解力に対する音楽教育の効果を検証した 6 つの実験研究のメタ分析	168
表 3.A1.3	音楽と数学との関係を検証した 20 の相関研究	169
表 3.A1.4	音楽と数学との関係を検証した 6 つの実験研究	169
表 3.A1.5	視覚的・空間的スキルに対する音楽教育の効果についての 3 つのメタ分析に含まれる 29 の準実験研究及び実験研究	170

──第 4 章　視覚芸術教育の認知的成果

表 4.1	一般的な学力に対する視覚的思考方略のカリキュラムの効果を評価した 3 つの準実験研究	178
表 4.2	読解力に対する独立教科としての視覚芸術の指導効果を評価した研究を含む 7 つの準実験研究及び 2 つの実験研究	180

表 4.3　視覚芸術と統合された読解指導の効果を評価した3つの準実験研究及び1つの実験研究 ········· 181
表 4.4　読解力に対する視覚芸術教育の効果を検証したREAP以後の準実験研究 ········· 182
表 4.5　視覚芸術の学習と視覚的・空間的スキルとの関係を検証した2つの相関研究 ········· 183
表 4.6　視覚的・空間的スキルに対する視覚芸術教育の効果を検証した30の研究のメタ分析及び今後の準実験研究 ········· 187
表 4.7　医学的観察能力に対する絵画を見る訓練の効果を検証した実験研究 ········· 189
表 4.8　観察能力に対する視覚芸術学習の効果を検証した準実験研究 ········· 190
表 4.A1.1　読解力に対する独立教科としての視覚芸術の指導効果を評価した研究を含む7つの準実験研究及び2つの実験研究 ········· 195
表 4.A1.2　視覚芸術と統合された読解指導の効果を評価した3つの準実験研究及び1つの実験研究 ········· 195

──第5章　演劇教育の認知的成果

図 5.1　演劇教育を通じた言語能力の向上：明らかな関係 ········· 204
表 5.1　演劇教育と一般的な学力を検証した3つの準実験研究 ········· 199
表 5.2　演劇教育と物語の理解：口頭による測定 ········· 205
表 5.3　演劇教育と物語の理解：筆記による測定 ········· 205
表 5.4　演劇教育と読解力 ········· 206
表 5.5　演劇教育と口語 ········· 206
表 5.6　演劇教育と語彙 ········· 207
表 5.7　演劇教育と書く能力 ········· 207
表 5.8　演劇教育と読解のレディネス ········· 207
表 5.A1.1　演劇教育と物語の理解：口頭による測定 ········· 215
表 5.A1.2　演劇教育と物語の理解：筆記による測定 ········· 216
表 5.A1.3　演劇教育と読解力 ········· 216
表 5.A1.4　演劇教育と口語 ········· 217
表 5.A1.5　演劇教育と語彙 ········· 217
表 5.A1.6　演劇教育と書く能力 ········· 218

表 5.A1.7　演劇教育と読解のレディネス ... 218

──第 6 章　ダンス教育の認知的成果

表 6.1　ダンス教育と一般的な学力を評価した REAP 以後の 2 つの相関研究 ... 222
表 6.2　学力に対するダンス教育の効果を評価した REAP 以後の 2 つの準実験研究 ... 223
表 6.3　読解力に対するダンスの効果に関する 4 つの準実験研究及び実験研究 ... 224
表 6.4　視覚的・空間的スキルに対するダンス教育の効果に関する準実験研究及び実験研究 ... 226
表 6.A1.1　読解力に対するダンスの効果に関する 4 つの準実験研究及び実験研究 ... 230
表 6.A1.2　視覚的・空間的スキルに対するダンス教育の効果に関する準実験研究及び実験研究 ... 230

──第 7 章　創造性に対する芸術教育の効果

表 7.1　マルチ・アート教育と創造性との関係に関する 10 の相関研究 ... 236
表 7.2　言語的創造性に対するマルチ・アート教育の効果に関する 3 つの準実験研究及び実験研究 ... 237
表 7.3　図形的創造性に対するマルチ・アート教育の効果に関する 3 つの準実験研究及び実験研究 ... 237
表 7.4　マルチ・アート教育と創造性に関する準実験研究（幼稚園対象） ... 238
表 7.5　マルチ・アート教育と創造性に関する 2 つの実験研究 ... 238
表 7.6　視覚芸術学習と創造性との関係を評価した 2 つの研究 ... 241
表 7.7　演劇学習と創造性との関係を評価した相関研究 ... 243
表 7.8　演劇学習と創造性との関係を評価した 2 つの実験研究 ... 243
表 7.9　創造性に対するダンス教育の効果を評価した 2 つの準実験研究 ... 245
表 7.10　創造性に対するダンス教育の効果を評価した 2 つの実験研究 ... 246
表 7.A1.1　マルチ・アート教育と創造性との関係に関する 10 の相関研究 ... 251
表 7.A1.2　言語的創造性に対するマルチ・アート教育の効果に関する 3 つの準実験研究及び実験研究 ... 251

表7.A1.3　図形的創造性に対するマルチ・アート教育の効果に関する3つの準実験研究及び実験研究……251

―― 第8章　学業への動機付けに対する芸術教育の効果
表8.1　芸術と学力の動機付け指標との関係を評価した相関研究……257
表8.2　マルチ・アート学習と学業への動機付けを検証したREAP以後の13の相関研究及び準実験研究……260

―― 第9章　社会的スキルに対する芸術教育の効果
図9.1　目から相手の心を読むテストの問題例……292
表9.1　マルチ・アート教育が自己概念を高めるかどうかを評価した3つの相関研究……269
表9.2　音楽教育と自尊心との関係を検証した相関研究……272
表9.3　自尊心に対する音楽教育の効果を評価した実験研究……272
表9.4　共感に類似する特性に対する音楽指導の効果を評価した2つの準実験研究……274
表9.5　視覚芸術の学習が自己概念を改善するかどうかを評価した準実験研究……275
表9.6　視覚芸術教育と感情の調整との関係を評価した相関研究……277
表9.7　視覚芸術教育と感情の調整との関係を評価した準実験研究……277
表9.8　視覚芸術の学習が共感性を高めるかどうかを評価した準実験研究……280
表9.9　演劇の学習が社会的スキルを高めるかどうかを評価した5つの準実験研究及び実験研究……282
表9.10　演劇の学習が自己概念を高めるかどうかを評価した4つの準実験研究及び実験研究……285
表9.11　演劇の学習が感情調整を高めるかどうかを評価した3つの研究……288
表9.12　演劇の学習が共感性を高めるかどうかを評価した2つの研究……290
表9.13　演劇の学習が他者の視点に立つ能力を高めるかどうかについて評価した6つの研究……291
表9.14　自己概念に対するダンス教育の効果を評価した3つの準実験研究及び実験研究……295

表 9.15　ダンスの学習が社会的能力を高めるかどうかを評価した3つの準実験研究……296
表 9.16　ダンスの学習が社会的能力を高めるかどうかを評価した2つの実験研究……297

要 旨

　科学者や起業家と並んで、芸術家もまた我々の社会におけるイノベーションにとってお手本である。当然のことながら、芸術教育（arts education）は、批判的で創造的な思考、動機付け、自信、そして効果的にコミュニケーションをとったり協力したりする能力など、イノベーションにとってだけでなく、数学や科学、読み書きといった芸術以外の教科においても、必要不可欠とみなされているスキルを身に付ける1つの手段であると広く言われている。芸術教育は本当に、我々が「イノベーションのためのスキル」と定義付けている3つのスキル、すなわち技術的スキル、思考・創造のスキル、そして社会的・行動的スキルといった性格に関わるものに対して、積極的な影響を与えるのだろうか。

　本書はこの問いに対し、ロイス・ヘトランド（Lois Hetland）とエレン・ウィナー（Ellen Winner）が行った「教育と芸術の検証プロジェクト（REAP: Reviewing Education and the Arts Project）」によって、2000年に刊行されたメタ分析を更新し、さらに社会的・行動的スキルにまで拡大することで、それに答えようとしたものである。メタ分析はある特定のトピックに関する既存の研究を結び付け、結果に一貫性があるかどうか、一般化するに足りる統計的な説得力があるかどうかを評価する。今回は、REAPプロジェクトですでに検討された研究に加え、オランダ語、英語、フィンランド語、フランス語、ドイツ語、イタリア語、日本語、韓国語、ポルトガル語、スペイン語、スウェーデン語で書かれた教育学と心理学のデータベースを系統的にあたることによって得られた新たな知見を含めた。

　本書で検討した芸術教育には、音楽、視覚芸術、演劇、ダンスなど学校の授業で扱われている芸術科目、授業に統合されている芸術（アカデミックな教科を補助するものとして教えられている芸術）、そして学校外で行われる芸術の学習（楽器の個人指導や、演劇、視覚芸術及びダンスの学校外のレッスンなど）を含めたが、芸術についての教育、すなわちすべての教科に含まれているであろう文化の教育については扱っていない。

本書の主な研究成果を要約すると以下のようになる。

芸術教育と芸術以外の教科における学力

マルチ・アート教育

　アメリカにおける広範な相関データによれば、多くの芸術コース（異なる芸術を組み合わせたコースも同様）を履修した生徒ほど学力（学校の成績や言語と数学の標準テストの得点）が高いことが明らかになっている。社会経済的に恵まれている生徒もそうでない生徒も、この相関があてはまるとする研究もある。しかし、こうした相関の発見は、芸術コースが高い成績をもたらしているということを示しているわけではない。因果関係は示さないものの、妥当と思われる説明を無視することはできない。例えば、学力面に優れ、芸術を勉強している生徒の家庭が、学業と芸術の両方に価値を置いている場合もあれば、生徒が通っている学校が、学業と芸術の両方を重視している場合もある。また、良い成績をとること、あるいは教育的な能力というものは当然のことながら、生徒が芸術教育を受けるかどうかにプラスのインパクトを与える。というのも、学校で成績が優秀な生徒は芸術活動により多くの時間を費やしたり、教師や親から芸術を勉強するよう促されることが多いということがあり得るからだ。しかし、イギリスで行われた同様の研究では反対の結果が得られたのである。芸術コースに在籍している生徒が、アカデミックコースに在籍している生徒よりも全国的なテストの成績が低かったというものであるが、この結果から、自から望んで芸術コースに入った生徒を検討の対象とすることの重要性が指摘される。マルチ・アートの実験研究で、学力に対する芸術クラスの効果を検証したものは少なく、有意な因果関係を明らかにしたものもまだない。

音楽

　音楽教育は知能指数（IQ）、学力、語句の理解や音韻に関するスキルを高める。さらに、音楽教育が外国語の学習を促進させるという証拠もある。音楽教育の視覚的・空間的推論に対するプラスのインパクトを認める研究がある一方で、ある追跡調査ではその影響は3年後にはみられなくなったとしており、解

釈には注意が必要である。また、数学者が音楽を好むとしても、だからといって、音楽教育と数学の得点との因果関係を示す証拠はどこにもない。

演劇

　授業で物語を演じるというやり方（クラスルーム・ドラマ）で演劇教育を行うことによって、言語的スキルが向上するという確固たるエビデンスがある。だが、演劇訓練と学力全般との関連性については、エビデンスがない。

視覚芸術

　視覚芸術における訓練が学力全般あるいは言語的スキル（リテラシー）を高めるというエビデンスはないものの、視覚芸術を学習している生徒はそうでない生徒よりも、幾何学的推論に強いということを示した2つの新しい相関研究がある。ただし、その因果関係はまだ明らかになっていない。また、ある実験研究によれば、視覚芸術作品を緻密に観察するという学習を通して、科学的なイメージを観察するスキルを高めることができるとされるが、これは、スキルとして近いものが転移する典型的な例である。

ダンス

　ダンスの指導によって視覚的・空間的スキルを高めることができるとする研究はあるが、このことを結論付けるには研究自体がまだ不足している。ダンス教育が、学力全般あるいは読解力を高めるというエビデンスは、まだ得られていない。

芸術教育と思考・創造のスキル

　誰もが芸術と創造性を結び付けて考えている。演劇教育やダンス教育と創造性の向上を結び付ける研究はあるが、その数は限られており、統計的にみて、その結果を一般化できるような積極的なエビデンスはない。マルチ・アート教育に関する研究は、生徒の創造性や問題解決能力に対する因果関係を明確に証明するものとはなっていない。

この問いに対するエビデンスが弱い理由の1つは、創造性の測定方法、すなわち「トーランスの創造性検査」(例えば生徒が、ありふれたもののオリジナルな使い道を考え出したり、他とは異なるやり方で絵にタイトルをつける)など、「領域一般的」テストを用いる方法は、測定できるものが限定されているということだ。またもう1つの可能性として考えられることは、どんなものでも創造性と想像力を刺激するように教えることができる一方、それらを弱めるようなやり方で教えることもできるからである。つまり例えば、科学の授業で——実際にはどの教科の授業においても——優れた指導がなされるならば、創造性と想像力を教えることができるし、教え方が良くなければ、芸術の授業であっても創造性と想像力は無縁なものになり得る。芸術の授業ですら、かなり手間暇をかけないと、こうしたスキルを発達させることはできない。また、ある分野の芸術において高い専門性を身に付けた生徒が、その芸術分野では創造的な能力を発揮することができても、この新しい創造性は他の分野にまで波及するものではないのかもしれない。

　批判的思考力に対する芸術教育のインパクトを評価した実験研究については、これを確認できなかった。ただし、視覚芸術の教師が、振り返る力やメタ認知を促そうと最善を尽くすことを明らかにした研究はある。

芸術教育と社会的・行動的スキル

　芸術教育は、公共政策の形成者や教育関係者から、生徒が学校生活を楽しんだり、他のアカデミックな教科を学習する動機付けの手段と捉えられることが少なくない。実証研究によれば、芸術教育コースに入った生徒は物事に対する積極性や動機付けが高いだけでなく、アカデミックな学習に対しても意欲的であることがわかっている。しかしながら、こうした研究は相関関係を示したものであり、芸術教育が生徒をやる気にさせるという結論を導いているわけではない。因果関係を示さないもっともらしい説明もある。例えば、芸術を取っている生徒の通う学校が全体的として良い学校で、このため、生徒の動機付けが高いのかもしれないし、あるいは自分から希望して芸術を学んでいる生徒だから、もともと動機付けが高いのかもしれない。いずれにしろ実験(因果関係を

探る）研究が必要である。

　最後に、自信、自己概念、コミュニケーション及び協同のスキル、共感する能力、他者の視点に立つ能力、自分の感情を抑制するのではなくむしろ表現することによって感情を調整する能力など、社会的・行動的スキルに対する様々な分野の芸術教育のインパクトに関しても、暫定的なエビデンスにとどまっている。演劇教育に関するエビデンスは、初期的段階ではあるが最も期待が持てる。演劇の授業が、共感する能力や他者の視点に立つ能力、感情を調整する能力を強化することを明らかにした研究も少数だがあり、こうした教育の性質を考慮すれば妥当な発見である。

結論：芸術のための芸術か？

　結論として我々が論じたのは、次のようなことである。芸術教育が異なる種類のスキルに対してインパクトを持つことを示すエビデンスはあるが、芸術教育に正当性を与えるのは、明らかに、芸術の学びの技を身に付けるという点であり、これは現在、OECD諸国のカリキュラムにおいて芸術教育の第一義的な目標とされているものである。芸術の学びの技によって、技術やテクニックの習得だけでなく、緻密な観察、想像、探究、粘り強さ、表現、協同、振り返りなどのスキル、さらに思考と創造のスキル、そして芸術において発達する社会的・行動的スキルをも含めて考えることができる。

　芸術教育がイノベーションにとって重要であるとするいくつかの示唆的なエビデンスがあるが、これはOECD諸国で芸術を学んだ人々が、イノベーションの過程において重要な役割を果たしているためである。例えば、芸術関係学部の卒業生が生産部門のイノベーションに広く関わっていることである。また、イノベーションに対する芸術教育の価値を認識し、新しいタイプの学際的なカリキュラムを開発する大学や、芸術教育において得られるスキルを活用しようとする機関も増えている。

　芸術の学習が他の分野に「副次的に恩恵」をもたらすとすれば、大歓迎である。だが、我々は、芸術教育の存在意義が、他のアカデミックな教科のスキルを担保するという点にあるとは思っていない。幾何のスキルを伸ばすことが何

よりも目的であるならば、音楽やダンスよりも、幾何学を勉強する方がより効果的であろう。芸術教育の第一の意義は、芸術に内在する価値とそれに関連するスキル、そしてそれらが育む重要な学びの技であるべきだ。

　究極的には、芸術教育が他の分野のスキルや労働市場におけるイノベーションに与えるインパクトは、今日のカリキュラムにおける芸術教育の一義的な意義であってはならない。芸術は原始の時代から存在し続け、すべての文化の一部であるとともに、科学やテクノロジー、数学、人文といった、人間が生活を送る上での主要な分野の1つなのである。芸術は教育を受ける権利を考える上で重要である。生徒が1つの芸術分野に習熟すれば、それは自分の人生における仕事や情熱を発見したことを意味するだろう。だが、芸術は科学以上に、すべての子供が異なる方法で理解することを容認する。なぜならば、芸術には正しい答え、間違った答えというものがなく、探究したり試したりする自由を生徒に与えるからである。また、芸術は内省したり、独自の意義を発見したりするための機会となるからである。

第1章
芸術教育のインパクト：擁護からエビデンスへ

　第1章では、本書の背景、問い、方法論を設定する。今、政策形成者はイノベーションのためのスキルを改めて強調し、その政策課題の1つとして芸術教育を取り上げようとしている。同様に、芸術教育の擁護者たちは、ともすると芸術教育が存続の危機にあると感じ、芸術教育が他の教科に対して強いインパクトがあると主張する。本書の目的は、こうした主張が、確固たる研究に基づくエビデンスによって裏付けられるものか否かを検討することにある。この第1章では、本書の研究の範囲を示し、転移の概念について論じ、本書の目的と方法を整理した上で、結論の大要を述べることにする。

政策形成者を含め、ほとんどの人々が、芸術教育はイノベーションをもたらす創造性や他の同じようなスキルを高めてくれると信じている。知識基盤型社会において、イノベーションは経済成長のエンジンであり、芸術教育は、芸術のスキルや文化的な感度といったものを超えて、今やイノベーションが必要とするスキルや態度を身に付けるための手段であると考えられつつある。しかし本当に、芸術教育には、芸術以外のスキルに対するプラスの効果があるのだろうか。あるいは芸術教育は、知識基盤型社会において重視される数学や科学、読解といったアカデミックな教科の成績を高めてくれるのだろうか。生徒の学習に対する動機付けや自信、効果的にコミュニケーションをとったり協力したりする能力を高めてくれるのだろうか。革新型社会で重要だと考えられる「学びの技（habits of mind）」や態度、社会的スキルを発達させることができるのか。本書は、こうした様々なスキルに対する芸術教育のインパクトに関し、現状の実証的知識を検討することによって、これらの問いに答えようとするものである。

第1節　本研究の背景：イノベーションのための教育、芸術擁護及び芸術教育

　教育政策形成者や決定者はカリキュラムを継続的に見直すことで、生徒が革新型社会を生き抜き、適応するために必要とされるスキルを身に付けられるようにしなければならない（OECD, 2010）。芸術教育は、どの程度学校のカリキュラムに含めるべきなのか。芸術を教える目的は何なのか。学校で芸術教育が重要な位置にないがために、芸術教育の擁護者は長い間、芸術教育は芸術以外のアカデミック・スキルを高めるという論を展開してきた。イノベーションのためのスキルを育成するという新たな関心が、芸術教育に期待される成果に関するこれまでの主張に対して、新たな疑問を提起している。

芸術教育、そしてイノベーションと創造性の追求

　教育・訓練システムは、いよいよ革新型スキルを身に付けるための道具であ

第1章　芸術教育のインパクト：擁護からエビデンスへ

ると考えられるようになってきている。イノベーションと知識が成長と福祉の主要な源となってきているとして、35か国の閣僚級が参加して2010年に開催されたOECD閣僚理事会は、会合の成果として、「国それぞれの状況に配慮しつつ、教育・訓練によって人々が革新へと至るよう促す」と宣言した。その数か月後には、38か国から大臣級が参加したOECD教育大臣会合が開催され、21世紀において人間らしい暮らしを送るのに必要なスキルを、生徒に身に付けさせるにはどうしたらよいかというテーマで議論が交わされた。そこでは、基本的スキルにおいて高い基準を設定することに焦点を当てることが合意されるとともに、専門的スキルと、起業家精神、創造性、コミュニケーション能力といった汎用性のあるスキルとの間の「適切なバランス」が強調された。討議の中で、とりわけこれらのスキルにおける動機付けに関わる部分を強調しつつ、芸術教育はこれらの目標を達成する重要な手段であるとする意見が述べられた。

同様に、「欧州議会及び生涯学習のためのキー・コンピテンシーに関する審議会勧告（Recommendation of the European Parliament and of the Council on key competences for lifelong leaning）」（18 December 2006, 2006/962/EC）は、文化的気付きや表現力を含め、「批判的思考力、創造性、イニシアティブ、問題解決能力、リスク評価、意思決定、感情の建設的なマネジメントが8つのキー・コンピテンシーすべてにおいて役割を果たす」[1]と言及した。

政府や企業が資金を提供した国際的（また国内の）タスクフォースやプロジェクトによって、学力の強化、創造性、批判的思考力、社会的・感情的スキルなど、様々な「21世紀型スキル」が明らかにされている。例えば、「21世紀型スキルの評価と指導（Assessment and Teaching of 21st Century Skills: AT21CS）」は、オーストラリア、フィンランド、コスタリカ、オランダ、ロシア、シンガポール、アメリカの各国政府と、シスコ、インテル、マイクロソフトの情報技術（IT）企業が出資したプロジェクトで、創造性、批判的思考力、問題解決能力、意思決定と学習、コミュニケーションと協同といった、明日の世界のためのスキルを明らかにしている。この他にも、グローバルな経済競争の観点から21世紀に向けた準備を主張するアメリカ政府とIT企業のコンソーシアムである「21世紀型スキルのためのパートナーシップ（Partnership for 21st Century Skills)」があり、ここではスキル枠組みが開発されている（Trilling and Fadel, 2009）。このスキル枠組みは、1）芸術を含む中核教科、2）学習と革新型スキル（創造性とイノベーション、批判的思考力と問題解決能力、コミュニケーションと協同）、3）情報、メディア、テクノロジースキル、4）生活及びキャリアのスキル（応用力と柔軟性、イニシアティブと自己主導性、社会的・異文化的スキル、生産性とアカウンタビリティ、リーダーシップと責任感）という4つの要素から成る。

　こうした違いにもかかわらず、これらのプロジェクトには、異なるスキルセット間のバランスを重視していることや、異なる教科の内容や手続的知識を超えようとする共通点がみられる。彼らはより高次の思考力について繰り返される議論をリニューアルするだけでなく、価値ある多様な学習成果を認識するための探究を進めており、例えば、「複合的な知」と「未来志向」に関するガードナーの業績（Gardner, 1983, 1993, 2006）から大きな影響を受けたものである。我々はこれらのプロジェクトやアイデア、理論を基に、スキルと学習成果を以下の3つのカテゴリーに分類して検証する。

- 特定の教科において知っていることやノウハウを含むアカデミックなスキル、あるいは認知スキル、とりわけ基礎的なスキル
- 思考と創造のスキル
- 生徒の動機付け、粘り強さ、コミュニケーション能力、感情の調整、自信といった成果を導くような社会的・行動的スキル

　たとえ、イノベーションのためのスキルを育成する最善の方法について、人々が異なる見解を持っているとしても、明らかに芸術教育はそうすることが広く想定される手段の1つであるし、ほとんどの人々にとって、それは妥当だと感じられるのだ。2011年にアメリカのアーン・ダンカン（Arne Duncan）教育長官が発表した声明は、政策的対話において、芸術教育がいかに明日の革新型社会に向けた適切なスキルを育成する手段とみなされているかを例示してみせた。

第1章　芸術教育のインパクト：擁護からエビデンスへ

　芸術の教育は、かつてないほど重要性が増している。グローバル経済において、創造性は必要不可欠なものである。今日働く者が、生産的かつ革新的な働き手となるためには、単なる知識・技能以上のものが求められている。iPhoneを発明した人やGoogleの開発者をみてほしい。彼らは知的であるだけでなく革新的でもある。知識と創造性を組み合わせることによって、我々のコミュニケーションの方法や、社会的な関係の結び方、さらにはビジネスのやり方を一変させた。創造する経験を持つことは、エンジニアや経営者、その他多くのプロフェッショナルにとって日々の生活の一部である。今日という日を未来につなぐために、アメリカの子供たちは革新的で、機知に富み、想像的である必要がある。そうした創造性を育成する最も良い方法は芸術教育を通じたものである。(PCAH, 2011, p.1)

　実際、相関的なエビデンスによれば、芸術系の学卒者、そしておそらく芸術教育は、イノベーションに重要な役割を果たしている。高等教育修了者が卒業後5年間に就く職業を国際的に分析した研究に基づき、アヴィサティら（Avvisati et al., 2013）は、高度に革新的な職業がイノベーションを生み出すようになると、芸術系の学卒者もエンジニアやコンピュータを専攻した者と同様に、そうした職業に就く傾向がみられることを明らかにした（ここで高度に革新的な職業とは、革新的な組織の中で個人的にイノベーションに貢献する人々が就くような職業を指す）。芸術教育のプログラムが、こうした職業に一層結び付きやすいスキルを持つ人々を引きつけているとも言えるし、一方で、高等教育を受けた専門職者が回答しているように、特定の分野の芸術教育がこうしたスキルを高めていると言うこともできる（図1.1）。

芸術教育における新たな取組み

　芸術教育は依然として周辺教科であるが、芸術教育に基づく教育政策や新たな取組みが、教育を一層革新するような方法を固めつつある。これらの取組みは、概して生徒の学力を高めるために、教授・学習における革新型文化を育もうとしているが、それだけでなく創造的な気質や社会的・感情的スキルも高めようとしている。

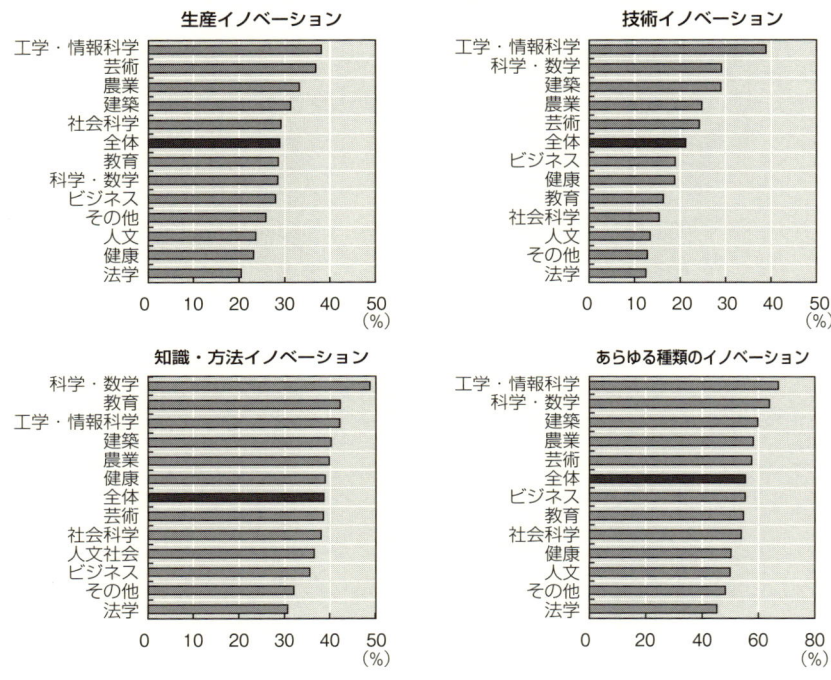

図1.1　革新性の高い職業に就いた大学卒業者の学科別割合

StatLink：http://dx.doi.org/10.1787/888932832877
出典：Avvisati, Jacotin and Vincent-Lancrin（2013）．Based on Reflex and Hegesco.

　シンガポールでは、情報・コミュニケーション・芸術省（MICA）が2008年に芸術学校を創設し、試験で高得点を得るためのスキルを超えたスキルに生徒が取り組むような、革新型の学校教育モデルを開発した。この独立ハイスクールは13歳から18歳の生徒に芸術を通じた6年間の教育プログラムを提供するもので、正規のアカデミックな教科の学習に加え、生徒は選択した芸術を週当たり10時間以上学習する。カリキュラムのビジョンとして「結び付けられたカリキュラム（connected curriculum）」（Perkins, 1993）が適用され、その学校では、芸術を通じてアカデミックな教科を教えるという方法が採用された。例えば、彫刻を通じて物理の原理を学んだり、施釉や陶芸を通じて化学の原理を学んだり、あるいはまた音楽を通じて数学を学ぶといった具合だ。さらに、

実際の芸術家が学校で生徒と一緒に活動する中で、作品をつくるプロセスにおいて実験、表現、発見が強調される。芸術的経験は、技術的なスキルを育む手段のみならず、感性や感受性を育む方法としても支持されているのである。

2013年、この芸術学校の第1期生が全員、国際バカロレアのディプロマ資格試験に合格したが、そのほぼ44％に当たる生徒は、スコアが45点満点で40点以上であった（これらの生徒は、同試験を受験した生徒のトップ5％に相当する）。この学校には直接入学審査（DSA）により年間200名の生徒が入学するが、生徒の学力は様々であり、中には、初等学校卒業試験の成績からみて大学に入ることが難しい生徒もいることから考えると、すばらしい学業成果を上げたと言える。このシンガポール直接入学審査（DSA）には選別の機能はあるものの、通常、進路選択の機能を果たしている初等学校卒業試験の結果が公表される前に実施される。現在、その学校の教育過程と成果に関する研究が進められているが、タンとポヌサミー（Tan and Ponnusamy）の初期的な分析によれば、これが成功したのは、結び付けられたカリキュラムを実施するために学校が周到に取り組み、それによって教師が協同して問題の解決に当たる教授・学習文化を育むことができたからである。この学校は、教師の動機付けを高めるだけでなく、授業実践を再検討するとともに、カリキュラムの単位を変更する裁量と時間も与えたという。その過程において、芸術は、フォーマルな教育の周辺的な活動ではなく、認識の方法として再考され、正当化されたのである。

イギリスでは、非営利団体「創造性・文化・教育（CCE）」が、「創造的パートナーシップ」という興味深いプログラムを運営した。2002年から2011年にかけて、この「創造的パートナーシップ」には、イギリスの5,000を超える学校から8,000以上のプロジェクト、100万人以上の生徒、9万人以上の教師が参加した。このプログラムの大きな特徴は、生徒や教師が望む特別なニーズや問題点を表すために、学校に「創造的エージェント」を配置し、訓練するという点にあった。主に創造的で文化的な産業から招かれた「創造的エージェント」（必ずしも芸術家に限らない）が、学校の訪問者として、教師とは異なる役割を果たす。例えば2005年、（イングランド最北で東側に位置する）ノーサンバーランドのプルドー公立ハイスクールが始めた、（映画音楽をテーマとする）「ノーサンバーランドのための賛歌」というプロジェクトがある。その町の他

の学校を巻き込み、音楽家の助けを得ながら、生徒が映画のために新しい音楽を作曲したり、演奏したりすることを学び、最後にはグループ全体で1つの曲を作曲し、他の人の前で発表した。

このプログラムに関する研究によれば、生徒の健康や幸福、学業成績、記憶力に、さらに教師の専門性の向上や学校の日常的な運営に、プラスのインパクトがもたらされた（CCE, 2012）。プログラムは芸術教育や芸術的プロジェクトを重視したものであるが、研究によれば、そのプラスのインパクトは、創造的専門家が授業で模範を示した、その指導方法にあった。そのやり方を学んだ教師が日常の実践に生かすことによって得られたものであり、一教科として芸術を学ぶだけでは得られなかったインパクトである。生徒たちに対するそのインパクトの性質のために、この方法は国際的に大きな関心を集めることとなり、「創造的パートナーシップ」をモデルとしたプログラムが、2013年現在、ドイツ、リトアニア、ノルウェー、パキスタンで実際に行われ、この他にもいくつかの国で検討されている。例えば、「文化エージェント」と呼ばれる、ドイツ連邦政府といくつかの州による共同プロジェクトでは、学校と芸術団体、そして芸術家を強力に結び付けることによって、社会的能力の成長を支援した。

芸術以外のスキルは本書でも扱っているが、それを発達させることを目的とする芸術教育のプログラムに関して、国の政策事例を検討することは、本書の目的を超えている。とはいえ、多少は言及できる。チリでは、カリキュラムにおける芸術教育の時間数を増やすことが2012年に発表された。これは、芸術教育が動機付けや社会的・行動的スキルを高めるという考え方に後押しされたからである。芸術教育においてこれらのスキルをどのように発達させることができるかを、評価することも計画されている。オーストリアでは、教育省から財政的支援を受けた「対話プログラム」が、生徒のやる気を高める目的から、授業において芸術家と教師、生徒が芸術のプロジェクトを行う共同作業を支援している。プログラムの評価は、学習に対する生徒自身の見方に基づいて行われる。そこでは、チームで作業する力、学習成果をよりはっきりと認識することで感情を表現する力が評価される（Schober *et al.*, 2007）。フランスでは、2013年の改革で週当たり授業時間が見直された。政府は、スポーツや芸術、文化の活動のために時間を使うことで、子供の幸福や知的好奇心が高まるとし

ている。スロベニアでは、「文化バザール」という年中行事が開かれ、質の高い芸術教育を目的に、学校、就学前教育機関、そして文化施設（美術館や劇場など）の連携強化が目指されている。

　最後に、科学・技術・工学・数学（STEM）教育を推進する上で芸術教育を統合する動きがあり、新しいトレンドとして言及する価値がある。韓国では、STEM教育の観点から芸術教育を通じて生徒が自信を高め、かつ創造性を高めることをねらいとして、科学・技術・工学・芸術・数学（STEAM）プロジェクトが開始された。アメリカでは最新の動向として、芸術とデザインの統合が国家教育目標として掲げられている。2013年に、新連邦議会議員幹部会（及び下院決議51）は、STEM分野に「芸術とデザインを加えること」で、「アメリカにおけるイノベーションと経済成長を促進する」とした。このアプローチを実施している学校としてよく引き合いに出されるのが、アトランタのドルー・チャータースクール（Drew Charter School）、ニューヨーク市のブルー・スクール（Blue School）、ボストン郊外のアンドーバー・パブリックスクール（Andover Public Schools）である。

芸術は世界の学校であまり重視されていない

　人類の文明における重要性やその中心性にもかかわらず、そしてイノベーションに関する政策対話やグローバル経済におけるその役割にもかかわらず、さらには、芸術教育を取り巻く興味深い新しい取組みの主人公であるにもかかわらず、今日、芸術は、世界中のほとんどの学校で相対的に小さな役割しか与えられていない。概して世界中の学校は、公立であれ私立であれ、読むこと（中等段階では文学も）、書くこと、算数・数学、科学、（中等段階の）歴史、地理といった「アカデミックな」スキルとされるものの教育にまずは力を入れ、芸術にはおよそ力が入っていない。視覚芸術、音楽、ダンス、演劇を理解することや活動することを学ぶ機会は、かなり軽視されてきた。通常、芸術は低学年で最低限教えられる（良くても、音楽や芸術の授業が１学期当たり週に１回）程度で、学年が進むにつれ選択科目として扱われるため、芸術を経験する機会を持つ生徒は限られ、運動チームに参加するのと同様に、校外活動や課外活動

に追いやられたりすることもある。もちろん例外もあるが、ここでは一般的な現状をこのように捉えることから議論を始めたい。

　世界における芸術教育の現状について、わかっていることはどんなことだろうか。芸術は世界のほとんどの国において教育政策中に位置付いている（Bamford, 2006）。すべてのOECD諸国で、芸術教育はカリキュラムに含まれており、主として視覚芸術、音楽、演劇、ダンスなどが取り上げられている（表1.A1.1）。特に、視覚芸術と音楽はほとんどのOECD諸国において初等及び前期中等教育段階で必修とされている。2010年時点で、9歳から11歳、12歳から14歳の生徒は、（データが利用可能な）OECD各国平均でそれぞれ年間99時間、91時間、芸術教育を受けているが、これは週当たり2時間から2.5時間に相当する。また、総必修授業時間のうち芸術が占める割合は9歳から11歳で12％、12歳から14歳で10%となっている（図1.2及び図1.3）。これは国語・文学、科学、数学、社会よりも少ないが、職業・実践的なスキル、技術あるいは宗教の時間よりはかなり多い。

　世界的にみて、芸術の学習を評価する基準が乏しいのは、1つに芸術学習の評価は難しいと受け止められているからである。評価の基準がないために、芸術が周辺的なものであり、まじめな思考というよりはむしろエンターテイメントの一形態であるとする捉え方に影響を与えている（表1.A1.2）。加えて、欧州委員会の最新データ（Eurydice, 2009）によれば、生徒の留年を決める際や、あるいは進級を認めるか否かを決める際に（そうした制度をとっている国の場合）、生徒の芸術科目の成績がそうした決定を左右することはまずない。

　ほとんどのOECD諸国において、芸術教育のカリキュラムは当然のことながら芸術的スキルを身に付けさせようとするものである。だが興味深いことに、そのほとんどの国が同時に、芸術に特化しない、より包括的なスキルを発達させるための方法として芸術教育を捉えているのである（表1.A1.3）。芸術教育のカリキュラムに共通しているのは、個々人の表現力、創造性、想像力、問題解決能力、リスクをとる力、チームワーク、コミュニケーション能力、プレゼンテーションスキルを育もうとしている点である。このように、芸術における学習が芸術の外にあるスキルや行動に転移するという前提が、ほとんどのOECD諸国の芸術教育の施策に浸透していると考えられる。だが、芸術教育のカリキ

第1章　芸術教育のインパクト：擁護からエビデンスへ

ュラムは一般に、読解、数学的推論あるいは科学的推論、問題解決能力といった、芸術以外のアカデミックなスキルを育成することを目指してはいない。

図1.2　9〜11歳が受ける必修教科の総授業時間に対する芸術教科の割合
（2010年、2001年）

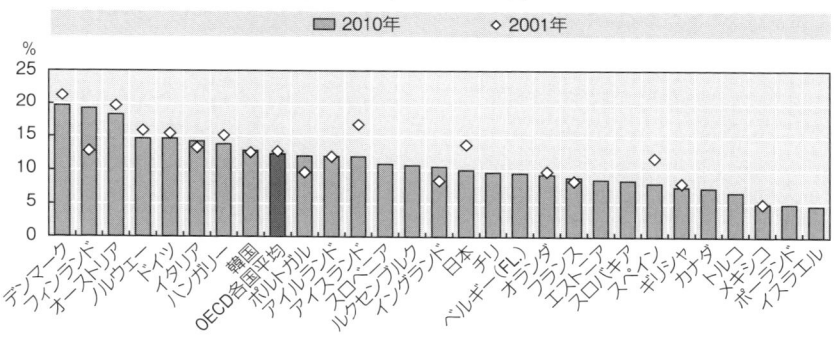

StatLink：http://dx.doi.org/10.1787/888932832896

注：各国は、2010年における必修教科の総授業時間に対する、芸術教科の授業時間の割合の大きい順に左から並べている。OECD各国平均は、2001年と2010年のデータが得られた国を基に算出した。
出典：OECD（*Education at a Glance* 2003, 2012）．

図1.3　12〜14歳が受ける必修教科の総授業時間に対する芸術教科の割合
（2010年、2002年、1996年）

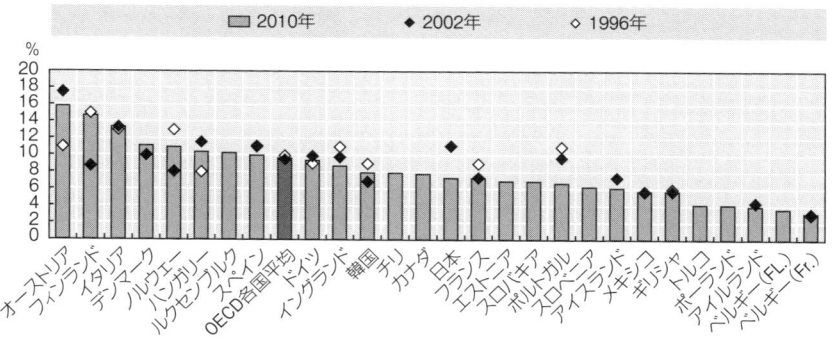

StatLink：http://dx.doi.org/10.1787/888932832915

注：各国は、2010年における必修教科の総授業時間に対する、芸術教科の授業時間の割合の大きい順に左から並べている。OECD各国平均は、1996年、2002年、2010年のデータが得られた国を基に算出した。
出典：OECD（*Education at a Glance* 1998, 2004, 2012）．

芸術の擁護と芸術の持つ転移効果

　教育予算が限られ、各国が生徒のテストの得点を互いに争うという今日の教育状況においては（Tucher, 2013など）、芸術は周辺的なものであるから、犠牲にしてもよいものとみなされる危険にさらされている。

　アメリカにおける連邦芸術団体全米大会のために作成された2006年の報告書は、「芸術の学習は現在、我々の学校から静かに消え去ろうとしている。優先分野の変化や予算のカットの結果、国中の学校で、質の高い芸術指導や芸術活動に生徒が参加できる機会が減少している」（Ruppert, 2006, p.1）と指摘した。また、基礎教育協議会の2004年報告書は、アメリカの幼稚園から高校における芸術の役割について、次のように結論付けている。「調査によって明らかとなった良い点は、数学や読み書き、科学や中等教育段階の社会科への取組みが高まっているということであり、その確かなエビデンスを得たこと。他方、マイナス面としては、芸術、外国語、初等段階の社会科への取組みが弱まっているというエビデンスを多く得たことである。そしてさらにわかったこととして、マイノリティの生徒が多く通う学校では普通教育カリキュラムが崩壊しつつある。そもそも芸術を含むカリキュラムを受けることのできる生徒は、歴史的にも限られてきた」（von Zastrow, 2004）。芸術・人文に関する大統領委員会の2011年報告書でも同様の指摘がある。すなわち、「予算の制約や一発勝負のテストに関係のある教科が重視され、学校での芸術指導が減少傾向にある」（PCAH, 2011, p.vi）。

　学校で芸術教育の授業時間が減少しているという受け止め方は、正確ではないかもしれない。この10年間に、OECD諸国の授業時間における芸術教育の時間は、相対的に維持されているからだ。9歳から11歳の必修授業時間における芸術の割合について、我々が得た2001年と2010年のデータによれば、OECD加盟18か国中11か国で減少したものの、それは平均0.4ポイントと、概してわずかな減少にすぎなかった。同様の傾向が8か国の12歳から14歳でもみられたが、2002年と2010年では、平均0.2ポイントとわずかに増加した。近年のこうした安定的な傾向は、長期的にみた場合の減少をみえにくくしてしま

第 1 章　芸術教育のインパクト：擁護からエビデンスへ

っているかもしれないが、近年の変化は平均すると限定的である。アメリカ連邦教育省の2012年の報告書によると、アメリカの初等学校のうちダンス、演劇を行っている学校は2010年にそれぞれ3％と4％であったが、これらは2000年には20％であり、この10年間に急激に減少した。ただし、アメリカの初等学校における芸術教育の主要な分野であり続けてきた音楽や視覚芸術を扱う学校は減っていない。このようにアメリカでも、芸術教育の減少というのは限定的であることがわかる。とはいえ、その減少がある特定の人口集団に与える影響は少なくない。この報告書が指摘しているように、芸術教育を受ける機会が失われる不公平な扱いを受けているのは、社会経済的に不利な条件にある生徒たちなのである（NCES, 2012）。

　芸術の授業が減少し、それに対する理解が進む中で、芸術の教育者と擁護者はまず最初に、芸術が読解や数学といった中核となるアカデミックなスキルを強化することができると主張して、カリキュラムにおける芸術の地位を高めようとした（Rabkin and Redmond, 2004）。芸術をアカデミックなものと結び付けようとする実践的な指導書が、今日、数多くみられるのはこのためである（McDonald and Fisher, 2006 など）。「統合されたカリキュラム」を用いることについては、すでに言及したとおりである。アメリカでは、教育における音楽全米コンソーシアム[2]を例として挙げることができる。そこで多くの芸術擁護者たちは、生徒が読み書き、算数・数学を学んだり、科学的概念を獲得したりする際に芸術が手助けになるとして、芸術は学校でより確固とした足がかりを得ることができると主張した。もう1つの最近の例として、イノベーションと創造性という課題を結び付けた主張があり、これは政策対話を広めるきっかけにもなっている。この2つの議論に関連して、アメリカの芸術・人文に関する大統領委員会が1つの明確な例を示している。

　　中等後の教育や労働市場において成功するのに必要な創造的批判的思考力が身に付いていなければ、高卒者はまさに狭いカリキュラムの産物としか言いようがない。こうした状況においては、芸術教育と結び付いた成果、すなわち学業成績の向上、学校への積極的な関わり、創造的思考力の改善といった成果が、ますます問われることになる。何十年にも及ぶ研究によって、質の高い芸術教育と目覚

ましい教育成果には、確固とした一貫性のある関係があることがわかっている。このことは、学習が複雑なほとんどの分野では因果関係を証明するには至っていないものの、正しいと言える。(PCAH, 2011, p.v)

　本書は、芸術教育と教育の成果を結び付けた研究のエビデンスが持つ信憑性を検証している。そこでは、因果関係（あるいはそれに近いもの）を立証する、確固とした結果を示している場合もあれば、今のところ得られたエビデンスでは、確実な結論を出すことができない場合もある。
　だが、本書の範囲と方法論を述べる前に、「転移（transfer）」についての主張のいくつかを詳細にみておきたい。アメリカの芸術・人文大統領委員会による1995年報告書によれば、「芸術を教えることは、学校での最終的な成功に対して有意な効果がある」(Murfee, 1993, p.3)とされ、その理由として、芸術の科目を取ったハイスクールの生徒の方が取らなかった生徒よりも、SAT（大学進学適性試験）の言語と数学のテスト、両方において得点が高いことを挙げている（SATとはアメリカの大学・カレッジの入学合否判定試験である）。さらに1年後には、芸術・人文大統領委員会から別の報告書が出され、その中で、「保護が必要とされるようなリスクのある若者が学校外の芸術教育プログラムに参加すると、学習への動機付けが高まり、学力が向上する」と報告された(Weitz, 1996)。1999年には、当時アメリカ教育長官であったリチャード・ライリー（Richard Riley）が、「芸術は、学習のための第一歩、すなわち学習に対する意欲を与える。そしてそれによって、いかに学習するかを若者に教えることができる」(Fiske, 1999, p.vi)と述べた。アメリカでは、このように他の分野に「転移」する芸術の（認知的、社会的、動機付けの）力を支持する最新の主張、そしておそらく最も力強い主張は、デージー（Deasy, 2002）、ラブキンとレーモンド（Rabkin and Remond, 2004）、ルパート（Ruppert, 2006）においてみられる。これらの主張には、革新型のグローバル経済に向けて生徒を準備させることへの言及が、上述の政策対話と結び付けながらますます含まれるようになっている（例えばRuppert, 2010; Cheney and Jarrett Wagner, 2008、及び上述のいくつかの引用）。同様の見解はヨーロッパやアジア・太平洋地域でもみられる。

第1章　芸術教育のインパクト：擁護からエビデンスへ

　こうした強い主張の背景は明らかである。すなわち、財政的理由により芸術に対する予算をカットしなければならないという圧力の下で、学校にとって芸術は、学力を高め、イノベーションのためのスキルを強化する道具としてみなされない限り、おそらく維持されないからだ。だが、予算カットが芸術からの学習転移の主張に拍車をかけたのだとしても、実際のところ、教育理論におけるこうした主張には長い歴史がある（Wakeford, 2004）。その周辺的な位置に置かれてきたことで、芸術を「共通カリキュラム」の中に正当に位置付けることの必要性が常に言われてきた。ウェイクフォード（Wakeford, 2004, p.85）によれば、「誰もが学ぶ芸術教育の哲学的起源には、次のような信念があった。すなわち、芸術はそれ自体が目的なのではなく、むしろアカデミックな場面でも実際的な場面でも、洗練された精神的能力を発達させることに関わっているというものである」。ウェイクフォード（2004, p.84）は、アメリカにおける幼稚園運動がペスタロッチやフレーベルの理論に支えられたものであること、その両者とも、子供の知覚と理解を発達させる上で、絵を描くことが重要であると主張したものであることを指摘している。エフランド（Efland, 1990）によれば、ペスタロッチの影響を強く受けたホーレス・マン（Horace Mann）（訳注：アメリカの教育改革家。1796～1859年）は、絵を描くことは知覚とデザイン力を強化するだけでなく、美に対する感情的審美眼を育み、「やる気」を高め、コミュニケーション能力を育むことから、共通カリキュラムに位置付けられるべきであると考えた。さらに、音楽教育者は、記憶や発音を高められるとして音楽を擁護した（Keene, 1982）。教育に芸術を含めることは、全人教育における進歩主義教育運動の信念でもあった（Wakeford, 2004）。

　芸術を教えることは、アカデミック・スキルを実際に高める方法の1つであるとする主張は、芸術が重要なのは、子供の動機付けを高めるからだという主張とセットになっている。そこでは、芸術は生徒を学校の活動に取り組ませ、中退を防ぐとされている。つまり、学校をより面白く、楽しくしたり、生徒が自分自身を表現したり、自分のアイデンティティを発見したりするのを手助けするのが芸術であるとされているのだ。全米芸術基金（NEA）のロッソ・ランデスマン（Rocco Landesman）会長は、『ウォール・ストリート・ジャーナル』紙に掲載された2009年11月の記事を引用して、「我々は、"落ちこぼれを

41

作らないための初等中等教育法"から落ちこぼれたすべての子供を前進させたい。その子供たちは才能も熱意もあり、そして個性的な考え方もする。そういう子供たちも重要な存在であり、社会において居場所を持つべきである。芸術はかなりの部分、そうした子供たちの受け皿である」[3]と主張した。だが、『エデュケーション・ネクスト』紙の記事では、マーク・ボーラーレーン（Mark Baurerlein, 2010）が、芸術を正当化するこの種の主張に対して次のように批判している。「ランデスマンは、芸術教育を厳格な教科として擁護しているわけではない。むしろ、その目的は救済である。"落ちこぼれを作らないための初等中等教育法"に合わなかった生徒がいて、芸術以外の教科はそうした生徒に刺激を与えなった。才能はあるが型破りな生徒は、代数の勉強にはふてくされ、カフェテリアで悪さをし、学校を中退する。芸術は彼らを"捕まえ""引き戻す"。つまり、沈みきったエゴを"社会における居場所"のある創造的な市民としてぎりぎりのところまで引き戻す」。こうした正当化は、数学や歴史といった、これまですべての生徒が真面目にその学習に取り組まなければならないことに疑問をはさむ余地がなかった教科では、考えられないことである。

第2節　芸術以外の成果に対する芸術教育のインパクトを評価する

　さらに論を進める前に、ある分野（芸術）から別の分野に転移するということはどういうことなのか、簡単に論じるとともに、芸術以外の分野の教育成果に対する、芸術教育のインパクトを説明し得る、異なる仮説を示したい。我々は、因果関係と相関関係の両方から、このインパクトを説明できる点を強調するとともに、相関関係（ある2つの事柄が関連しているという事実）は因果関係（ある1つの事柄がもう1つの事柄を導く、あるいはその原因となるという事実）と同じものではないという点も、併せて強調したい。

転移とは何を意味するか

　ここで、転移の意味について触れることが必要である。

第1章　芸術教育のインパクト：擁護からエビデンスへ

　異なるタイプのスキルに対する芸術教育のインパクトを取り上げた研究書は、大部分は転移パラダイムに基づくもので、上述の芸術擁護者の主張と合致するものである。このあと本書においても、この転移に関する研究の多くを取り上げる。研究の多くが、様々な芸術教育がどういったスキルあるいは成果をもたらすのかを問うのではなく、数学や読解、科学の標準テストの得点を測定することで、芸術以外の教育の成果に対するインパクトを証明しようとするものである。その他には、トーランスの創造性テストなど、テストによって測定される創造性や、さらに中退率などで示される勉強への動機付けがある。これらの研究には近接（媒介）要因を測定しないものがある。しかしながら、こうした要因は、異なる分野の芸術が異なるスキルを発達させるメカニズムを明らかにし、さらにはより汎用性のある学力に対するインパクトについて、よりよい理解を与えてくれる。次の例を考えてみよう。芸術と他の教科との混合カリキュラムが学力を高めることを発見した研究があるとすれば、その場合、媒介要因を調べることが不可欠であろう。例えば、芸術注入カリキュラムのおかげで、生徒がやる気を持って通学したり、より革新的で、やる気のある教師が教職に引きつけられるとしよう。おそらくそれは、こうした媒介要因がテストの得点を上げる原因になったと考えられる。今後求められるのは、こういったより複雑な研究である。あるいはまた、演劇の訓練を受けた生徒がリーダーになるという研究があったとしよう。おそらくその場合、人前で話をするスキルを学び、それが自信になって、仕事の場で人々に話をしたり、やる気を起こさせたりすることができるようになった、ということが近接要因になる。こうした近接要因には、この仮説的な因果関係の連鎖が実際に起こるかどうかを評価することが必要となる。

　転移に関する心理学の研究書は論争の的であり、デターマンとスタンバーグ（Detterman and Sternberg, 1993）によって検討されている。転移はしばしば、ある分野において獲得された学習が、他の分野に一般化されることであるとされる。このためラテン語の学習が、かつて、他の分野に一般化されるような学習と注意力の一般的なスキルを高めると考えられた。ソーンダイクとウッドワース（Thorndike and Woodworth, 1901）は、学習の一般化ではなくて、特異性を証明した際にこの仮説に挑戦した。

心とは、……特定の状況に対して特定の反応をする際のメカニズムである。それは、それが経験してきた特別なデータにそれ自身を適合させつつ、極めて繊細な働きをする。……たった１つの心的機能の改善も、他の機能において同じ改善をもたらすことはほとんどない。どんなに似たようなものであったとしても、それぞれの心的機能群は、それぞれのケースのデータの性質によって条件付けられている。(Thorndike and Woodworth, 1901, pp.249-250, Bransford and Schwartz, 1999による引用)

　芸術の転移に関する研究を、他の転移に関する研究の文脈においてみることが重要である。転移を証明することは常に難しい。『Transfer on Trial』と題する本（Detterman and Sternberg, 1993）では、デターマンが序章で次のように述べている。

　第一に、ほとんどの研究が転移を見つけられていない。第二に、転移を主張するこれらの研究は、最もゆるい基準によって転移を確認したと言っているにすぎず、転移の古典的な定義（デターマンが「ある行動が新しい状況においてどれだけ再現されるかの程度」(p.4)と定義付けたもの）をも満たしていない。要するに、……転移はほとんど起こらず、起こったと思われるものは、２つの状況がいかに似ているかということに、直接関係している。

　このように、芸術からの転移を証明する厳密な試みの限界は、他の分野の学習の転移を証明しようとする試みと、似たような状況にある。
　転移に関する研究の伝統的なアプローチとは、ある分野における学習がある分野に転移を予測できるかどうかについて検証するというものであったが、一方で、ブランスフォードとシュワルツ（Bransford and Schwartz, 1999）は、転移研究はそれよりむしろ、ある分野における学習が、知識豊富な条件にある転移先の分野において、「将来の学習の準備」となり得るかどうかを検証すべきであると提言した。我々がもしこのことを芸術に当てはめるとしたら、視覚芸術を学習することによって（幾何の授業を受ける前に幾何の得点が上がるかどうかを予測するものではなくて）、後日、幾何の授業で生徒がより簡単に幾

何の概念を習得することができるかどうかを調べる、ということになろう。同様に、音楽を学習することによって、後日、代数の授業で生徒がより簡単に代数の概念を習得することができるかどうかを、明らかにすることができるかもしれない（Terwal et al., 2009; Greeno et al., 1993を参照）。こうした「プロセス指向」の研究は、芸術分野ではまだ行われていないが、芸術からの学習転移に関する理解を大いに進めてくれるだろう。

芸術からの転移の基礎にある潜在的な因果関係のメカニズム

本書において、我々は、芸術教育が他の分野にどの程度転移するかを検証した既存の研究に頼らざるを得ない。どのような因果関係のメカニズムから、芸術には芸術を超えて広まる力があり、生徒が生きるための認知的側面、社会的側面、そして動機付けの側面を高める力があると言えるのだろうか。これについては、以下のような4つの異なる因果関係が挙げられている。

- 神経学的説明：ある芸術分野を学ぶことが、芸術以外の分野の学習に関わる脳の部位を活性化させる可能性がある。
- 認知的説明：ある芸術分野を学ぶことが、芸術以外の分野の学習に関わる認知的スキルを訓練する可能性がある。
- 社会的説明：ある芸術分野を学ぶことが、芸術以外の分野に関わる社会的スキルを訓練する可能性がある。
- 動機付けあるいは行動的説明：ある芸術分野を学ぶことが、動機付けを高めたり、あるいは他の分野に波及する行動や態度を発達させる可能性がある。

芸術を学ぶことによってアカデミックな分野に波及するスキルや性質を高めることができるかもしれないとする、以下の方法について考えてみたい。

共通するスキル（common skills）

芸術の中には、芸術以外の文脈において有益なスキルや、アカデミックな分野を成り立たせているスキルを発達させるようなものがあるかもしれない。例

えば音楽教育は、非芸術的な文脈も含めてヒアリング力を高め、さらに、このスキルの高まりが、ヒアリングが重要になる他の文脈、例えば、文学や言語といった言語芸術に対してプラスのインパクトを持つかもしれない。この場合、1つのアカデミックな分野が、芸術の訓練によって高められたスキルから恩恵を受けることになる。

きっかけ (entry points)

芸術は、やる気のない生徒や勉強に取り組む様子がみられない生徒が、勉強するようになるような動機付けのきっかけとして機能するかもしれない。例えば、教師が分数を理解する方法として楽譜を用いたり、歴史的事件をより深く理解するために、生徒にそれを劇にして演じさせたり、生徒が書くよう促す方法として、視覚芸術のプロジェクトを通じて生徒に振り返らせ、それを文書に書かせたりする方法があるかもしれない。

自信 (self-confidence)

芸術に参加することは、生徒の自信を高めることができる。少なくとも、1つの芸術分野で良いパフォーマンスができることに気付いた生徒は、自信を高めるだろうし、ひいては学校に対してより積極的な態度を持つようになり、教科の勉強にもまじめに取り組むようになるかもしれない。

勤勉さ (better working habits)

生徒が人前で発表したりする長期的なプロジェクトには、規律や粘り強さ、創造性、高い水準の取組みが必要であり、芸術はそれらを発達させる可能性がある。そして、このような勤勉さは他の教科分野に波及するかもしれない。もちろん、これはある芸術分野における指導が、当該分野のスキルを確実に教えた場合に限定される。ヘトランドら (Hetland et al., 2013) は5人の芸術教師の指導を分析し、例えば、粘り強いことがいかに重要であるかを強調していることに気付いた。芸術の指導は、生徒に、課題にかじりついて一生懸命取り組むよう教えるものであるという仮説があったとすれば、それを検証するいかなる研究も、まずは、生徒が実際に芸術の授業で粘り強さを学んでいることを示

さなければならない。そして次のステップとして、新たなスキルを、学校のカリキュラムの他の教科分野に浸透させることができるかどうかを検証する必要があろう。

ストレスの軽減（stress-reduction）

　芸術に参加することは、気分を高揚させることにつながると考えられてきた（Coleman et al., 2011; Dalebroux et al., 2008; dePetriio and Winner, 2005）。そして、気分が良くなった生徒はリフレッシュし、アカデミックな学習に向かう気持ちも高まるとされてきた。覚醒した状態は、認知的な課題を解く上でパフォーマンスを高めることがよく知られている（Nantais and Schellenberg, 1999; Thompson et al., 2001）。

　また、芸術からアカデミックな学習への転移について、次の3つの可能性を区別することも重要である。
　第一に、ある芸術分野の指導が、ある種のアカデミックな学習成果を高めることにつながる可能性である（芸術指導が、アカデミックな学習における直接的な指導よりも高い効果を持つという考えは信じがたいが）。
　第二に、ある芸術分野の指導が、芸術的なスキルを高め、なおかつ、アカデミックな面においても一定の成果をもたらすという可能性である（アカデミックな成果をもたらす、直接的な訓練ほどではないにせよ）。つまり、芸術教育には、芸術的な成果と学力の両者を育む上で付加的なメリットがあり、「費用対効果のある」教育の選択肢であるかもしれない。
　そして第三に、ある芸術分野の指導とアカデミックな指導とを結び付けた指導は、芸術を除いた形でアカデミックな指導を行うよりも、学力の伸びが大きくなるという可能性である。アカデミックな教科における学力の伸びが、芸術が統合されたアプローチにおいても、伝統的なアプローチにおいても、同程度であったならば、芸術が統合されたアプローチをダメな指導法と結論付ける必要はない。むしろ、この芸術が統合されたアプローチは、動機付けや魅力的なもの、あるいはきっかけとして芸術を用いない伝統的なアプローチよりも効果的であるとは言えないと結論付けるべきだ。実際、上述の第二の点において強

調したように、芸術が統合されたアプローチが伝統的なアプローチと同じような成果をもたらし、なおかつ芸術的な能力も高めることができるとすれば、それはより効果的であると言ってもよいだろう（これは伝統的なアプローチには当てはまらないと仮定して）。

注目すべきなのは、異なる種類の芸術教育がある特定のスキルに与える影響は、アカデミックな分野だけでなく、現実生活にも転移できるという点である。芸術教育が、生徒の自信を高めてくれる場合もあるとしよう。そのことが数学の点数を上げることにはつながらないとしても、ある程度自信を持つことは1つの成果であり、教育政策形成者はそれを価値あるものとみなし、教育政策を形成する上での興味深い発見となるだろう。

同様に、ある分野の芸術を人の前で演じるという経験は、芸術以外の分野について、人の前で発表するといった場合に感じる不安をコントロールすることができるようにする可能性がある。集団で練習するならば、ダンス教育や音楽教育は、チームワークのスキルを高めることにつながる。つまり、芸術からアカデミックな分野への転移がみられなくても、日々の生活や労働市場に役立つようなスキル、あるいは教育政策形成者が価値あるものと考えるようなスキルに転移するのである。「注意力」といった一般的なスキルに対する芸術訓練による効果を検証した研究は2、3あるが、注意力は職場での成果に波及する、汎用性のあるスキルの1つである。

芸術と他教科との非因果関係

芸術に関わることと成績との間には、直接的な因果関係はないと言うことも可能である。ウィナーとクーパー（Winner and Cooper, 2000）が指摘したように、芸術をカリキュラムの中心に据えているような学校は、アカデミックな教科を教える方法についても改革を行っている可能性がある。そうした学校はおそらく、革新的で、構成主義的で、プロジェクト型の学習活動に価値を置くような学校であろう。前述のシンガポールとイギリスの例では、研究者が、教師の動機付けと指導方法の変化を認めており、良い結果は芸術教育だけからもたらされたものではないことがわかる。こうした学校はまた、芸術を価値ある

第1章　芸術教育のインパクト：擁護からエビデンスへ

ものと考える家庭の子供が通っている学校であると同時に、アカデミックな教科を担当する優れた教師にとっても魅力的であろう。そして、芸術を価値あるものと考える家庭はまた、教科の学習面にも価値を置く。したがって、芸術の経験がある生徒は学力も高いということを示す相関的な発見から、両者の因果関係を推論することはできない。学校のカリキュラムにおける芸術の存在は、学力を高めることに直接的に結び付き、かつ原因になっている学校の別の側面があることを示している。学校で芸術を指導することが、学校全体の文化を変えるものであることを証明しようとする研究者もいる。転移を証明するには、転移に関する確固たる理論が必要なだけでなく、転移を引き起こす条件をよく理解することが必要である。

芸術の転移に関する主張と同様の主張が、チェスにもある。例えば、テレル・ベル（Terrell Bell）元アメリカ教育長官（第二代）は、チェスは就学前の子供の知性とアカデミック・レディネスを発達させる方法の1つであると述べた（Bell, 1982）。チェスのプログラムを設けた校長たちは、チェスが標準テストの点数を上げ、学習に対する意欲を高め、自信をつけさせ、学校の出席率を高め、さらには批判的思考力や問題解決能力を育むと主張した。まさにこうした理由から、欧州議会が2012年に「学校におけるチェス（Chess in School）」と題する宣言を採択した。小学校のカリキュラムでチェスを必修としている国の例が2つあるが、それはアルメニアとハンガリーである。チェスと同じ主張が芸術に対しても熱狂的になされているが、そうした主張がエビデンスに基づいたものかどうかは少々疑問である。

本書では、芸術教育から芸術以外の分野への学習の転移についての因果関係を示すエビデンスを検討する。すでに述べたように、学習の転移を証明することは難しいことは周知のことである。心理学においても長い論争の歴史がある（Barnett and Ceci, 2002; Brandsford and Schwartz, 1999; Detterman, 1993; Halpern, 1998; Schwartz *et al*., 2005）。スキルが、ある分野から別の分野に自動的に転移するとは一般に考えられていない。そこでは、教えられることが必要である（Salomon and Perkins, 1989）。芸術からの転移に関する研究のほとんどは、芸術の授業で身に付けたスキルを芸術以外の分野で用いるよう、生徒を指導するような、転移を意識的に指導する授業に基づいたものではない。し

たがって、本書が多くの失敗例を取り上げていることはあまり驚くに値しない。とはいえ、転移に関し、いくつかの確かな発見をしただけでなく、今後の展開が楽しみな新しい研究も見つけた。それは、芸術の学習と認知スキル、社会的スキルの間に、ある種の確かな因果関係があり得ることを示唆している。

第3節　本書の研究方法

　芸術が学校でもっと中心的な役割を得るとしたら、生徒の学習にどのようなインパクトがあるだろうか。生徒の学力や革新する能力、社会的スキル、脳の発達と機能に対する芸術教育のインパクトは、どこまでわかっているのだろうか。これらの問いに対する決定的な答えはまだ得られていない。それはなぜかと言えば、芸術に関わることと学力との間に因果関係があるかどうかを明らかにする最も適切な方法は、因果関係を推論できるような実験なのだが、そうした研究がほとんど行われてこなかったからである。芸術と芸術以外の成果との間の関係を調べた研究の大半が相関をみるものであるが、それは疑いようもなく、学校現場で実験を行うことが難しいからである。

　学術誌『The Journal of Aesthetic Education』の2000年の特別号において、ウィナーとヘトランド（Winner and Hetland）は、芸術以外の認知に対する芸術の影響に関するメタ分析を行った研究をまとめて発表した。我々はそのプロジェクトを、「REAP（リープ）（Reviewing Education and the Arts Project＝教育と芸術の検証プロジェクト）」と呼んでいる。REAPは、1950年から1985年の間に行われた未発表を含む研究を、次のようなトピックに整理した。

- 学力に対する「マルチ・アート」のインパクト（言語及び数学分野における成績とテストの点数）
- 創造性に対する「マルチ・アート」のインパクト
- 空間能力に対する音楽のインパクト
- 数学的スキルに対する音楽のインパクト
- 読解力に対する音楽のインパクト

第 1 章　芸術教育のインパクト：擁護からエビデンスへ

- 言語能力に対する演劇のインパクト
- 読解力に対する視覚芸術のインパクト
- 読解力に対する演劇のインパクト
- 空間能力に対するダンスのインパクト

　本書において我々は、これらのメタ分析によってわかったことを整理するとともに、これらのトピックそれぞれについて1998年以降の研究を検討する。また、ウィナーとヘトランドの報告書では言及されなかった認知的成果についての研究を含めるとともに、特定分野の芸術教育が、創造性や学習意欲、社会的スキル、そして脳に対してどのようなインパクトをもたらすのかを検証した研究も取り上げる。

　2000年のREAPの報告書が扱っているそれぞれのトピックのメタ分析について、2つのセクションを設けた。1つは妥当性のあるメタ分析による結果を示し、もう1つは取り上げている成果に関する2000年以降の研究を整理した。REAPの報告書では扱われなかった潜在的な成果についても、本書では、それぞれの成果に関する妥当性のある研究を説明した。

　我々の整理は、各研究のメタ分析につなげることができる。メタ分析は、研究を統合するのに、ただ単に肯定的な結果や否定的な結果を数え上げるよりも、はるかに良い方法である。ところが、それはとても大きな課題、困難な課題であり、今回のプロジェクトの範囲を超えている。そこで我々は、妥当性のある研究のすべてを整理することによって、今後のメタ分析の基礎をつくることにした。

　我々は、PsycINFO（Psychological Information Database）とERIC（Educational Resource Information Center for studies）という2つの英語のデータベースを検索することで、REAPの報告書で取り上げられていない研究（論文として公表されていない研究を含む）を調べた。また、英語以外にオランダ語、フィンランド語（Jykdok、Nelli）、フランス語（Persée、CAIRIN、Revues.ofg、Erudit、JStor）、ドイツ語（FIS）、イタリア語（RIVI - Banca dati riviste educative）、日本語（CiNii、MAGAZINEPLUS、Journal@rchive）、韓国語（RISS、KISS、National AssemblyLibrary、DBpia、KEDI、KERIS、Thesis.or.kr）、スペイン

語（DIALNET、SCIELO）、スウェーデン語（Libris、Swepub、SND）、ポルトガル語（B-on、Cienciapt.net、EBSCOhost、INE、SCIELO、Academia.edu、Repositorio of Lisbon University）のデータベースを検索した。英語以外の論文は、そのデータベースがカバーしている全期間のものを検索した。

ウィナーとヘトランド（2000）が取り上げていないトピックについては1980年から今日までを、また、彼らが取り上げたトピックについては1998年以降を対象として、それぞれ検索した。視覚芸術（visual art）、演劇（theater, theatre）、ダンス（dance）、芸術（arts）という分野一つひとつと、以下の用語の1つを組み合わせて検索するという方法をとった。

- **学習の成果**（academic outcome）：数学、空間、言語
- **創造性の成果**（creativity outcomes）：創造性、イノベーション
- **動機付けの成果**（motivational outcomes）：取組み、粘り強さ、学校での態度、出席状況、中退
- **社会的スキルの成果**（social skills outcomes）：感情の調整、共感、他者の視点に立つこと、自信、自己効力感、自尊心、社会的能力、心の理論
- **脳の成果**（brain outcomes）：脳

音楽分野に関しては、データベースを検索するかわりに、REAP以後の最近の包括的なレビューを読んで対象とする研究を選んだ（Moreno *et al.*, 2008; Patel, 2010; Rittelmeyer, 2010; Schellenberg, 2001, 2005, 2006; Schellenbeug and Moreno, 2010; Schellenberg and Peretz, 2008; Schumacher *et al.*, 2006; Spychiger, 2001）。言語に関しては関連する実証研究がほとんどないため、よりヒットするよう用語の幅を広げ、検索した。

REAPでカバーされなかった研究（1980年以降の研究）については、各用語について350から400程度の研究がヒットした。ただし、「脳」で検索すると1検索当たり50程度しかヒットしなかった。REAPでカバーされたトピックス（1998年以降）については、それぞれ150から200程度の研究がヒットした。それらの研究のほとんどが、アメリカで行われたものだった。そこでそれぞれの論文を検討し、取り上げないものを次の基準で決めた。

第 1 章　芸術教育のインパクト：擁護からエビデンスへ

- 実証研究ではないもの。
- 対照群が設定されておらず、芸術を学習した後に子供たちに成果がみられたとか、みられなかったということだけを報告している研究。そうした研究では、芸術を学習しなくても成果があったかもしれないという可能性を排除できないからである。
- 優れた芸術プログラムの研究も取り上げなかった。そうした研究は、芸術における学習の転移を研究していなかったからだが、学習の転移に関する研究は、芸術教育を行っている学校と、芸術教育を行っていない対照群の学校とを比較することによってなされるものだからだ。そうした研究は多くあり、優れた芸術プログラムと思われるものを紹介している。例えば、以下のプログラムなどである。
    - Gaining the Arts Advantage: Lessons from School Districts that Value Arts Education（Presidents Committee on the Arts and Humanities and Arts Education Partnership, 1999）
    - Gaining the Arts Advantage: More Lessons from School Districts that Value Arts Education（Presidents Committee on the Arts and Humanities and Arts Education Partnership, 2000）
    - The Art of Collaboration: Promising Practices for Integrating the Arts and School Reform（Arts Education Partnership）（Nelson, 2008）
    - Third Space: When Learning Matters（Arts Education Partnership, 2005）

    これらのプログラムによって高い学習成果が示されたり、他のプラスの成果がもたらされた場合であっても、それらを、芸術が学力に対して因果的なインパクトを持つエビデンスとみなすことはできない。芸術が高い成績をもたらすのかどうか、あるいは、こうしたプログラムが、もともと学力の高い生徒や優秀な教師を引きつけているのかどうかはわからない。だが、研究がほとんどなされていないため、成果に言及している事例研究は含めた。
- 我々は、ヘトランド（2000）が詳細に取り上げた、音楽を聴くことによる一過性効果に関する研究（「モーツアルト効果」に関連する研究）も取り上げなかった。なぜそうしたかと言うと、こうした研究は、例えば 10 分程度というかなり短い時間だけ音楽を聴かせ、その効果を検証したものであり、我々としてはこれ

を、「芸術教育」とみなすには十分なものではないと考えたからだ。ヘトランドはメタ分析から、音楽を聴くことと一過性の視覚的・空間的スキルの向上との間に、プラスの因果関係があることを示したが、近年のメタ分析では因果関係はないとされている（Pietschnig et al., 2010; Bangerter and Heath, 2004及びChabris, 1999も参照）。我々はまた、学力を高めるためのBGMの効果に関する研究も取り上げていない。それは、BGMを芸術教育の一つとは捉えられないからだ。

　大人の芸術家を対象とする相関的（非実験的、非因果的）研究、例えば、訓練された音楽家が優れた記憶力を持つことを示した研究なども、背景的な情報として言及した。しかし、我々はこうした研究を表には含めなかった。本研究の目的が、学校内外における青少年のための芸術教育の効果について、どんなことが言えるかを検証することだからだ。

　ここで検討した一連の研究を、表1.1に示された4つのカテゴリーに分類することができる。表1.1はまた、REAPの報告書で検討されたカテゴリー別の研究の数と、REAPの報告書では検討されなかったが本研究では扱った研究の数についても示している。1つの論文がいくつかのカテゴリーに含まれて、報告されている場合もある。

「独立教科として行う芸術の授業」対「芸術を統合した授業」

　本書で議論する研究のうちのいくつかは、専門家が指導を行う「独立型」の芸術の授業を検証したものである。また中には、芸術の統合効果、すなわち、芸術の授業をアカデミックな教科の領域に溶け込ませ、そのトピックの学習を豊かに、またそれを深めることの効果を検証するものもある（例えば、子供が歴史上のある時代を解釈する助けとして、視覚芸術が用いられるなど）。芸術の統合に関する考え方は長い間かたちをなさなかったが、それを最初に概念化したのがウィンズロー（Winslow, 1939）であり、彼は、芸術を含むすべての教科は統合されるべきであると考えた。芸術の統合の主張は、常に、こうした統合がアカデミックな学習を深め、豊かなものにするというものであっ

第 1 章　芸術教育のインパクト：擁護からエビデンスへ

表1.1　本書で検討した研究：成果別芸術分野

		REAPのメタ分析で取り上げた研究件数	REAPのメタ分析では取り上げなかった研究件数
	認知的成果		
マルチ・アート	一般的な学力	66	35
音楽	一般的な学力	1	3
	知能指数	0	13
	読む認知／話す認知	16	43
	非母語の学習	0	1
	数学	26	11
	視覚的・空間的スキル	29	3
	注意力	0	6
	記憶力	0	2
視覚芸術	一般的な学力	1	3
	読解力	13	1
	幾何学的・空間的推論	0	33
	観察力	0	2
演劇	一般的な学力	1	3
	言語能力	80	1
ダンス	一般的な学力	1	4
	読解力	4	0
	視覚的・空間的スキル	4	0
	創造的成果		
マルチ・アート	創造性	16	3
音楽	創造性	0	0
視覚芸術	創造性	0	2
演劇	創造性	0	3
ダンス	創造性	0	4
	動機付けの成果		
マルチ・アート	学習の動機付け	23	12
	社会的スキルの成果		
マルチ・アート	自己概念	0	3
音楽	自己概念	0	1
	共感	0	2
視覚芸術	自己概念	0	1
	感情の調整	0	2
	共感	0	1
演劇	社会的行為	0	5
	自己概念	0	4
	感情の調整	0	3
	共感	0	2
	他者の視点に立つこと	0	6
ダンス	自己概念	0	3
	社会的スキル	0	5

た (Hilpert, 1941; Wakeford, 2004)。芸術の統合は、通常、学校と芸術団体とが連携して行う。芸術団体は芸術家を学校に派遣し、教師と協力して芸術と他の教科との統合単元をつくる。こうした連携はアメリカではかなり広く行われ、アメリカだけでなくイギリスやオーストラリアでも増えている (Aprill and Burnaford, 2006)。最後に、放課後のプログラムとして学ぶ芸術についての研究もある。残念だが、これらの異なる種類の芸術の経験について、それぞれの効果を直接比較した研究はない。

第4節　結論の概観

　我々が検討した結論として言えるのは、ある特定の分野では、転移についての示唆的なエビデンスがあるということである。それが最も強く表れているのが音楽の分野である。音楽教育は知能指数、学力、音韻意識、そして単語の解読スキルを高めると考えられる。演劇に関する研究もそうである。演劇教育は言語能力を高めるとともに、他者の視点に立つことや共感、感情の調整を強化すると考えられる。

　だが、芸術には芸術以外の成果に対して転移効果があるとする主張は、エビデンスから離れたものであることが多い。そういった主張が間違いだと言っているわけではない。むしろ、それらが真であるということはまだ示されていない、ということだ。プラスのエビデンスには、それを結論付けられるだけの十分な強さと数が足りない場合がある。また、なぜ芸術教育が期待された効果を持つと言えるのかをうまく説明できる理論がないために、この主張に説得力がない（あるいは別の説明がたくさんある）こともある。また、ただ単に研究が存在しないだけという場合もある。

　芸術について我々がよく耳にする主張だが、学校に芸術を取り入れることによって学力を高め（言語や数学の試験の得点・成績が上がる）、さらに子供たちの思考をもっと革新的にするという主張に対する支持を見つけることはできなかった。我々の結論はここにある。つまり、「それはまだ証明されていない」ということだ！　加えて、我々が、示唆的で期待できるエビデンスについ

第1章　芸術教育のインパクト：擁護からエビデンスへ

て報告した分野であっても、因果関係が結論付けられるような実験研究が必要であることも強調したい。

概念的課題

　芸術教育のインパクトに関する研究は、ある特定の分野の芸術から生まれる「学びの技」を、しっかりと分析することから始めなければならない。次にそうした分析に基づいて明確な仮説を導くことになるが、それは、その芸術分野において学ばれるものは何かということであり、どういった学習であれば、カリキュラムの芸術以外の教科に浸透できるのかということに関する仮説である。我々が検討する研究（例えば、言語に対する音楽指導の効果や、社会的認知スキルに対する演劇指導の効果など）にはこうしたアプローチをとるものがある。これらは、テストの得点以外の学習成果を調べ、芸術が学校で発揮できる力に対する深い理解を生み出している。

方法論上の課題

　上述のようにエビデンスの弱さは、今までのところ、学校で実験を行うことが難しいことに1つの理由がある。コラム1.1で述べるように、仮説としたいくつかの成果に対して、芸術が因果関係のあるインパクトを与えているかどうかを本当に確かめるには、正確な実験を行うことがどうしても必要である。そのためには、ある薬の効果を試すのに用いられる、「医学的な」ランダム化比較試験モデルが必要となる。つまり、生徒は芸術教育を受ける「治療」群か、もしくは他の種類の「治療」群のいずれかに、無作為に分けられる必要がある。無作為に分けることができなければ、芸術教育を行う群と対照群とを実際に比較することはできないだろう。例えば、最初から芸術教育を受ける群の方が成績が高い（あるいは、芸術教育を受けない群と異なる認知的特徴を持つ）場合や、芸術教育を受ける群が効果的で革新的な指導を行う教師から学ぶ場合などがあるだろう。2、3の例を除けば（Schellenberg, 2004など）、こうした、これまで行われてきた真の実験は、芸術が芸術以外の分野の成果に与えるインパク

トを調べるためのものではなかった。ほとんどの研究が、芸術からの転移について（大部分は）相関があるかどうかを調べたものであり、あるいは準実験的なものであった（参加者を無作為に分けなかったために、実験に参加した生徒が、1つの芸術分野で訓練を受けることで優れたスキルを獲得するというよりも、むしろ、その実験に先立ってすでに優れたスキルを持っている芸術分野を、生徒が自分で選択したのではないかという批判は免れない）。

相関研究では、芸術教育の経験の前後で、生徒の学習成果を調べない。むしろ、芸術を多く経験している生徒を、芸術の経験がほとんどない生徒と比較して、その学習成果をみる。芸術を多く経験している生徒の得点が、そうでない生徒よりも高い得点を得ることが、しばしばである（だが常にというわけではない）。相関研究の課題は、言うまでもなく、いかなる因果関係も示すことができないことにある。例えば、カテラル（Catterall, 1998）による研究では（コラム2.2にその特徴を示す）、芸術を学ぶ生徒は、そうでない生徒よりも勉強ができて、テレビを見る時間が短いことを示した。となれば、こうした生徒の学業成績が良いのは、彼らが受けた芸術教育のおかげであると結論付けたくなる。だがもちろん、彼らの学業成績は、テレビをあまり見ないことによるとも言えるし、あるいはまた、芸術教育をよく受けている生徒とあまり受けていない生徒を区別している、何か別の理由によるのかもしれない。

コラム 1.1　芸術からの学習転移における研究方法論上の課題

我々は本書を通じて、以下のような方法論上の課題を意識するようにしたが、その課題とは、ウィナーとヘトランド（2000）が詳細に論じたものである。因果的関係を明らかにする他の方法を論じたり、教育の場で異なる種類のエビデンスの確かさを評価したりする文献は他にも2、3あり、全米研究評議会（National Research Council, 2002, 2004）、シュナイダーら（Schneider et al., 2007）、OECD（2007）などを挙げることができる。

生徒と教師を、芸術を行う群と行わない群とに無作為に分けるのが、正しい実験デザインであり、そうした研究のみが因果関係の推論を可能にする。真の実験研究では、芸術の授業を行うクラスと比較対照するクラスとに、生徒と教師を無

第1章　芸術教育のインパクト：擁護からエビデンスへ

作為に分ける。しかし、現実のごたごたした学校の状況でこれを行うのは不可能に近い。このため研究者は準実験的方法をとらなければならない。これは、芸術を重視するクラスと芸術以外の科目を重視するクラスとに分けることによって行われるが、このためには学校の協力が必要である。しかし大抵の場合、研究者は既存の芸術プログラムを、芸術を強調しない妥当なプログラムと比較、評価することになる。ここで鍵となる課題は、比較群の性質である。明確な結論を導くために、2つのプログラムには、事前テストで評価しようとする生徒の能力が一致していることと、同等の質を持つ教師とが必要となる。教師の質を一致させることは極めて難しい。芸術に強い学校は、芸術にあまり重きを置かない学校とは異なる教師（おそらくは、より進歩的な教師）を引き付ける傾向があるからだ。さらに大切なこととして、2つのプログラムでの指導は、芸術に与えられた役割以外の他の点では同じであることを保証しなければならない。芸術志向のプログラムがプロジェクト学習を多く取り入れ、比較群のクラスよりも批判的思考力をより強調するならば、芸術プログラムに有利な結果が、芸術を強調したことによるものなのか、プロジェクト学習ないしは批判的思考力を強調した結果なのか、わからなくなってしまう。

ある新しい芸術プログラムの効果を評価するためには、その他の新たに設けられたプログラムの1つが（芸術プログラム対チェスのプログラムなど）、理想的な比較群となる。これは、どんな新しいプログラムであっても、プラスの初期効果を持つと考えられるからである。新しいプログラムがインスピレーションを与える、ないしは活気付ける効果は「ホーソン効果」と呼ばれる（Cook and Campbell, 1979）。

芸術指導と芸術以外の成果との関係を検証する研究のほとんどが、相関関係をみるよう設計されている。そこでは、芸術を選択した生徒が、芸術を選択しなかった生徒よりも、芸術以外の教科で高い得点を取ることを実証しようとしている。しかしながら、こうした研究の結果は、芸術の学習が良い成績をもたらしたのか否か、また、どのようにしてもたらしたのかについては、何も語っていない。実際には、ある芸術分野を学ぶことで、優れた芸術コースの中で身に付いた学習習慣によって、行動の他の領域（粘り強さ、振り返り、観察など）が強化され、さらにカリキュラムの他の分野に転移し得る。また、芸術指導によって、芸術を学ぶ生徒がより動機付けられ、学校により関わるようになったために、他の学習分野

における行動を高めたのかもしれない。だが、相関的な発見は、必ずしも因果的な関係によるものではないと言うことも可能だ。学業成績の高い生徒は、学校でアカデミックな教科も芸術教科も、どちらにも優れているのかもしれない。そして、彼らはアカデミックな教科と芸術教科の両方に価値を置く家庭の子供かもしれないし、十分な学力があるため、芸術に時間をかけることができるのかもしれないし（そのため、親と教師は子供に芸術を学ばせようとする）、あるいは、ただ単に彼らは、アカデミックな教科と芸術教科の両方に強い生徒なのかもしれない。アカデミックな教科に優れているということで芸術にかける時間が持て、親が彼らに、余裕のある時間に1つ以上の芸術を学ばせようとしているのかもしれない。

芸術教育の道具的主張の危うさ

　本書で検討する研究はいずれも、仮説的な芸術教育の「付随的」効果に着目している。おそらくそれは、芸術の本来的な恩恵とは異なるものによって、基礎的なカリキュラムにおいて芸術を正当化する必要があると感じたためであろう。だが、我々が結論で指摘しているように、芸術に対する道具的な正当化は自己防衛であると言える。道具的な議論は、芸術が高い学業成績をもたらすことを示せなかったり、アカデミックな教科の直接指導以上に効果的であることを示せないために、学校における芸術の役割を弱めてしまう恐れがある。芸術教育の本来的な効果について、つまりは芸術の持つ特有の効果について、注意深く考えなければならないと主張して、芸術の道具的な正当化から離れ始めた研究者もいる。芸術教育の本来的価値に改めて注目した説得力のある事例としては、マッカーシーら（McCarthy *et al.*, 2004）の研究があるが、この点については本書の結論において指摘することとしたい。

注記
1. コンピテンシーは、知識、スキル、文脈に対する適切な態度を組み合わせたもの

と定義付ける。コンピテンシーの8つの要素とは、1）母語でのコミュニケーション能力、2）外国語でのコミュニケーション能力、3）数学的能力及び科学・技術における基礎的能力、4）デジタル・コンピテンシー、5）学ぶための学習、6）社会的・市民的能力、7）先導的に行おうとする姿勢と起業家精神、8）文化的な気付きと表現である。「勧告」は、「キー・コンピテンシーはすべて等しく重要であると考えられている。なぜならば、要素それぞれが知識社会でのより良い生活に寄与するからである」と述べている。

2. *http://music-in-education.org/2010/03/4th-graders-study-music-math-and-composition.*
3. *http://online.wsj.com/article/SB10001424052748703932904574511320338376750.html.*

引用・参考文献

Aprill, A. and G. Burnaford（2006）, "Long term arts education partnerships as an effective strategy for systemic school improvement", presented at World Conference on Arts Education, UNESCO, Lisbon, March, *http://portal.unesco.org/culture/en/files/29792/11380325291Arnold_Aprill_and_Gail_Burnaford.htm/Arnold%2BAprill%2Band%2BGail%2BBurnaford.htm.*

Avvisati, F., G. Jacotin and S. Vincent-Lancrin（2013）, "Educating higher education students for innovative economies: What international data tell us", *Tuning Journal for Higher Education*, Vol. 1/1.

Bamford, A.（2006）, *The Wow Factor: The Global Research Compendium on the Impact of Arts in Education*, Waxmann Munster, Berlin.

Bangerter, A. and C. Heath（2004）, "The Mozart effect: Tracking the evolution of a scientific legend", *British Journal of Social Psychology*, Vol. 43/4, pp. 605-623.

Barnett, S.M. and S.J. Ceci（2002）, "When and where do we apply what we learn? A taxonomy for far transfer", *Psychological Bulletin*, Vol. 128/4, pp. 612-637.

Bauerlein, M.（2010）, "Advocating for arts in the classroom: Academic discipline or instrument of personal change?", *Education Next*, Vol. 10/4, *http://educationnext.org/advocating-for-arts-in-the-classroom/.*

Bell, T.（1982）, *Your Child's Intellect*, Prentice Hall, Englewood Cliffs, NJ, pp. 178-179.

Bransford, J.D. and D.L. Schwartz（1999）, "Rethinking transfer: A simple proposal with multiple implications", *Review of Research in Education*, Vol. 24/2, pp. 61-100.

Carey, N., B. Kleiner, R. Porch, E. Farris and S. Burns (2002), *Arts Education in Public Elementary Schools 1999-2000*, NCES 2002-131, US Department of Education.

Catterall, J. and L. Waldorf (1999), "Chicago Arts Partnerships in Education: Summary evaluation" in E.B. Fiske (ed.), *Champions of Change: The Impact of the Arts on Learning*, Washington, DC, pp. 47-62, available from the Arts Education Partnership, *www.aep-arts.org/PDF%20Files/ChampsReport.pdf*.

Catterall, J., R. Chapleau and J. Iwanaga (1999), "Involvement in the arts and human development: General involvement and intensive involvement in music and theatre arts" in E. Fiske (ed.), *Champions of Change: The Impact of the Arts on Learning*, The Arts Education Partnership and The President's Committee on the Arts and the Humanities, Washington, DC, pp. 1-18.

Catterall, J.S. (1998), "Involvement in the arts and success in secondary school", *Americans for the Arts Monographs*, Vol. 1/9, Washington, DC.

Chabris, C. (1999), "Prelude or requiem for the Mozart effect?", *Nature*, Vol. 400, pp. 826-827.

Cheney, S. and S. Jarrett Wagner (2008), "Getting past either-or. A feasibility study: arts, innovation, and the role of business champions", *The Manufacturing Institute and National Center for the American Workforce*, Washington, DC.

Coleman, K., J. Drake and E. Winner (in press), "Short-term mood repair through art: Effects of medium, and strategy", *Journal of the American Art Therapy Association*, Art Therapy.

Cook, T. and D. Campbell (1979), *Quasi-Experimentation: Design and Analysis Issues for Field Settings*, Houghton Mifflin, Boston.

Creativity, Culture and Education (CCE) (2012), *Research Digest: 2006-2012*, Newcastle *www.creativitycultureeducation.org/wp-content/uploads/Changing-Young-Lives-Research-Digest-2012.pdf*.

Dalebroux, A., T. Goldstein and E. Winner (2008), "Short-term mood repair through art-making: Positive emotion is more effective than venting", *Motivation and Emotion*, Vol.32/4, pp. 288-295.

De Petrillo, L and E. Winner (2005), "Does art improve mood? A test of a key assumption underlying art therapy", *Journal of the American Art Therapy Association*, Vol. 22/4, Art Therapy.

Deasy, R.J. (ed.) (2002), *Critical links: Learning in the arts and student academic and social development*, Arts Education Partnership, Washington, DC.

Detterman, D.K. (1993), "The case for the prosecution: Transfer as an epiphenomenon", in D.K. Dettermann and R.J. Sternberg (eds.), *Transfer on Trial: Intelligence, Cognition, and Instruction*, Ablex, Norwood, NJ, pp. 1-24.

Detterman, D.K. and R.J. Sternberg (eds.) (1993), *Transfer on Trial: Intelligence, Cognition, and Instruction*, Ablex, Norwood, NJ.

Drake, J.E., K. Coleman and E. Winner (2011), "Short-term mood repair through art: Effects of medium, and strategy", *Art Therapy: Journal of the American Art Therapy Association*, Vol. 28/1, pp. 26-30.

Efland, A.D. (1990), *A History of Art Education: Intellectual and Social Currents in Teaching the Visual Arts*, Teachers College Press, New York.

Eurydice (2009), *Arts and Cultural Education at School in Europe*, Brussels.

Fiske, E.B. (ed.) (1999), *Champions of Change: The Impact of Arts on Learning*, The Arts Education Partnership and The President's Committee on the Arts and the Humanities, Washington, DC.

Gardner, H. (1983), *Frames of minds*, Basic Books, New York.

Gardner, H. (1993), *Multiple Intelligences*, Basic Books, New York.(『多元的知能の世界：MI理論の活用と可能性』Howard Gardner著、黒上晴夫監訳、中川好幸[ほか]訳、日本文教出版、三晃書房（発売）、2003年）

Gardner, H. (2006), *Five Minds for the Future*, Harvard Business School Press, Cambridge, MA.(『知的な未来をつくる「五つの心」』ハワード・ガードナー著、中瀬英樹訳、ランダムハウス講談社、2008年）

Greeno, J.G., D.R. Smith and J.L. Moore (1993), "Transfer of situated learning" in D.K. Detterman and R.J. Sternberg (eds.), *Transfer on Trial: Intelligence, Cognition, and Instruction*, pp. 99-167, Norwood, NJ, Ablex.

Halpern, D.F. (1998), "Teaching critical thinking for transfer across domains", *American Psychologist*, Vol. 53/4, pp. 449-455.

Hetland L. (2000), "Learning to make music enhance spatial reasoning", *Journal of Aesthetic Education*, Vol. 34/3-4, pp. 179-238.

Hetland, L. and E. Winner (2001), "The arts and academic achievement: What the evidence shows", *Arts Education Policy Review*, Vol. 102/5, pp. 3-6.

Hetland, L. and E. Winner (2004), "Cognitive transfer from arts education to non-arts outcomes: Research evidence and policy implications" in E. Eisner and M. Day (eds.), *Handbook of Research and Policy in Art Education*, Lawrence Erlbaum Associates, Mahwah, NJ, pp. 135-161.

Hetland, L., E. Winner, S. Veenema and K. Sheridan (2013), *Studio thinking 2: The real benefits of visual arts education*, 2nd edition, Teachers College Press, New York City. First edition: 2007.

Hilpert, R.S. (1941), "Changing emphasis in school art programs", *Fortieth Yearbook of the National Society for the Study of Education: Art in American Life and Education*, Public School Publishing Company, Bloomington, IL.

Keene, J.A. (1982), *A History of Music Education in the United States*, University Press of New England, Hanover, NH.

McCarthy, K.F., E.H. Ondaatje, L. Zakaras and A. Brooks (2004), *Gifts of the Muse: Reframing the Debate about the Benefits of the Arts*, RAND Corporation, Santa Monica, CA.

McDonald, N.L and D. Fisher (2006), *Teaching Literacy Through the Arts*, Guilford Press.

Moreno S., C. Marques, A. Santos, M. Santos, S.L. Castro and M. Besson (2009), "Musical training influences linguistic abilities in 8-year-old children: More evidence for brain plasticity". *Cerebral Cortex*, Vol. 19/3, pp. 712-723.

Murfee, E. (1993), *The Value of the Arts*, President's Committee on the Arts and the Humanities, National Endowment for the Arts, Washington DC.

Nantais, K.M. and E.G. Schellenberg (1999), "The Mozart effect: An artifact of preference", *Psychological Science*, Vol. 10/4, pp. 370-373.

National Center for Education Statistics (NCES) (2012), *Arts Education in Public Elementary and Secondary Schools: 1999-2000 and 2009-10*, Washington DC.

National Research Council (2002), *Scientific Research in Education*, National Academy Press, Washington, DC.

National Research Council (2004), *Advancing Scientific Research in Education*, National Academy Press, Washington, DC.

Nelson, A. (2008), *The Art of Collaboration: Promising Practices for Integrating the Arts and School Reform*, Arts Education Partnership Policy Brief, Washington, DC.

OECD (2007), *Evidence in Education: Linking Research and Policy*, OECD Publishing, Paris. http://dx.doi.org/10.1787/9789264033672-en.（『教育とエビデンス：政策と研究の協同に向けて』OECD教育研究革新センター編著、岩崎久美子, 菊澤佐江子, 藤江陽子, 豊浩子訳、明石書店、2009年）

OECD (2010), *The OECD Innovation Strategy: Getting a Head Start on Tomorrow*, OECD Publishing, Paris. http://dx.doi.org/10.1787/9789264083479-en.

OECD (2012), *Education at a Glance 2012: OECD Indicators*, OECD Publishing,

Paris. *http://dx.doi.org/10.1787/eag-2012-en.*（『図表でみる教育OECDインディケータ（2012年版）』経済協力開発機構（OECD）編著，徳永優子，稲田智子，来田誠一郎，矢倉美登里訳、明石書店、2011年）

Patel, A.D. (2010), "Music, biological evolution, and the brain" in M. Bailar (ed.), *Emerging Disciplines*, pp. 91-144, Rice University Press, Houston, TX.

President's Committee on the Arts and the Humanities (PCAH) (2011), *Reinvesting in Arts Education: Winning America's Future Through Creative Schools*, Washington, DC.

Perkins, D.N. (1993), "The connected curriculum", *Educational Leadership*, Vol. 51/2, pp. 90-91.

Pietschnig, J., M. Voracek, M. and A.K. Formann (2010), "Mozart effect: A meta-analysis", *Intelligence*, Vol. 38/3, pp. 314-323.

President's Committee on the Arts and the Humanities (2011), *Reinvesting in Arts Education: Winning America's Future Through Creative Schools*, Washington, DC, www.pcah.gov.

Rabkin, N. and R. Redmond (eds.) (2004), *Putting the Arts in the Picture: Reframing Education in the 21st Century*, Columbia College, Chicago.

Rittelmeyer, C. (2010), *Warum und wozu asthetische Bildung? Uber transferwirkungen kunstlerischer Tatigkeiten. Ein Forschungsuberblick*, Athena Verlag, Oberhausen.

Rosenthal, R. (1991), *Meta-Analytic Procedures for Social Research*, Sage Publication, Newbury Park, CA.

Ruppert, S. (2006), *Critical Evidence: How the Arts Benefit Student Achievement*, National Assembly of State Arts Agencies.

Ruppert, S. (2010), "Creativity, innovation and arts learning. Preparing all students for success in a global economy", *Arts Education Partnerships*, www.aep-arts.org/wp-content/uploads/2011/12/CreativityCommentary_02-03-10.pdf.

Salomon, G. and D.N. Perkins (1989), "Rocky roads to transfer: Rethinking mechanisms of a neglected phenomenon", *Educational Psychologist*, Vol. 24/2, pp. 113-142.

Schellenberg, E.G. (2001), "Music and nonmusical abilities", *Annals of the New York Academy of Science*, Vol. 930, pp. 355-371.

Schellenberg, E.G. (2004), "Music Lessons Enhance IQ", *Psychological Science*, Vol. 15/8, pp. 511-514.

Schellenberg, E.G. (2005), "Music and cognitive abilities", *Current Directions in*

Psychological Science, Vol. 14/6, pp. 322-325.

Schellenberg, E.G. (2006), "Long-term positive associations between music lessons and IQ", *Journal of Education Psychology*, Vol. 98/2, pp. 457-468.

Schellenberg, E.G. and S. Moreno (2010), "Music lessons, pitch processing, and g", *Psychology of Music*, Vol. 38/2, pp. 209-221.

Schellenberg, E.G. and I. Peretz (2008), "Music, language, and cognition: Unresolved issues", *Trends in Cognitive Sciences*, Vol. 12/2, pp. 45-46.

Schneider, B., M. Carnoy, J. Kilpatrick, W.H. Schmidt and R.J. Shavelson (2007), *Estimating Causal Effects Using Experimental and Observational Designs*, American Educational Research Association, Washington, DC.

Schober, D., C. Schober and F. Astleithner (2007), "Evaluation uber die Forderungstatigkeit von KulturKontakt Austria im Rahmen der "Dialogveranstaltungen"", NPO-Institute, Vienna.

Schumacher, R with E. Altenmuller, W. Deutsch, L. Jancke, A.C. Neubauer, A. Fink, G. Schwarzer, M. Spychiger, E. Stern and O. Vitouch (2006), *Macht Mozart schlau? Die forderung kognitiver kompetenzen durch music*, Bundesministerium fur Bildung und Forschung (BMBF), Bonn, Germany, *www.bmbf.de/pub/macht_mozart_schlau.pdf*.

Schwartz, D.L., J.D. Bransford and D. Sears (2005), "Efficiency and innovation in transfer" in J.P. Mestre (ed.), *Transfer of Learning from a Modern Multidisciplinary Perspective*, Information Age Publishing, pp. 1-51.

Spychiger, M. (2001), "Was bewirkt Musik? Probleme der Validitat, der Prasentation und der Interpretation bei Studien uber ausermusikalische Wirkungen musikalischer Aktivitat" in H. Gembris, R.-D. Kraemer and G. Maas (eds.), *Musikpadagogische Forschungsberichte*, Bd. 8, Wisner, Augsburg, pp. 13-37.

Tan, L.S. and L.D. Ponnusamy (forthcoming), "Weaving and anchoring the arts into curriculum: The evolving curriculum processes" in C. H. Lum (ed.), *Contextualised Practices on Arts education: An International Dialogue on Singapore Arts Education*, Springer, Dordrecht.

Terwal, J., B. van Oers, I. van Dijk and P. van den Eeden (2009), "Are representations to be provided or generated in primary mathematics education? Effects on transfer", *Educational Research and Evaluation*, Vol. 15/1, pp. 25-44.

Thompson, W.F., E.G. Schellenberg and G. Husain (2001), "Arousal, mood, and the Mozart effect", *Psychological Science*, Vol. 12/3, pp. 248-251.

Trilling, B. and C. Fadel (2009), *21st Century Skills. Learning for Life in Our Times*, Jossey-Bass, San Francisco.

Tucker, M.S. (ed.) (2013), *Surpassing Shanghai. An Agenda for American Education Built on the World's Leading Systems*, Harvard Education Press, Cambridge, MA.

UNESCO Institute for Statistics: UNESCO Institute for Statistics, *http://www.uis.unesco.org/Pages/default.aspx* (accessed March 2013).

Von Zastrow, C. with H. Janc (2004), *Academic Atrophy: The Condition of the Liberal Arts in America's Public Schools*, Council for Basic Education.

Wakeford, M.(2004), "A short look at a long past" in N. Rabkin and R. Redmond (eds.), *Putting the Arts in the Picture: Reframing Education in the 21st* Century, Columbia College Chicago. pp. 81-102.

Weitz, J.H. (1996), *Coming Up Taller: Arts and Humanities Programs for Children and Youth at Risk*, President's Committee on the Arts and Humanities, Washington, DC.

Winner, E. and L. Hetland (2000), "Beyond the Soundbite: Arts Education and Academic Outcomes", *Conference Proceedings from "Beyond the Soundbite: What the Research Actually Shows About Arts Education and Academic Outcomes"*, J. Paul Getty Trust, Los Angeles *www.getty.edu/foundation/pdfs/soundbite.pdf*.

Winner, E. and M. Cooper (2000), "Mute those claims: No evidence (yet) for a causal link between arts study and academic achievement", *Journal of Aesthetic Education*, Vol. 34/3-4, pp. 11-75.

Winner, E. and L. Hetland (2000a), "Introduction. The arts in education: Evaluating the evidence for a causal link", *Journal of Aesthetic Education*, Vol. 34/3-4, pp. 3-10.

Winner, E. and L. Hetland (2000b), "Does studying the arts enhance academic achievement? A mixed picture emerges. Commentary", *Education Week*, November 1, pp. 64-46.

Winslow, L.L. (1939), *The Integrated School Art Program*, McGraw Hill, New York City.

付録1.A1 附表・図

表1.A1.1 各国の初等（ISCED1）及び前期中等（ISCED2）段階のカリキュラムにおける芸術教科の現状（2013年）

		視覚芸術		音楽		演劇		ダンス		工芸		メディア・アート		建築	
	ISCED	1	2	1	2	1	2	1	2	1	2	1	2	1	2
OECD加盟国	オーストラリア	▲	▲	▲	▲	▲	▲	▲	▲			▲	▲		
	オーストリア	▲	▲	▲	▲	△	△	-	-	▲	▲	△	△		
	ベルギー（De.）	▲	▲	▲	▲										
	ベルギー（Fr.）	▲	▲	▲	▲	△	△			△	△				
	ベルギー（FL.）	▲	▲	▲	▲	▲	▲	▲	▲	▲	▲	▲	▲		
	カナダ（オンタリオ）	▲	▲	▲	▲	▲	▲	▲	▲						
	カナダ（ケベック）	▲	▲	▲	▲	▲	▲	▲	▲						
	チリ	m	m	m	m	m	m	m	m	m	m	m	m	m	m
	チェコ	▲	▲	▲	▲	△	△	△	△	▲	▲	△	△		
	デンマーク	▲	△	▲	△					▲	▲				
	フィンランド	▲	▲	▲	▲	-	-	-	-	▲	▲			▲	▲
	フランス	▲	▲	▲	▲	-	-	-	-	▲	▲				
	ドイツ	▲	▲	▲	▲	△	△	△	△	▲	▲				
	ギリシャ	▲	▲	▲	▲									▲	▲
	ハンガリー	▲	▲	▲	▲	▲	▲	▲	▲			▲	▲		
	アイスランド	▲	△	▲	△	▲	△	▲	△	▲	△				
	アイルランド	▲	▲	▲	▲	▲	△	▲	△	▲	▲	-	-		
	イスラエル	m	m	m	m	m	m	m	m	m	m	m	m	m	m
	イタリア	▲	▲	▲	▲							▲	▲		
	日本	▲	▲	▲	▲			-	-	▲	▲				
	韓国	▲	▲	▲	▲	▲	▲	▲	▲						
	ルクセンブルク	▲	▲	▲	▲										
	メキシコ	m	m	m	m	m	m	m	m	m	m	m	m	m	m
	オランダ	o	o	o	o	o	o	o	o	o	o	o	o	o	o
	ニュージーランド	▲	▲	▲	▲	▲	▲	▲	▲			▲	-	▲	▲
	ノルウェー	▲	▲	▲	▲					▲	▲				
	ポーランド	▲	▲	▲	▲	-	-								
	ポルトガル	▲	▲	▲	△	△	△	△	△	▲	▲				
	スロバキア	▲	▲	▲	▲										
	スロベニア	▲	▲	▲	▲	-	-	-	-			△	△		
	スペイン	▲	▲	▲	▲					△	▲				
	スウェーデン	▲	▲	▲	▲					▲	▲				
	スイス	m	m	m	m	m	m	m	m	m	m	m	m	m	m
	トルコ	m	m	m	m	m	m	m	m	m	m	m	m	m	m
	イギリス（イングランド）	▲	▲	▲	▲					▲	▲				
	イギリス（北アイルランド）	▲	▲	▲	▲	▲	▲			▲	▲				
	イギリス（スコットランド）	▲	▲	▲	▲	▲	▲	▲	▲						
	イギリス（ウェールズ）	▲	▲	▲	▲										
	アメリカ	▲	▲	▲	▲	▲	▲	▲	▲						
OECD非加盟国	ブルガリア	▲	▲	▲	▲	-	-	▲	△	▲	▲	△	▲	△	△
	エストニア	▲	▲	▲	▲					▲	▲			▲	▲
	ラトビア	▲	▲	▲	▲	-	-	-	-	-	-				
	リヒテンシュタイン	▲	▲	▲	▲	△	△	▲	▲	▲	▲				
	リトアニア	▲	▲	▲	▲	▲	▲	▲	▲	▲	▲				
	マルタ	▲	▲							▲	▲				
	ルーマニア	▲	▲	▲	▲	▲	▲			▲	▲				

注：▲：必修の芸術教科であるか、または必修の芸術カリキュラムの一部である場合。△：芸術の選択科目である場合。−：芸術以外の必修教科の一部である場合。0：学校の裁量で行っている場合。m：データなし。空欄：芸術がカリキュラムに含まれていない場合。

出典：Extended and updated by OECD countries. Based on Eurydice for European countries and government policy papers for non-European countries.

第1章 芸術教育のインパクト：擁護からエビデンスへ

表1.A1.2　各国の初等及び前期中等段階における芸術教科の評価基準（2013年）

		初等段階及び前期中等段階
OECD加盟国	オーストラリア	-
	オーストリア	-
	ベルギー（De.）	-
	ベルギー（Fr.）	-
	ベルギー（Fl.）	-
	カナダ（オンタリオ）	▲
	カナダ（ケベック）	▲
	チリ	m
	チェコ	-
	デンマーク	▲
	フィンランド	▲
	フランス	▲
	ドイツ	-
	ギリシャ	-
	ハンガリー	-
	アイスランド	-
	アイルランド	m
	イスラエル	-
	イタリア	-
	日本	-
	韓国	-
	ルクセンブルク	-
	メキシコ	m
	オランダ	-
	ニュージーランド	▲
	ノルウェー	-
	ポーランド	-
	ポルトガル	▲
	スロバキア	-
	スロベニア	▲
	スペイン	-
	スウェーデン	▲
	スイス	m
	トルコ	m
	イギリス（イングランド）	▲
	イギリス（北アイルランド）	-
	イギリス（スコットランド）	▲
	イギリス（ウェールズ）	▲
	アメリカ	▲
OECD非加盟国	ブルガリア	▲
	エストニア	-
	ラトビア	-
	リヒテンシュタイン	-
	リトアニア	-
	マルタ	▲
	ルーマニア	▲

注：▲：芸術教科の評価基準がある場合。－：芸術教科の基準がない場合。m：データなし。スウェーデン：2011-2012年においては、評価基準が第6学年と第9学年について設定されたが、成績を伴った評価自体は第6学年の場合、2012-2013年に開始された。
出典：Extended and updated by OECD countries. Based on Eurydice for European countries and government policy papers for non-European countries.

表1.A1.3 [1/2] 各国の初等（ISCED1）及び前期中等（ISCED2）段階での芸術教育の目標と目的（2013年）

		芸術的視点							能力発達					
	芸術的スキル、知識、理解	批判的鑑賞（美的判断）	文化遺産（ナショナル・アイデンティティ）	文化的多様性（ヨーロッパのアイデンティティ・世界意識）	喜び/楽しみ/満足感/歓喜	芸術の種類と多様性、様々な芸術分野・媒体に取り組むこと	芸術と生涯学習/興味関心	芸術的な可能性（適性/才能）を明らかにすること	個の表出/アイデンティティ/発達	創造性（想像力、問題解決能力、リスクをとる力）	社会的スキル/グループ活動/社会化	コミュニケーションスキル	演奏など/発表（生徒自身の芸術作品を共有すること）	環境意識/環境保護/持続可能性/エコロジー	自信/自尊心

ISCED	1	2	1	2	1	2	1	2	1	2	1	2	1	2	1	2	1	2	1	2	1	2	1	2	1	2	1	2	1	2
オーストラリア	▲	▲	▲	▲	▲	▲	▲	▲			▲	▲			▲	▲	▲	▲	▲	▲	▲	▲	▲	▲					▲	▲
オーストリア	▲	▲	▲	▲	▲	▲																					▲	▲		
ベルギー（De.）	▲	▲	▲	▲			▲	▲			▲	▲									▲	▲	▲	▲						
ベルギー（Fr.）	▲	▲	▲	▲																	▲	▲	▲	▲						
ベルギー（FL）	▲	▲	▲	▲							▲	▲							▲	▲	▲	▲	▲	▲						
カナダ（オンタリオ）	▲	▲	▲	▲					▲	▲	▲	▲			▲	▲	▲	▲	▲	▲	▲	▲	▲	▲	▲	▲				
カナダ（ケベック）																														
チリ	m	m	m	m	m	m	m	m	m	m	m	m	m	m	m	m	m	m	m	m	m	m	m	m	m	m	m	m	m	m
チェコ	▲	▲	▲	▲	▲	▲	▲	▲			▲	▲	▲	▲																
デンマーク	▲	▲							▲	▲							▲	▲	▲	▲										
フィンランド	▲	▲	▲	▲	▲	▲	▲	▲			▲	▲					▲	▲	▲	▲	▲	▲	▲	▲	▲	▲			▲	▲
フランス	▲	▲	▲	▲	▲	▲																								
ドイツ	▲	▲	▲	▲	▲	▲					▲	▲							▲	▲										
ギリシャ	▲	▲	▲	▲																										
ハンガリー	▲	▲	▲	▲	▲	▲																								
アイスランド	▲	▲																											▲	▲
アイルランド	▲	▲	▲	▲	▲	▲	▲	▲	▲	▲	▲	▲					▲	▲	▲	▲	▲	▲	▲	▲	▲	▲			▲	▲
イスラエル	m	m	m	m	m	m	m	m	m	m	m	m	m	m	m	m	m	m	m	m	m	m	m	m	m	m	m	m	m	m
イタリア	▲	▲	▲	▲	▲	▲	▲	▲			▲	▲					▲	▲	▲	▲	▲	▲	▲	▲						
日本	▲	▲	▲	▲	▲	▲			▲	▲	▲	▲					▲	▲	▲	▲	▲	▲								
韓国	▲	▲	▲	▲	▲	▲	▲	▲			▲	▲	▲	▲			▲	▲	▲	▲	▲	▲	▲	▲	▲	▲				
ルクセンブルク	▲	▲	▲	▲	▲	▲	▲	▲	▲	▲	▲	▲					▲	▲	▲	▲	▲	▲	▲	▲	▲	▲				
メキシコ	m	m	m	m	m	m	m	m	m	m	m	m	m	m	m	m	m	m	m	m	m	m	m	m	m	m	m	m	m	m
オランダ	▲	▲	▲	▲			▲	▲			▲	▲					▲	▲	▲	▲										
ニュージーランド	▲	▲	▲	▲	▲	▲	▲	▲			▲	▲					▲	▲	▲	▲	▲	▲	▲	▲	▲	▲				
ノルウェー	▲	▲	▲	▲			▲	▲	▲	▲	▲	▲							▲	▲										
ポーランド	▲	▲	▲	▲	▲	▲	▲	▲			▲	▲					▲	▲	▲	▲	▲	▲	▲	▲	▲	▲			▲	▲
ポルトガル	▲	▲	▲	▲																										
スロバキア	▲	▲	▲	▲																	▲	▲								
スロベニア	▲	▲	▲	▲	▲	▲	▲	▲	▲	▲	▲	▲					▲	▲	▲	▲	▲	▲	▲	▲	▲	▲			▲	▲

注：m：データなし。空欄：芸術教育の目的が明確化されていない場合。
出典：OECD, based on Eurydice framework.

第1章 芸術教育のインパクト：擁護からエビデンスへ

表1.A1.3［2/2］　各国の初等（ISCED1）及び前期中等（ISCED2）段階での芸術教育の目標と目的（2013年）

		芸術的視点							能力発達					
	芸術的スキル、知識、理解	批判的鑑賞（美的判断）	文化遺産（ナショナル・アイデンティティ）	文化的多様性（ヨーロッパのアイデンティティ・世界意識）	喜び／楽しみ／満足感／歓喜	芸術の種類と多様性、様々な芸術分野・媒体に取り組むこと	芸術と生涯学習／興味関心	芸術的な可能性（適性／才能）を明らかにすること	個の表出／アイデンティティ／発達	創造性（想像力、問題解決能力、リスクをとる力）	協同作業	社会的スキル／グループ活動／社会化／コミュニケーションスキル	演奏など／発表（生徒自身の芸術作品を共有すること）	環境意識／環境保護／持続可能性／エコロジー	自信／自尊心
ISCED	1 2	1 2	1 2	1 2	1 2	1 2	1 2	1 2	1 2	1 2	1 2	1 2	1 2	1 2	1 2
OECD加盟国 スペイン	▲▲	▲▲	▲▲	▲▲	▲▲	▲▲	▲▲			▲▲	▲▲	▲▲	▲▲		▲▲
スウェーデン	▲▲				▲	▲	▲								
スイス	m m	m m	m m	m m	m m	m m	m m	m m	m m	m m	m m	m m	m m	m m	m m
トルコ	m m	m m	m m	m m	m m	m m	m m	m m	m m	m m	m m	m m	m m	m m	m m
イギリス（イングランド）	▲▲	▲▲	▲▲	▲▲	▲▲	▲▲			▲▲	▲▲	▲▲	▲▲	▲▲		▲▲
イギリス（北アイルランド）	▲		▲			▲				▲		▲	▲		
イギリス（スコットランド）	▲▲	▲▲	▲▲	▲▲	▲▲	▲▲	▲▲		▲▲	▲▲	▲▲	▲▲	▲▲		▲▲
イギリス（ウェールズ）	▲	▲				▲				▲		▲	▲		
アメリカ	▲▲	▲▲	▲▲	▲▲		▲▲	▲▲		▲▲	▲▲	▲▲	▲▲	▲▲		▲▲
OECD非加盟国 ブルガリア	▲▲	▲▲	▲▲												
エストニア	▲▲	▲▲	▲▲	▲▲		▲▲				▲▲		▲▲	▲▲		
ラトビア	▲▲		▲▲		▲▲										
リヒテンシュタイン	▲▲	▲▲	▲▲	▲▲	▲▲	▲▲			▲▲	▲▲		▲▲	▲▲		▲▲
リトアニア	▲▲					▲▲	▲▲			▲▲		▲▲			
マルタ	▲▲	▲▲	▲▲						▲▲	▲▲	▲▲	▲▲	▲▲		
ルーマニア	▲▲	▲▲	▲▲						▲▲	▲▲	▲▲	▲▲	▲▲		

注：m：データなし。空欄：芸術教育の目的が明確化されていない場合。
出典：OECD, based on Eurydice framework.

図1.A1.1　OECD諸国の9〜11歳が受ける必修教科内での芸術教科の年間授業時間（2010年、2001年）

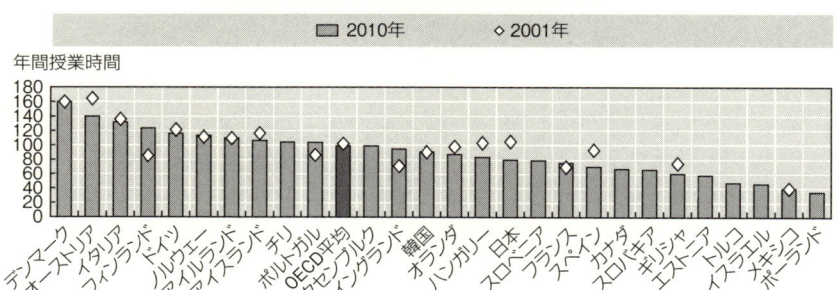

StatLink：http://dx.doi.org/10.1787/888932832934

注：各国は、2010年における必修教科内における芸術教科の授業時間数の多い順に左から並べている。OECD平均は、2001年と2010年のデータが得られた国を基に算出した。
出典：OECD（*Education at a Glance* 2003, 2012）．

図1.A1.2　OECD諸国の12〜14歳が受ける必修教科内での芸術教科の年間授業時間（2010年、2002年、1996年）

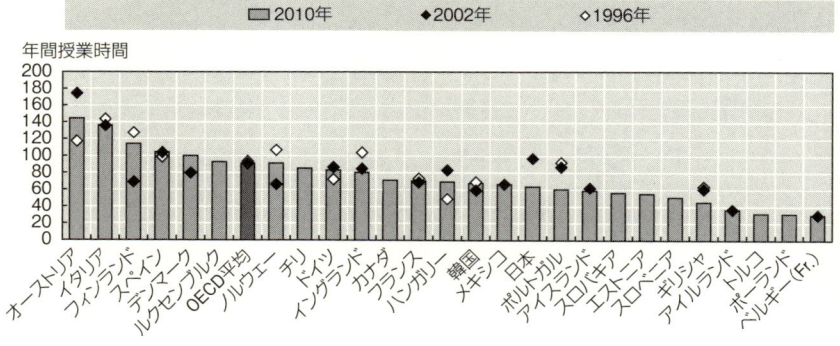

StatLink：http://dx.doi.org/10.1787/888932832953

注：各国は、2010年における必修教科内における芸術教科の授業時間数の多い順に左から並べている。OECD平均は、1996年、2002年、2010年のデータが得られた国を基に算出した。
出典：OECD（*Education at a Glance* 1998, 2004, 2012）．

第1章　芸術教育のインパクト：擁護からエビデンスへ

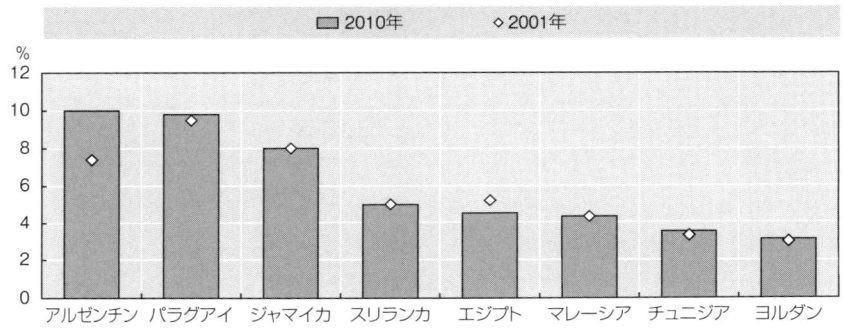

図1.A1.3　非OECD諸国の9〜11歳が受ける必修教科の総授業時間に対する芸術教科の割合（2010年、2001年）

StatLink：http://dx.doi.org/10.1787/888932832972

出典：Unesco Institute of Statistics.

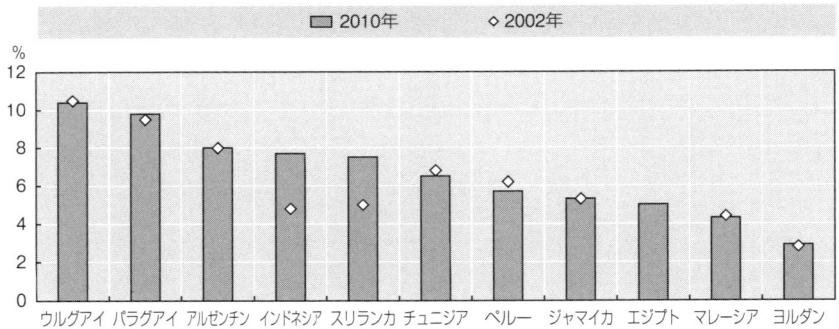

図1.A1.4　非OECD諸国の12〜14歳が受ける必修教科の総授業時間に対する芸術教科の割合（2010年、2002年）

StatLink：http://dx.doi.org/10.1787/888932832991

出典：Unesco Institute of Statistics.

第2章
マルチ・アート教育の認知的成果

　本章では、マルチ・アート教育が、芸術以外の認知能力とプラスの関連があるというエビデンスを検討する。「マルチ・アート」教育に関する研究は、個別の芸術分野の効果については検証してこなかったが、様々な種類の芸術クラス（視覚芸術や音楽など）を受けた生徒を、ほとんど、あるいはまったく芸術クラスを受けていない生徒と比較している。これらの研究は、マルチ・アート教育と一般的な学力とに正の相関があることを示しているが、マルチ・アート教育が学力を高める原因であると主張できるエビデンスは、まだないことを示した。

マルチ・アート教育は、芸術以外の認知能力とプラスの関連があるのだろうか。本章では、様々な芸術クラス（視覚芸術や音楽等々）に参加した生徒を、そうしたクラスにほとんど、あるいはまったく参加したことがない生徒と比較しながら、「マルチ・アート」教育を検証した研究をレビューする。

　芸術教育の転移効果を明らかにするのに最良の研究方法は、特定の芸術分野を対象とする特定の仮説を検証することである。なぜなら例えば、音楽の指導が視覚芸術の指導と同じ効果を持つと仮定するするだけの理由がないからである。残念ながら、芸術の分野の違いを意識していない研究が多く、そこでは生徒が複数の芸術分野にまたがった学習を経験するような、様々な芸術を取り入れた教育の効果を検証している。他にもっと良い言葉がないので、本書では、ある特定の分野の芸術を学ぶことによる効果に的を絞らないこれらの研究を、「マルチ・アート」研究と呼ぶことにする。

　マルチ・アート研究の多くは、芸術がアカデミックなカリキュラムと統合されているようなプログラムを検討している（芸術の統合については、第1章の本書の方法論の箇所を参照いただきたい）。芸術が統合されたプログラムでは、芸術家に参加してもらって、アカデミックな教科の単元を教師と一緒に指導してもらうことが多い。芸術家がプログラムを去る頃には、芸術統合プログラムの指導を継続する能力を、教師が獲得すると期待されている。芸術家と一緒に活動する経験を通して、芸術が統合された単元を作り上げていくことで、教師は「有益な職能成長」を経験することができると強く主張されてきた（Rabkin and Redmond, 2004, p.33）。アピルとバーナフォード（Apill and Burnaford, 2006）によれば、これらのプログラムは、構成主義の学習、振り返り（教師と生徒が一緒になって学習と指導プロセスと成果を分析すること）、多元的な評価方法、生徒の作品に対する確かな鑑賞、教師の協力、教師の専門能力の成長、親の参加によって特徴付けられている。また、これらのプログラムは、伝統的な学校教育から疎外されていた生徒に関与することを意図している。このため、こうしたプログラムの長期的にみた大きな目標は、「学校全体で教え方を変える」（Rabkin and Redmon, 2004, p.21）ことである。アピルとバーナフォードによれば、これらのプログラムは、アカデミックな教科における学力の向上、特別な教育ニーズを持つ生徒の取組みの改善、生徒の中退並びに教師の離

第2章　マルチ・アート教育の認知的成果

職の防止、雇用可能な労働スキルや、多様で多文化的な教育の向上、そして教師の職能開発をより良いものにする。

　また、芸術がアカデミックな教科に統合されることによって、その学習活動はよりリアルで確かなものになり、それによって生徒の取組みが改善するとする主張もある（Rabkin and Redmon, 2004, p.25）。このリアルで確かな知的な活動とは、ニューマンら（Newmann et al., 2001, p.15）によれば、「体系的な問いをある教科の中に求めようとする活動であり、新しい状況に知識を自ら適用することで、知識を十分に消化するよう生徒に求める活動であり、そしてまた現実世界の基準を生徒の成果に当てはめようとする活動」である。もっとも、以下でレビューする研究において、芸術が統合されたカリキュラムはどれも、この高い基準を満たしているということが想定されているわけではない。これらの研究は学力改善の成果を探究したものではあるが、芸術が統合された単元において行われる指導の本質については分析できていない。

　取り上げる研究が、言語や数学のテストの得点、あるいは成績評価点平均（GPA）を検討するものである場合には、それらを「一般的な学力」の研究とした。

第1節　マルチ・アート教育と一般的な学力に関する研究のREAPメタ分析

　2000年にウィナーとクーパー（Winner and Cooper）は、「教育と芸術の検証プロジェクト（Reviewing Education and the Arts Project: REAP）」の一環として、1950年から1998年までの英語で公表された研究や未公表の研究をもとに、メタ分析研究を発表した。分析は、相関研究及び実験研究それぞれについて行われた。相関研究では、芸術教育をより多く選択している生徒とそうでない生徒の学力が評価されていた。しかし、これらの研究は、芸術教育をより多く選択している生徒とそうでない生徒について、芸術以外に関する変数のすべてを一致させることができていなかった。このため、自ら芸術を選択した生徒とそうでない生徒が、芸術を学ぶ以前に、学力が異なっていたのかどうかが

わからない。したがって、これらの研究から、芸術の効果に関する因果関係的な結論は導けない。

　また実験研究では、芸術の指導を受けた群と、芸術の指導を受けなかった群の2つが比較され、大概は、事前テストと事後テストが設計されていた。実験研究には、条件を一致させたものと、一致させないものの2種類があった。このうち条件を一致させた研究は、芸術を経験する前に2つの群の条件を一致させていたが、参加者を芸術群と対照群とに無作為に分ける真の実験研究は、2つしかなかった。残りは、このような介入をしていない芸術クラスか、芸術が統合されたクラスを、芸術を特に行わない同等のクラスと比較した実験研究もしくは準実験研究である。他には、生徒が条件別に無作為に分けられていない準実験研究があった。これらの研究の中には、事前の違いを統計的に統制することによって（事前の違いの共変性をみることによって、あるいは得点の上昇を分析することによって）、芸術群と対照群における生徒の能力段階を一致させようとするものもあった。事前テストを行わない研究もあり、それらの分析は、芸術群と非芸術群との比較を事後テストのみについて行っていた。だが、ほとんどの場合、研究者たちは同じ学校で、社会経済的背景が同じような比較群を見つけようとしていた。とはいえ、参加者を無作為に分けなかった研究においては、芸術を学ぶ以前の能力について芸術群と対照群が同等かどうかは定かではない。

　REAPでは、芸術が統合されたクラスの効果を評価しているか、それとも芸術が独立教科として指導されたクラスの効果を評価しているかで、研究を分類した。だが、これら2つの方法を明確に比較することはできなかった。なぜならば、芸術がアカデミックなカリキュラムに統合されたプログラムであっても、そのほとんどで、芸術が独立教科として教えられていたからである。

　コラム2.1に示すとおり、ウィナーとクーパー（2000）はそれぞれの研究について、効果量「r」を用いて1つ以上の効果量を算出した。各効果量は、参加者の独立した標本に基づいている。予測傾向（芸術群は対照群よりも成績が良い）がみられた場合はプラスと報告され、逆の傾向がみられた場合はマイナスと報告された。

第2章　マルチ・アート教育の認知的成果

> **コラム 2.1　REAPのメタ分析及び報告されている効果量**

　メタ分析とは、「効果量」によるある種の量的合成である。メタ分析はまず最初に、同様の研究（同様の調査設計、結果に関する同じ測定尺度を用いて）を識別し、次にそれぞれの研究の効果量を算定し、その上で全体的な効果量を算定する。そうしてから、統計学的検定により、全体的な効果量が統計的に有意かどうか、同じ問いに対する新たな研究に汎用することができるかどうかを決定する。

　効果量は、2つの変数間（例えば、ある芸術分野の学習と、芸術以外の分野の学力）の関係の強さを示すものである。REAPの分析では効果量として、-1.0から+1.0までの範囲で統計量の「r」を用いた。

　効果量「r」は、2つの変数間の関係を測定するもので、2つの変数間、例えば、芸術教育を受けることと成績との関係の強さを評価するものである（Rosenthal, 1991）。したがって、rの+1.0とは、芸術を学んだことと芸術以外の学習の成果とが100%正の関係にあることを示し、rの0とは両者の間に関係がないことを示し、rの-1.0とは、両者が100%負の関係にあることを示す。REAPの研究者は効果量の推定に、CohenのdやGlassのdeltaではなくて、rを選んだ。なぜならば、rはより柔軟度が高いからである（Rosenthal, 1991）。rの値が0.10の場合の効果量は小さく、0.24の場合は中程度、0.37を超える場合は大きい（Cohen, 1988）。だが、我々が重要であると考える成果を測る場合には、その効果量が小さいからといって無視できない（例えば、ある介入の結果、学校に在籍する生徒の人数が少ない指標となるケースなど）。なお、医学研究における重要な効果量は、通常r＝0.34程度である（Steering Committee of the Physicians Health Study Reaearch Group, 1988）。ローゼンサールとロスノウ（Rosenthal and Rosnow, 1991）が述べたように、統計的有意性のレベルと効果量との関係は次にように理解される。すなわち、有意性検定＝効果量×標本サイズである。調査の標本サイズが大きければ大きいほど、その結果はより有意になる。ただし、効果量も同様に小さい場合、中程度の場合、大きい場合の順に有意と言え、標本サイズのみに左右されるものではない。そしてこの点が、研究結果の解釈の際によく忘れられている。

　我々がREAPの結果を報告する際はいつも、重み付け後の平均効果量rを用いるが、このことは、効果量が研究の標本サイズによって重み付けされていることを意味する。我々はまた、平均Zrのt検定（the t-test of the mean Zr）の有意

性を報告するが、その場合、検定結果が有意であれば、同じ問いに関する新たな研究でもその発見が得られると言える。この検定が有意である場合のみ、我々は、ある芸術分野の指導と芸術以外の教育成果との間に関係性があると、確信を持って結論付けることができる。もちろん、それが因果関係によるものか否かは、研究の設計が相関的なものか実験的なものかで決まる。

マルチ・アート教育と一般的な学力の相関研究（REAPより）

　ウィナーとクーパー（2000）によって行われた最初の3つのメタ分析は、相関研究を合成したものである。これらの研究は学校のプログラムもしくは放課後のプログラムで、芸術を学ぶ生徒と学ばない生徒の学力を比較したものである。例えば、その分析に含まれているジェームズ・カテラル（James Catterall）の研究では（コラム2.2にその特徴を示す）、アメリカのミドルスクールやハイスクールで芸術をよく学んでいる生徒は、芸術を学んでいない生徒よりも、多くの学力指標において優れていることが報告されている。またこの関係性はアメリカにおける社会経済的背景（SES）の下位4分の1に属する生徒にも当てはまる（Catterall, 1998; Catterall et al., 1999）。芸術をよく学んでいる生徒は芸術をあまり学んでいない生徒に比べ、成績もテストの点数も高かった。また芸術をよく学んでいる生徒は芸術をあまり学んでいない生徒に比べ、ハイスクール中退も少ない傾向がみられ、テレビの視聴時間も短い。その分析にはヒースの研究（Heath, 1998a, 1998b）も含まれ、保護が必要とされるようなリスクのある生徒が芸術団体の放課後授業に週9時間以上、1年以上参加したところ、全国から無作為抽出された生徒よりも、様々な学力指標において優れていることが示された。つまり、出席率が高く、読書量も多く、アカデミックな賞も多く受賞していた。また、アメリカの大学入学試験委員会（以下、カレッジ・ボード）のデータについて、高校で芸術の授業を4年間受けた生徒とまったく受けなかった生徒とで、SAT（大学進学適性試験）の平均得点を比べたところ、前者の方が得点が高いことがわかった（College Board, 1987-1997）。

相関研究を合成する3つのメタ分析が、それぞれ異なる学習成果（言語能力と数的能力の合計、言語能力、数的能力）に基づいて行われた。

表2.1は、合成した能力に関する最初のメタ分析の研究を並べたものである。5つの効果量のうち4つが正の向きで、統計的に有意であった。（標本サイズによって重み付けされた）研究間の平均効果量はr=0.05（d=0.10に相当）で、この値はゼロとは有意に異なる。平均Zrのt検定では高い有意性が示され、この問いに関する今後の研究でも我々の研究結果を適用することができる。

表2.1　マルチ・アート教育とテストの合成得点との関係をみた5つの相関研究

研究者（研究グループ）	正の関係	複合的な関係／関係なし／負の関係
Catterall, Chapleau and Iwanaga（1999）	○	
Dwinell and Hogrebe（1984）	○	
Heath（1998a）	○	
National Center for Education Statistics(1984)	○	
Whitener（1974）		○
重み付け後の平均値	○	

注：すべての結果は表2.A1.1に示す。
出典：Winner and Cooper（2000）.

マルチ・アート教育とアカデミックな学習の複合的な測定量との間には、明らかな相関関係があると言える。だが、因果関係についてここで言えることはない。

表2.2は、2番目のメタ分析で用いられた言語能力に関する11の研究を並べたものである（カレッジ・ボードの10年分のデータを含む）。11の効果量すべてが正の向きを示し、統計的に有意であった。研究間の重み付け後の平均効果量はr=0.19で、d=0.39に相当し、高い有意性があった。平均Zrのt検定でも高い有意性が示され、この問いに関する今後の研究でも我々の研究結果を適用することができる。

マルチ・アート教育とアカデミックな学力の言語的測定量との間には、明らかな相関関係があると言える。だが、因果関係についてここで言えることはない。

表2.3は、3番目のメタ分析のために用いられた数学の成果に関する11の研

表2.2 マルチ・アート教育と言語テストの得点との関係をみた11の相関研究

研究者（研究グループ）	正の関係	複合的な関係／関係なし／負の関係
Catterall, Chapleau and Iwanaga（1999）	○	
College Board（1988）	○	
College Board（1989）	○	
College Board（1990）	○	
College Board（1991）	○	
College Board（1992）	○	
College Board（1994）	○	
College Board（1995）	○	
College Board（1996）	○	
College Board（1997）	○	
College Board（1998）	○	
重み付け後の平均値	○	

注：すべての結果は表2.A1.2に示す。
出典：Winner and Cooper（2000）.

表2.3 マルチ・アート教育と数学のテストの得点との関係をみた11の相関研究

研究者（研究グループ）	正の関係	複合的な関係／関係なし／負の関係
College Board（1988）	○	
College Board（1989）	○	
College Board（1990）	○	
College Board（1991）	○	
College Board（1992）	○	
College Board（1994）	○	
College Board（1995）	○	
College Board（1996）	○	
College Board（1997）	○	
College Board（1998）	○	
Demeter（1986）		○
重み付け後の平均値	○	

注：すべての結果は表2.A1.3に示す。
出典：Winner and Cooper（2000）.

究を並べたものである（カレッジ・ボードの10年分のデータを含む）。この11の研究は、数学のテストについて、芸術クラスを週4回以上、2年以上受けた8年生を、このような芸術クラスを受けたことがない生徒と比較したものである。

第2章 マルチ・アート教育の認知的成果

コラム 2.2 マルチ・アート教育は学力と正の相関がある

　学校で芸術クラスを受けることで、アカデミックな学力が高まるということを明らかにするために行われた研究の中で、最も引用されているのは、おそらく全米教育追跡調査（NELS: National Educational Longitudinal Study）であり、これは10年間、2万5,000人の生徒が参加して得られたデータを分析したものである（Catterall, 1998; Catterall et al., 1999）。

　カテラル（Catterall）は、学校における芸術クラスへの参加の度合いと、アカデミックな教科における学校の成績、及び言語／数学の標準テストの得点によって測定された成績について、相関分析を行った。対象は第8学年から第10学年の生徒で、学校内外での芸術活動への参加の程度により群に分けられた（学校内外で受けた芸術コースの数と、美術館にどのくらい行っているかによって、グループに分けた）。また、第8学年以降継続して芸術を取ってきた生徒を、高芸術参加生徒（high arts-involved students）とした。さらに、芸術への参加の観点から、上位4分の1に含まれる生徒と下位4分の1に位置する生徒を比較した。成果は成績、テストの得点、中退、学校での退屈度などによって測定され、研究の結果、正の相関が報告された。すなわち、芸術への参加が多いほど、成績やテストの得点によって測定される学力も高いことがわかった。高芸術参加生徒は地域社会での奉仕活動により多く取り組み、テレビ視聴の時間が短く、学校で退屈になることが少ないと回答している。また、社会経済的背景の上位4分の1に位置する生徒と下位4分の1に位置する生徒（n=6,500名）を分析すると、同様の正の関係が得られた。したがって、生活に余裕があって教育程度の高い親を持つ子供は、芸術をカットしたりしない良い学校に通っているという言い方では、この結果を説明できない。

　この研究は、芸術で学んだことが他の教科の学習に転移することを示すものだとして、広く誤解されてきた。この研究がしばしばどのように言及されてきたかを考えると、それも理解できる。例えば、全米芸術振興協会年次総会の2006年の報告書では、次のように述べられている。

　　芸術の学習を経験している生徒は、学習や生活の他の分野でも達成度を高めることが多い。ミドル及びハイスクールの生徒2万5,000人以上の全国的なデータベースを用いた、十分な裏付けのある全国調査において、カリフォルニア

> 大学ロサンゼルス校の研究者たちは、芸術によく取り組んでいる生徒は、取組みの少ない生徒よりも、標準達成度テストで成績が良いことを発見した。さらに、芸術によく取り組んでいる生徒ほどテレビの視聴時間が短く、地域社会における奉仕活動に参加し、学校で退屈することが少ないと回答している。(Ruppert, 2006)
>
> 上の引用は因果関係を直接主張したものではないが、因果関係があるかのように読まれやすい。しかし、因果関係ではないものの、次のような関連性が考えられる。すなわち、教科の学習面に価値を置く家庭は芸術にも価値を置き、子供たちにこれらの価値を伝えるとも考えられる。またカテラルは、芸術に取り組むことと、テレビの1日当たりの視聴時間の短さとの間に、正の関係がみられると報告している。これは、芸術に関心を持つ生徒がテレビにあまり興味を示さず、テレビをあまり見ないことが成績を高めていると言えるかもしれない。
>
> 芸術に取り組む子供の学力が高いのは、彼らが経験している芸術をやることと何らかの関係があるのかどうかについては、相関研究からは何もわからない。実験的設計を持った研究、もしくは因果関係を明らかにしようとするねらいを持った研究のみが、これを明らかにすることができる。

11の効果量のうち10（すべてカレッジ・ボードの研究）は正の向きを示し、統計的に有意であった。ディメーター（Demeter, 1986）による11番目の研究は、有意な関係性が得られなかった。研究間の重み付け後の平均効果量は$r=0.11$で、$d=0.22$に相当し、有意性も高かった。t検定の結果は高い有意性が示され、この問いに関する未知の研究も我々の研究結果を適用することができる。

カレッジ・ボードのデータから、芸術教育とSATの数学の得点との間には、明らかな相関関係があると言える。だが、ここでもまた、研究が相関をみるための設計となっていたため、因果関係の根拠を与えてはくれない。

第2章　マルチ・アート教育の認知的成果

相関関係的な結果についての因果関係によらない妥当な説明

　これら3つのメタ分析は、芸術を選択しているアメリカの生徒は学力も高いということを示している。だが、これらのメタ分析は、設計において相関的な研究に基づいているため、因果関係を推論することはできない。芸術を学ぶことが高い得点の原因なのか。あるいは、テストの得点の高い者が芸術をより多く学ぶのか。例えば、芸術をよく学ぶことと、テストの得点が高いこととの両方の原因となるような親の関わり、あるいは、第三の変数があるのだろうか。答えはわからない。だが残念なことに、芸術を学べばテストの得点を上げることができるとする主張を裏付けるために、こうした研究が誤って用いられてきている。

　これらの結果について因果関係を示すものではない、妥当な解釈があるとすれば、それは、（社会経済的背景にかかわらず）高い学力の生徒は学力の低い生徒よりも、芸術を学ぶという選択をする傾向にある、というものである。これにはいくつかの理由が考えられる。先に述べたように、学力の高い生徒は学校で学業成績と芸術の両方に優れているのかもしれない。すなわち彼らは、学業と芸術の両方に価値を置く家庭の子供かもしれないし、あるいはエネルギーが溢れていて、学業と芸術の両方に時間を費やしたり、興味を持っているのかもしれない。また、アカデミックな教科に優れているということで芸術にかける時間が持て、親が彼らに、余裕のある時間に1つ以上の芸術を学ばせようとしているのかもしれない。

　「エネルギーに満ち溢れている」という仮説を証明するエビデンスの1つは、ヒース（Heath, 1998a）の研究である。ヒースの研究には、放課後に芸術組織に参加する生徒が含まれているだけでなく、スポーツやコミュニティ・サービスに参加する生徒が含まれている。ウィナーとヘトランド（2000）はヒースの許可を得てその未公開データを利用し、芸術の生徒が学業成績を理由に賞を取る可能性を、スポーツの生徒と比較した。芸術群とスポーツ群の両方とも、全国から無作為抽出した生徒に比べ、学業成績を理由に賞を取る傾向が有意にみられたが、芸術群とスポーツ群の受賞の可能性は同程度であった。スポーツや

芸術に集中して参加している生徒が学業成績も良いという結果は、(証明はできないが) 彼らがもともと動機付けの高い生徒たちである可能性と矛盾しない。その主な要因はおそらく、これらの生徒が学校でがんばるのと同様に、放課後の活動でもまじめにスポーツや芸術に取り組んでいるためではないだろうか。また、これらの生徒が放課後の活動を通じて高い動機付けを持つことを学び、それが学校の勉強にも転移しているからかもしれない。

　「溢れるエネルギー」の仮説をさらに裏付けるものとして、アイズナー (Eisner, 2002) が指摘した比較研究がある。彼は、SATの成績について、芸術を4年間勉強した生徒と1年間勉強した生徒の得点と、科学や外国語といったアカデミックな選択科目を4年間勉強した生徒と1年間勉強した生徒の得点とを比較した。芸術かアカデミックな選択科目かにかかわらず、どの教科についても、1年間しか勉強しなかった生徒よりも4年間勉強した生徒の方がSATの得点が高かった (また、芸術よりもアカデミックな教科において、長期の特化した学習が一層高い得点につながる)。ある教科を詳しく集中して学ぶ生徒はそうでない生徒に比べ、エネルギーに溢れており、このことが彼らの学業成績を高める要因になっているのだろう。だがまた、芸術であろうとアカデミックな教科であろうと、離れずやり続けるまさにそのことが、他の分野の成績を高めるという可能性もある。

　芸術を学ぶこととSATの得点とに強い相関がみられるもう1つの理由として、アメリカにおいて、学力の高い生徒がトップの大学に合格するチャンスを広げるために芸術を学ぶということもある。この点について、芸術を選択した生徒の学業成績が過去10年間に徐々に上がってきている。ヴォーンとウィナー (Vaughn and Winner, 2000) は、SATの得点とハイスクールで4年間芸術を学んだことと (芸術を学ばなかったことと比較して) の関係をプロットし、この関係が1988年から1999年にかけて、年々強くなってきたことを明らかにした。アメリカの一流大学への入学は年々競争が激しくなってきており、生徒は、芸術などアカデミックな教科以外の分野でも強みを持っていることを、出願書類で示す必要があると感じているのかもしれない。

　ウィナーとクーパー (2000) は、アメリカにおいて、主体的な選択 (学力の高い生徒が芸術を選択すること) が相関関係を説明するにしても、幾分因果関

係も示しているのではないかと論じた。学力の高い生徒が自ら芸術を選択したからといって、すぐさま、その芸術が認知スキルを高め、高い学力に転移するとは言えないかもしれないが、ウィナーとクーパーは、コラム2.2に挙げられたカテラル（Catterall, 1998）の研究データを検討することによって、この仮説を試してみた。カテラルは、8年生のときに芸術を自ら選択し、12年生まで芸術に積極的に参加した生徒に関する経年のデータを報告した。両方の要因が効くとすると、芸術への参加と学力との関係の強さを示す効果量は、この間に上昇すると考えられる。だが変化はみられなかった。この結果は、芸術が、芸術への参加が多い生徒の学力を高める要因になり得るという考えを裏付けるものではなかった。

マルチ・アート教育と一般的な学力に関する実験研究（REAPより）

　相関研究やそれらを合成したメタ分析によって、因果関係を推論することはできないが、実験的な設計を持つ研究ならそうした推論が可能である。我々は、生徒が芸術を学んだ場合に学力も高めるという因果関係的な主張を試す準実験研究と実験研究（うち実験研究は2つのみ）を検討した。これらの研究では、芸術を学ぶ前と後とで成績が比較された。多くの研究は小学校段階の児童を対象とし、1年間芸術を独立教科として学んだ場合、及びカリキュラムに統合された芸術を学んだ場合の両者を含む。これらの生徒の成績の伸びを、芸術をまったく学ばなかった同様の生徒の成績の伸びと比較した。

　ウィナーとクーパー（2000）は、芸術を学んだ結果として言語のスキルが高まるという仮説を検証した24の研究と、数学のスキルが高まるとする仮説を検証した15の研究を確認した。表2.4は言語能力に関する24の研究を示したものであるが、結果は単純ではなく、わずかに効果が正の場合もあれば負の場合もあった（負の効果とは、芸術を学ぶ生徒の成績が、芸術を学ばない生徒の成績よりも低いことを指す）。

　言語能力について実施されたメタ分析からは、重み付け後の平均効果量が$r=0.01$（$d=0〜0.1$に相当）と、かなり小さい値であった。この効果量は統計的に有意ではなかった。これらの結果が新たな（今後の）研究に適用できるか

表2.4 芸術教育と言語テストの得点との関係をみた24の準実験研究及び実験研究

研究者（研究グループ）	正の関係	複合的な関係／関係なし／負の関係
Ashbacher and Herman（1991）		○
Baum and Owen（1997）		○
Brock（1991a）		○
Brock（1991a）		○
Brock（1991a）	○	
Brock（1991a）		○
Brock（1991a）		○
Brock（1991a）		○
Brock（1991b）		○
Brock（1991b）		○
Brock（1991b）		○
Catterall and Waldorf（1999）	○	
Coakley（1995）		○
Dillard（1982）*		○
Gardiner et al.（1996）		○
Glismann（1967）		○
Hudspeth（1986）	○	
Jackson（1979）*		○
Marston（1997）		○
Norman（1987）		○
Tunks（1997）	○	
Tunks（1997）	○	
Tunks（1997）	○	
Tunks（1997）		○
重み付け後の平均値		○

注：すべての結果は表2.A1.4に示す。研究者の列の*は実験研究。
出典：Winner and Cooper（2000）.

どうかをみるt検定の結果は1.66で、p=0.11と有意ではなかった。加えて、重み付けなしの効果量の95％信頼区間にはゼロが含まれ、同様の新たな研究の平均効果量はゼロでもおかしくないことが示された。さらには、芸術がカリキュラムに統合された場合の19の研究と、芸術が独立として指導された場合の効果を評価した5つの研究とを比較したところ、効果量に違いはなかった。

このため、アカデミックな教科に芸術を統合した場合を含め、芸術を学ぶことが言語能力を高めるということについて、我々は、エビデンスを見つけることができなかったと結論付けるほかない。

> **コラム 2.3** 芸術の統合：教科の知識に対する矛盾した効果
>
> 　言語能力に関する実験研究を対象としたウィナーとクーパー（2000）のメタ分析研究の1つに、言語に基づく内容学習があるが、これは同じ内容を、芸術を統合して指導する場合と、そうでない場合とで比較したものである（Baum and Qwen, 1997）。第4学年から第6学年の児童に同じアカデミックな内容を、芸術を用いない伝統的な指導法と、芸術を統合した指導法の2種類のクラスで教え、2つの授業において比較を行った。1つ目の授業では、伝統的な指導法のクラスと芸術を統合した指導法のクラスとの間で、児童の学習に違いはみられなかった。もう1つの授業では、2つの群に明確な有意差は得られなかった（p<0.07）ものの、芸術を統合しない伝統的な指導法を受けた児童の方が、より学習していることがわかった。
>
> 　芸術をアカデミックな教科の単元に統合することが学習を改善するのかどうかを明らかにするために、こうした研究がもっと必要である。1つの研究だけで、芸術をアカデミックな教科に統合することが効果的でないと言うことはできない。すべては、芸術がいかにうまく統合されているかにかかっている。

　表2.5は、ウィナーとクーパー（2000）による、数学の成績に対する芸術学習の効果を評価した、15の準実験研究を示したものである。これらもまた、複雑な、そして主に負の結果が得られている。

　数学の成績について実施されたメタ分析は、重み付け後の平均効果量がr=0.02（d=0〜0.1に相当）であった。t検定では平均効果量がゼロと、有意差がないことを示した。ただし、このメタ分析では、2つを除いてすべてが芸術をカリキュラムに統合した場合に基づいており、芸術を統合した場合とそうでない場合を統計的に比較することはできなかった。ウィナーとクーパー（2000）は、芸術をアカデミックな教科に統合した場合を含め、芸術を学ぶことが数学の学力を高めるという結果をもたらすかどうかについて、エビデンスを見つけることはできなかったと結論付けた。

　REAPの報告書で統合された実験研究のうち、芸術群と対照群とに無作為に分けた真の実験研究（Dillard, 1982; Jackson, 1979）は2つだけで、どちらも言語能力を評価したものだった。これらの研究は芸術教育と成績との間に関係性

表2.5　芸術教育と数学のテストの得点との関係をみた15の準実験研究

研究者（研究グループ）	正の関係	複合的な関係／関係なし／負の関係
Baum and Owen（1997）		○
Brock（1991a）	○	
Brock（1991a）	○	
Brock（1991a）	○	
Brock（1991a）		○
Brock（1991a）		○
Brock（1991a）		○
Brock（1991b）		○
Brock（1991b）	○	
Brock（1991b）	○	
Catterall and Waldorf（1999）	○	
Gardiner et al.（1996）	○	
Glismann（1967）	○	
Luftig（1993）		○
Norman（1987）		○
重み付け後の平均値		○

注：すべての結果は表2.A1.5に示す。
出典：Winner and Cooper（2000）.

がないことを示しており、効果量rはディラード（Dillard, 1982）が0.03、ジャクソン（Jackson, 1979）は0.02であった。

　実験研究のほとんどに、介入を受けた対照群——芸術以外の特別な介入を受けた群——が欠けているという欠点がある。こうした対照群がないために、芸術群からどんな肯定的な結果が得られようともそれは「ホーソン効果」の結果にすぎず、教師も生徒も新しいプログラムに取り組むことにワクワクしたことが、学力の向上につながったのかもしれない。

相関研究と実験研究の効果量

　ウィナーとクーパー（2000）が報告した相関研究と実験研究の結果の比較から、芸術教育が学力を高めるという主張を活気付けているのが相関研究であることがわかる。図2.1は5つのメタ分析を比較した結果を示したものであり、実験研究よりも相関研究の方が重み付けされた効果量rの値が高いこと、及び最も明確な相関結果を示したのが言語能力に関するものであることがわかる。

図2.1 相関研究と実験研究における重み付け後の平均効果量

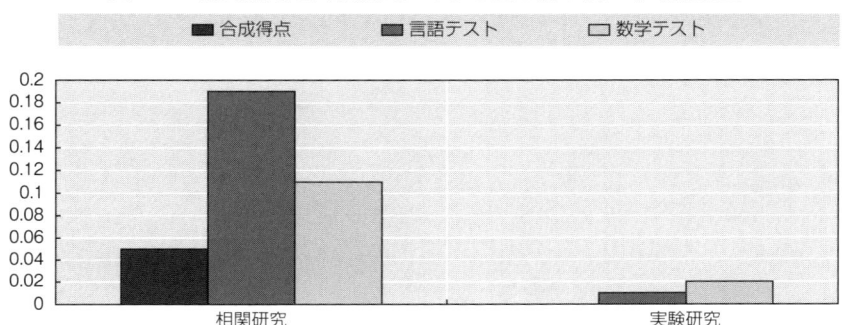

出典：Winner and Cooper (2000).

StatLink：http://dx.doi.org/10.1787/888932833010

だが、ウィナーとクーパー (2000) が指摘するように、相関研究の多くは4年間の芸術教育の効果を検証したものであり、実験研究の多くはそれよりもかなり短い期間（6か月から2年間）の効果を検証したものである。したがって、長期の芸術教育の効果をみる実験研究が必要である。

コラム 2.4　「SPECTRAプラス」プログラム：芸術統合群は対照群よりも改善してはいない

ウィナーとクーパー (2000) が統合した研究のうち、特別な介入を受けた対照群を持つ実験研究は、ラフティグ (Luftig, 1993) の研究のみである。この研究では、「SPECTRAプラス」と呼ばれる芸術を統合したプログラム——これは学力が芸術によって高められるプログラムとして引用されることが多い——を受けた生徒が、介入を受けた対照群、及び協同学習や柔軟な能力別編制、そして親の参加に基づく新しい教育プログラムで介入を受けた対照群と比較された。2年間の研究を通じた数学の得点の変化から、これら3つの群はすべて同様の学力の改善を示した。これは、芸術擁護の主張がなされるとき、その主張が基づいていると言っているデータを注意深くみた方が賢明であることを示す、1つの事例である。

コラム 2.5　シカゴ芸術パートナーシップ（CAPE）スクール：
高い芸術性と高い学力——複合的な説明可能性

　ウィナーとクーパー（2000）が統合した準実験研究の1つは、教育におけるシカゴ芸術パートナーシップ(Chicago Arts Partnerships in Education: CAPE)と呼ばれるプログラムに参加した学校の生徒の合成テストと言語能力テストの得点に対するプログラムの効果を調べたものである（Catterall and Waldorf, 1999）。CAPEスクールでは芸術家と教師の連携により、ある芸術分野をアカデミックな教科に統合した、4週間から6週間のカリキュラム単元を開発した。典型的なものとしては、読解あるいは社会科に視覚芸術のプロジェクトを統合した単元であり、アカデミックな分野の学習を高めることをねらいとしていた。教師の54％が、芸術とアカデミックな教科を統合した単元を1つ作ったと回答したが、4つから5つの単元を作ったと回答した教師も24％いた。

　読解と数学のテストの得点について、CAPEスクールの生徒と、シカゴの他の公立学校の第3学年、第6学年、第8学年、第9学年、第10学年、第11学年の生徒とが比較された。対照群の学校の方が、CAPEスクールよりも得点が高いという結果はなかった。40の比較が第8学年において行われた。そのうち、16の比較では数学においてCAPEスクールの方が対照群の学校よりも得点が高く、25の比較では読解においてCAPEスクールの方が対照群の学校よりも得点が高かった（ただし、半数以上の比較では、効果が証明されないままになっていることに注意！）。ハイスクール段階では、12のうち8つの比較において、CAPEスクールの方が数学の得点が高く、読解では12のうち7つの比較において高いことを示した。小学校段階ではCAPEスクールと対照群との差は統計的に有意であったが、ハイスクール段階では両者に有意差はなかった。

　この研究は、芸術を統合することによって学力が高まるとするエビデンスとして引用されることが多い。例えば、ルパート（Ruppert, 2006）はこの研究について、芸術教育が生徒の成功に「恩恵」を与えることを示しているとしている。だが、この研究によってそう結論付けることはできない。まず、明らかにこの結果は混同されている。また、いくつかの学年で芸術が統合された、CAPEスクールにおける生徒の相対的な優位性が、その学校における芸術の役割によるものなのか、それとも新しいプログラムがもたらす、やる気効果（「ホーソン効果」とされてい

るもの）によるものなのかを明らかにする方法がない。さらに、比較した学校についての詳細が十分に示されていないため、芸術が教えられていることを除いて、学校が同じ条件だったのかどうかがわからない。CAPEへの参加を決めた学校には、もともと優れた教師がいたという可能性もある。優れた教師ならば、芸術を注入し、芸術家が指導に参加するプログラムを選ぶ傾向を持っていることだろう。加えて、この種の研究では、芸術を学ばないという介入を行った対照群を設定していない場合が非常に多い。

第2節 REAPによって示されたその他のマルチ・アートと一般的な学力に関する研究

　ウィナーとクーパー（2000）は、彼らのメタ分析に含めることができなかった27の研究を確認した。それらは、提供されたデータからは（メタ分析に必要な）効果量の算出ができないものか、あるいは対照群を設定していないものである（表2.6に整理した）。これらの研究のほとんどが相関研究で、芸術に重点が置かれている学校に通う生徒は、学力面でも高い成果を上げていると報告している。これらのうち17の研究がプラスの結果を報告し、10の研究が結果なしか、マイナスまたは不明だった。二項検定によれば、27のうち17の研究でプラスの結果が報告されているが、統計的な有意性が認められるまで（$p<0.05$）には至らない。

　これらのうち2つの研究は、我々が相関的な結論を導く上で文化が果たす役割を改めて考えさせてくれる。オランダではハーンストラー（Haanstra, 1999）によって、芸術を含む全国試験に向けて、ハイスクールで芸術の授業を受けた生徒は、芸術を選択しなかった生徒と同じ到達レベルであったことが明らかにされた。この研究は生徒の社会経済的背景を統制しており、オランダにおいては、ハイスクールで芸術を取ることが最終的な到達レベルの予測にはつながらないことを示した。イギリスではハーランドとその同僚（Harland *et al.*, 1998）

表2.6 REAPのメタ分析に含まれなかったマルチ・アート教育と学力を検討した27の研究

研究者（研究グループ）	正の関係	複合的な関係／関係なし／負の関係
Annenberg Challenge（1998）	○	
Brock（1991c）; Newbill（1992）		○
Catterall（1995）		○
Chapman（1998）	○	
Dept. of Test Development and Administration, Prince George's county Public Schools（1997）; Maryland Alliance for Arts Education（1995）	○	
DiMaggio（1982）	○	
Fowler（1979b）	○	
Fowler（1979b）	○	
Getz（1984）; Hoffa（1979）; Lawton（1987）		○
Goldberg（1998）	○	
Haanstra（1999）		○
Harland, Kinder, Haynes and Schagen（1998）		○
Lardo（1982）		○
McGuire（1982）		○
Missouri Arts Education Task Force（1990）, as cited in Murfee（1993）	○	
Redcliffe School Performance Profile（1990-1994）; Edmunds（1991）; Slay and Pendergast（1993）; Welch and Greene（1995）	○	
Redfield（1990）	○	
Rombokas, Heritage and West（1995）		○
Ross（1990）		○
Spectra Rhode Island（1998）	○	
Spilke（1991）	○	
Spilke（1991）	○	
Spilke（1991）	○	
Spilke（1991）	○	
Spilke（1991）	○	
Spilke（1991）		○
Walker（1995）	○	

出典：Winner and Cooper（2000）.

が、通常16歳で受験する全国的な試験（GCSE）における152校、2万7,607人分の生徒の成績を調べた結果、芸術科目を取る割合が高くなればなるほど、その生徒のGCSEの成績が悪くなることを明らかにした。

このオランダとイギリスの研究結果を、4年間芸術を学んだ生徒の方が学ば

なかった生徒よりも、SATの得点が高いというアメリカの研究結果と、どのように折り合いをつけたらよいのだろうか。あるいは上述のように、芸術を学ぶことと学力の高さとの関係を報告しているカテラルとヒース（Catterall and Heath）の研究結果を、どのように結び付けたらよいのだろうか。ハーランドら（1998）は、イギリスでは学力の低い生徒ほど芸術コースに行くよう勧められるからだと推測しているが、この点から負の関係を説明することもできるだろう。また、ヨーロッパの生徒は、伝統的でアカデミックな教科に力を注ぐことによって、大学合格のチャンスが最も高まると感じているのではないだろうか。アメリカの生徒もまた、アメリカの一流大学に入学するための競争が年々激しくなる中で、芸術を加えた方が自分の履歴をもっと優位にしてくれると考えているのかもしれない（Stevens, 2009）。

　いずれにせよ、オランダとイギリスでは、芸術教育と学力の間に正の関係がみられないことから、相関データから因果関係を導き出すことには注意が必要である。

第3節　マルチ・アート教育と一般的な学力に関するREAP以後の準実験研究

　2000年のREAPの報告書以降、芸術統合型プログラムの効果を評価する研究が数多くなされてきた。評価の対象となったプログラムには次のものがある。すなわち、ノースカロライナにおけるAプラス・スクール（A+ Schools）（Nelson, 2001）、学力のための芸術（Arts for Academic Achievement）（Anderson and Ingram, 2002; Frrman and Seashore, 2001; Freeman et al., 2002; Ingram and Seashore, 2003）、基礎カリキュラムにおける芸術（ABC: Arts in the Basic Curriculum）（Seaman, 1999）、カレイドスコープ（Kaleidoscope）（Brown et al., 2010）、芸術を通じた学習（Learning Through the Arts）（Smithrim and Upitis, 2005）、芸術の取組みを通じた教育転移（TETAC: Transforming Education Through the Arts Challenge）（Frechtling et al., 2002; NAEC, 2003）、1つの学校における1つのプログラムの

研究（Bezrucsko, 1997）、数学指導における芸術注入方法と芸術を用いない方法とを比較した1つの学校における1つのプログラムの研究（Omniewski and Habursky, 1999）である。表2.7は、これらの評価による結果の一覧である。

表2.7 （芸術統合プログラムにおける）マルチ・アート教育と一般的な学力との関係を分析したREAP以後の8つの研究

評価されたプログラム	プラスの効果：芸術群の子供の得点が対照群の子供の得点より高い	一致しない結果：ある学年・学級のみ得点が上昇	効果なし：芸術群と対象群とでテストの得点に差がない
A+ Schools			○
Arts for Academic Achievement		○	
Arts in the Basic Curriculum			○
Learning Through the Arts		○	
Kaleidoscope	○		
Transforming Education Through the Arts Challenge	○		
Bezrucsko（1997）	○		
Omniewski and Habursky（1999）			○

　表2.7に示されているとおり、これらの研究から得られた結果は、こうした芸術統合型プログラムの生徒が、そうでないプログラムの生徒よりも、標準テストにおいて得点が高いかどうかという問いに対する決定的な答えとはなっていない。芸術統合型プログラムの子供の方が、芸術統合型プログラムを受けていない子供よりも得点が高いと報告しているのは、3つである。また、一部の学年あるいはクラスにおいて、芸術統合型プログラムの方が、得点が高いと報告した研究は2つある。さらに、芸術統合型プログラムに参加している生徒の得点が同程度であると報告している研究は、3つである（Aプラス・スクール、基礎カリキュラムにおける芸術など）。芸術統合型プログラムを行えば得点は上がると報告している研究もあるが、同じ子供を対象に経年変化をみた比較研究とはなっていない。すなわち、芸術統合型プログラムが十分に確立してから1年間、そのプログラムを受けた生徒と、プログラムが確立する前の、初期のプログラムを受けた生徒との比較になってしまっている（TETACなど）。

　表2.7に整理された研究結果が、どうして決定的なものとならないのだろうか。主な原因は、芸術統合型プログラムと比較群の学校のプログラムとの違い

が大きすぎるということにある。特に、教師の質や生徒のタイプが違いすぎるということである。芸術を統合することが学力を高めるかどうかを明らかにするための最も良い方法は、芸術統合型プログラムと非芸術統合型プログラムにおいて同一の授業が行われ、なるべくプログラムそれぞれに無作為に教師が割り当てられ、さらに、生徒も同様に無作為に分けるといった真の実験を設計することであろう。我々は、こういった研究が、芸術統合型プログラムを正当化するために必要だと言っているわけではない。我々の主張ははるかに限定されている。つまり、こうした研究が必要となるのは、芸術統合型プログラム・そのものが学力を高めるのかどうかを明らかにしたいと考えるときに必要だということである。これまでのところ、そのエビデンスは存在しないのである。

コラム 2.6　芸術を通じた学習：転移についての矛盾した研究結果

2005年、スミスリムとアピティズ（Smithrim and Upitis）が研究成果『芸術を通じた学習』（LTTA）を出版した。これは、カナダの芸術統合型プログラムの効果を検証した研究であるが、その研究結果は矛盾したものであった。

芸術を通じた学習プログラム（LTTA）では、プロの芸術家と教師が協力して芸術統合型カリキュラムを開発した。このプログラムには4,063名の子供が参加し、芸術以外に焦点を当てたカリキュラムで学ぶ学校や、重点分野を特に設定していない学校の子供たち2,602名と比較された。

3年後、第6学年の生徒（10歳から12歳）が対照群の生徒よりも、計算と推定において得点の上昇が高いことが示された。だが、回帰分析を行ったところ、芸術統合型プログラムの参加は、これら数学2領域の分散をわずか1.2％しか説明しなかった。また、このプログラムに参加した第6学年の生徒は、数学の他の2つの内容、すなわち幾何と数学概念の応用において、さらには読解力、語彙、書き方においても、対照群よりも得点の上昇がみられなかった。最終的に、第6学年の生徒を除いて、他の4つの学年の生徒の得点は改善しなかった。多くの分野のテストにおいて芸術群の得点が改善したのは2つのテストだけであり、しかもこの改善がみられたのは、4つの年齢集団のうち1つの年齢の生徒のみだったことを考えると、この結果には一貫性がないと結論するしかない。

LTTAを受けた生徒に聞き取りを行ったところ、学校での取組みが高いことが

わかった。研究者たちは、そのプログラムによって生み出された学校での取組みが働いたことで、特に計算と推定が改善したと推測した。彼らは、計算や推定は、読解といったスキルよりも取組みや注意力によって変わりやすいとしている。

だが、このプログラムによって改善されるのは、他でもないこうした力だというような直感的な予測を立てられないし、依然として、なぜそう言えるのかということを説明する適切な理論も見つかっていない。したがって可能性はあるものの、この説明は依然として推測の域を出ていない。

第4節　結論

　本章で検討したエビデンスは、マルチ・アート教育と、SATの得点などのような複合的な評価や、言語テスト、数学テストの得点など、いくつかの方法で測定される学力との間に明らかな正の相関があるということを示している。その結果にはいくらか文化的な違いがあり、オランダやイギリスでは異なるパターンが示されている。だが、因果関係をうまく捉えることを可能とする実験研究は、マルチ・アート教育と認知的成果（学力）との間に正の関係を見つけてはいない。つまり、独立した芸術の授業であれ、芸術注入型あるいは統合型の授業であれ、マルチ・アートの指導が標準テストの得点によって測定されるような、学力を高めることにつながる確かなエビデンスはまだない。

　さらに、我々は、マルチ・アートの指導が学力を高めてくれるとする理論的裏付けはないと考えている。というのも、芸術指導によって訓練される学びの技は、言語や数学の多肢選択式テストで測られるようなスキルとはかなり異なるものだからだ。芸術の研究は、視覚的な観察（視覚芸術）、登場人物の理解（演劇）、運動能力及び聴覚能力（音楽）などに焦点を当てている。この種のスキルは重要なものだが、言語テストや数学テストによってその姿をつかめるものではない。しかしながら、学校で芸術が盛んになれば、学校分野に変化が起こり、どの教科の教師もより探究型、児童生徒中心型、プロジェクト型の方法

で教えるようになるかもしれない。そして、学校文化の改善という間接的な方法を通じて、芸術が教科の学習を高めることができるということが、検証すべき合理的な仮説となってくるかもしれない。

引用・参考文献

Anderson, A.R. and D. Ingram (2002), *Arts for Academic Achievement: Results from the 2000-2001 Teacher Survey*, Center for Applied Research and Educational Improvement, Minneapolis, MN.

Annenberg Challenge (1998), "How the arts transform schools: A challenge for all to share", *Challenge Journal*, Annenberg Challenge, Vol. 3/4.

Aprill, A. and G. Burnaford (2006), "Long term arts education partnerships as an effective strategy for systemic school improvement", presented at World Conference on Arts Education, UNESCO, Lisbon, March 2006, *http://portal. unesco.org/culture/en/files/29792/11380325291Arnold_Aprill_and_Gail_ Burnaford.htm/Arnold%2BAprill%2Band%2BGail%2BBurnaford.htm*.

Aschbacher, P. and J. Herman (1991), *The Humanitas Program Evaluation 1990-1991*, Center for Study of Evaluation, UCLA Graduate School of Education and Information Studies.

Baum, S.M. and S.V. Owen (1997), "Using art processes to enhance academic selfregulation", paper presented at Arts Connection National Symposium on Learning and the Arts: New Strategies for Promoting Student Success, New York, February 22, summarised in Deasy (2002), pp. 64-65.

Bezruczko, N. (1997), *Links between Children's Clay Models and School Achievement*, ERIC Reproduction Service No. ED 410031.

Brock, S. (1991a), *The Visual and Performing Arts Magnet Elementary Schools: 1988, 1989, 1989-1990, 1990-1991. Summative Evaluation*, Program Evaluation Office, Desegregation Planning Department, Kansas City School District, Kansas City, Mo.

Brock, S. (1991b), *Achievement and Enrollment Evaluation of the Kansas city Middle School of the Arts Magnet, 1990-1991*, Program Evaluation Office, Desegregation Planning Department, Kansas City School District, Kansas City, Mo.

Brock, S. (1991c), *The Paseo Fine and Performing Arts Magnet High School, 1990-1991. Formative Evaluation*, Program Evaluation Office, Desegregation Planning Department, Kansas City School District, Kansas City, Mo.

Brown, E.D., B. Benedett and M.E. Armistead (2010), "Arts enrichment and school readiness for children at risk", *Early Childhood Research Quarterly*, Vol. 25, pp. 112-124.

Catterall, J. (1995), *Different Ways of Knowing, 1991-1994*, National Longitudinal Study, Program Effect on Students and Teachers, Galef Institute, Los Angeles, CA.

Catterall, J.S. (1998), "Involvement in the arts and success in secondary school", *Americans for the Arts Monographs*, Vol. 1/9, Washington, DC.

Catterall, J., R. Chapleau and J. Iwanaga (1999), "Involvement in the arts and human development: General involvement and intensive involvement in music and theatre arts" in E.B. Fiske (ed.), *Champions of Change: The Impact of the Arts on Learning*, The Arts Education Partnership and The President's Committee on the Arts and the Humanities, Washington, DC, pp. 1-18.

Catterall, J. and L. Waldorf (1999), "Chicago Arts Partnerships in Education: Summary evaluation" in E.B. Fiske (ed.), *Champions of Change: The Impact of the Arts on Learning*, The Arts Education Partnership and The President's Committee on the Arts and the Humanities, Washington, DC, pp. 47-62.

Chapman, R. (1998), "Improving student performance through the arts", *Principal*, Vol. 77/4, pp. 20-24.

Coakley, M. (1995), *Kaleidoscope Preschool Arts Enrichment Program: Making a Difference in the Lives of Children*, Final Report of a Four-Year Evaluation of an Arts-Based Early Intervention Program, Settlement Music School, Philadelphia, PA.

Cohen, J. (1988), *Statistical Power Analysis for the Behavioral Sciences* (2nd Ed.), Erlbaum Associates, Hillsdale, NJ.

Demeter, M. (1986), *An Investigation of the Problem-solving Process Used by Art/ music Talent Students to Solve Multistep Mathematical Problems*, unpublished Doctoral Dissertation, New York University.

Deasy, R.J. (ed.) (2002), *Critical Links: Learning in the Arts and Student Academic and Social Development*, Arts Education Partnership, Washington, DC.

Department of Test Development and Administration, Prince George's County Public Schools (1997), Unpublished Data on Rockledge Elementary School and

Thomas C. Pullen Creative and performing Arts School.

Dillard, G. (1982), *The Effect of a Fine Arts Program on Intelligence, Achievement, Creativity, and Personality Test Scores of Young Gifted and Talented Students*, Doctoral Dissertation, East Tennessee State University.

DiMaggio, P. (1982), "Cultural capital and school success: The impact of status culture participation on the grades of US high school students", *American Sociological Review*, Vol. 47/2, pp. 189-201.

Dwinell, P. and M. Hogrebe (1984), "Differences among ability groups in participation in the performing arts at the high school level", paper presented at the American Education Research Association.

Edmunds, R. (1991), "A livelier way to learn: The greater Augusta Arts Council's innovative arts infusion program uses the arts to bring new skills to the classroom", *Augusta Magazine*, pp. 64-67.

Eisner, E.W. (2002), "What can education learn from the arts about the practice of education", *Journal of Curriculum and Supervision*, Vol. 18/1, pp.4-16.

Fowler, C. (1979), *Try a New Face*, Office of Education, Washington, DC.

Frechtling, J., S.A. Rieder, J. Michie, K. Snow, P. Fletcher, J. Yan and A. Miyaoka (2002), *Final Project Report of the Transforming Education Through the Arts Challenge*, National Arts Education Consortium. http://www.utc.edu/Outreach/SCEA/Final_Report_TETAC2.pdf.

Freeman, C.J. and K.L. Seashore (2001), "The problem of reform in urban high schools: A tale of two teams", unpublished manuscript, Center for Applied Research and Education Improvement, College of Education and Human Development, University of Minnesota, referenced in N. Rabkin and R. Redmond (eds.) (2004), *Putting the Arts in the Picture: Reframing Education in the 21st Century*, Columbia College, Chicago.

Freeman, C.J., K.L. Seashore with L. Werner (2002), "Arts for academic achievement. Models of implementing arts for academic achievement: challenging contemporary classroom practive", unpublished manuscript, Center for Applied Research and Education Improvement, College of Education and Human Development, University of Minnesota, referenced in N. Rabkin and R. Redmond (eds.) (2004), *Putting the Arts in the Picture: Reframing Education in the 21st Century*, Columbia College, Chicago.

Gardiner, M., A. Fox, F. Knowles and D. Jeffry (1996), "Learning improved by arts training", *Nature*, Vol. 381, pp. 284.

Getz, R. (1984), "Excellence and the classroom", *Design for Arts in Education*, Vol. 85/4, pp. 38-40.

Glismann, L. (1967), *The Effects of Special Arts and Crafts Activities on Attitudes, Attendance, Citizenship, and Academic Achievement of Slow Learning Ninth Grade Pupils*, Doctoral Dissertation, Utah State University.

Goldberg, M. (1998), "SUAVE: Integrated arts and academic achievement", unpublished paper, California State University.

Harland, J., K. Kinder, J. Haynes and I. Schagen (1998), "The effects and effectiveness of arts education in schools", *Interim Report 1*, National Foundation for Educational Research.

Heath, S. (1998a), "Living the arts through language and learning: A report on community-based youth organizations", *Americans for the Arts Monographs*, Vol 2/7 Washington, DC.

Heath, S. (1998b), "Youth development and the arts in nonschool hours", *Grantmakers in the Arts*, Vol. 9/1.

Hudspeth, C. (1986), *The Cognitive and Behavioral Consequences of Using Music and Poetry in a Fourth Grade Language Arts Classroom*, Doctoral Dissertation, Texas Women's University.

Ingram, E. and K.R. Seashore (2003), "Arts for academic achievement: Summative evaluation Report", unpublished manuscript, Center for Applied Research and Educaitonal Improvement, College of Education and Human Development, University of Minnesota.

Jackson, E. (1979), *The Impact of Arts Enrichment Instruction on Self-concept, Attendance, Motivation, and Academic Performance*, Doctoral Dissertation, Fordham University.

Lardo, N. (1982), *Examining Changes in Self-concept and Other Selected Variables in Seventh and Eighth Grade Students Participating in a Creative and Performaning Arts Magnet Middle School Program*, Doctoral Dissertation, University of Pittsburgh.

Lawton, E. (1987), "The Role of the arts in schools: Another reminder", *Contemporary Education*, Vol. 59/1, pp. 15-16.

Luftig, R. (1993), *The Schooled Mind: Do the Arts Make a Difference? An Empirical Evaluation of the Hamilton Fairfield SPECTRA+ Program, 1993-1994*, Center for Human Development, Learning, and Teaching, Miami University, Oxford, Ohio.

第2章　マルチ・アート教育の認知的成果

Marston, J.(1997), *Arts Integration: Evaluating its Effectiveness at the Sherwood Heights School*, Master's thesis, University of Maine.

Maryland Alliance for Arts Education (1995), *The Arts and Children: A Success Story*, www.aems-edu.org/resources/aemsVideo/index.html.

McGuire, G. (1982), *Effects of the Arts on Academic Achievement*, Master's thesis, California State Polytechnic University.

Murfee, E. (1993), *The Value of the Arts. President's Committee on the Arts and the Humanities*, National Endowment for the Arts.

National Center for Education Statistics (1984), *Course Offerings and Enrollments in the Arts and in the Humanities at the Secondary School Level*, US Government Printing Office, Washington, DC.

National Arts Education Consortium (NAEC) (2003), *Transforming Education through the Arts Challenge*, www.utc.edu/Outreach/SCEA/Final_Report_TETAC2.pdf.

Nelson, C.A. (2001), "The arts and education reform: Lessons from a four-year evaluation of the A+ schools program, 1995-1999", *Executive Summary of the Series of Seven Policy Reports Summarizing the Four-Year Pilot of the A+ schools in North Carolina*, Thomas S. Kenan Institute for the Arts, Winston-Salem, NC, summarised in Deasy (2002), pp. 84-85. Full report, The North Carolina A+ Schools Program: Schools that work for everyone, available from North Carolina A+ Schools, Thomas S. Kenan Institute for the Arts, Winston-Salem, NC, www.aplus-schools.org.

Newbill, S. (1992), *The Paseo Fine and Performing Arts Magnet High School, 1989-1990, 1990-1991, 1991-1992. Summative evaluation*, Program Evaluation Office, Desegregation Planning Department, Kansas City School District, Kansas City, Mo.

Newmann, F.M., A.S. Bryk and J.K Nagaoka (2001), "Authentic intellectual work and standardized tests: Conflict of coexistence? Improving Chicago's schools", *http://ccsr.uchicago.edu/publications/authentic-intellectual-work-and-standardizedtests-conflict-or-coexistence*.

Norman, J. (1987), *The Effectiveness of an Integrated Arts Program on Students' Academic Achievement*, Doctoral Dissertation, University of Kansas.

Omniewski, R.A. and B. Habursky (1999), "Does arts infusion make a difference? The effect of an arts infusion approach on mathematics achievement", *Contributions to Music Education*, Vol. 26/2, pp. 38-50.

Rabkin, N. and R. Redmond (eds.) (2004), *Putting the Arts in the Picture: Reframing Education in the 21st Century*, Columbia College, Chicago, IL.

Redcliffe School Performance Profile (1990-1994), Aiken County School District, Aiken, SC.

Redfield, D. (1990), *Evaluating the Broad Educational Impact of an Arts Education Program. The Case of the Music Center of Los Angeles County's Artist in Residence Program*, Center for the Study of Evaluation, UCLA Graduate School of Education.

Rombokas, M., J. Heritage and W.B. West (1995), "High school extracurricular activities and college grades", paper presented at the Southeastern Conference of Counseling Center Personnel and the Tennessee Counseling Association Convention, Jekyll Island, GA and Nashville, Tenn, 25-27 October and 19-21 November.

Rosenthal, R. (1991), *Meta-analytic Procedures for Social Research*, Sage Publication, Newbury Park, CA.

Rosenthal, R. and R.L. Rosnow (1991), *Essentials of Behavioral Research: Methods and Data Analysis*, McGraw-Hill, New York, NY.

Ross, G. (1990), *Arts Partners Research Study: Final Report*, National Arts Education Research Center, New York University.

Ruppert, S. (2006), *Critical Evidence: How the Arts Benefit Student Achievement*, National Assembly of State Arts Agencies.

Seaman, M.A. (1999), *The Arts in Basic Curriculum Project: Looking at the Past and Preparing for the Future*, unpublished evaluation report, College of Education, University of South Carolina, Columbia, SC, summarized in Deasy (2002) pp. 90-01.

Slay, J. and S. Pendergast (1993), "Infusing the arts across the curriculum", *School Administrator*, Vol. 50/5, pp. 32-35.

Smithrim, K. and R. Upitis (2005), "Learning through the arts: Lessons of engagement", *Canadian Journal of Education*, Vol. 28/1-2, pp. 109-127.

Spectra Rhode Island (1998), *Basic Questions*, unpublished report, Burgard Associates, Box 697, Providence, R.I. 02091-0697.

Spilke, G. with C. Fowler and G. McMullen (1991), *Understanding How the Arts Contribute to Excellent Education. Study Summary*, National Endowment for the Arts, Philadelphia, PA.

Stevens, M.L. (2009), *Creating a Class: College Admissions and the Education of*

Elites, Harvard University Press, Cambridge, MA.
Tunks, J.（1997）, *Changing the Face of American Education: The Partnership Project*, Partnership for Arts, Culture and Education, Inc., Dallas, TX.
Vaughn, K. and E. Winner（2000）, "SAT scores of students with four years of arts: What we can and cannot conclude about the association", *Journal of Aesthetic Education*, Vol. 34/3-4, pp. 77-89.
Walker, D.（1995）, "Connecting right brain and left brain: Increasing academic performance of African American students through the arts", paper presented at the Annual Meeting of the National Alliance of Black School Educators, Dallas, TX.
Whitener, S.（1974）, *Patterns of High School Studies and College Achievement*, Doctoral Dissertation, Rutgers University.
Winner, E.M. and Cooper（2000）, "Mute those claims: No evidence（yet）for a causal link between arts study and academic achievement", *Journal of Aesthetic Education*, Vol. 34/3-4, pp. 11-75.
Winner, E. and L. Hetland（2000）, "Beyond the soundbite: Arts education and academic outcomes. Conference proceedings" from *Beyond the Soundbite: What the Research Actually Shows About Arts Education and Academic Outcomes*, J. Paul Getty Trust, Los Angeles, LA. *www.getty.edu/foundation/pdfs/soundbite.pdf*.

付録2.A1　附表

表2.A1.1　マルチ・アート教育とテストの合成得点との関係をみた5つの相関研究

研究者（研究グループ）	N	R	Z (p)* (*<0.0001)
Catterall, Chapleau and Iwanaga (1999)	2 813	.08	4.42*
Dwinell and Hogrebe (1984)	21 479	.05	7.33*
Heath (1998a)	17 143	.04	4.88*
National Center for Education Statistics (1984)	3 367 000	.05	97.48*
Whitener (1974)	200	.04	-.31 (p = 38)

注：N：人数。R：効果量。Z (p)：統計的有意性。コラム2.1参照。
出典：Winner and Cooper (2000).

表2.A1.2　マルチ・アート教育と言語テストの得点との関係をみた11の相関研究

研究者（研究グループ）	N	R	Z (p)* (*<0.0001)
Catterall, Chapleau and Iwanaga (1999)	7 440	.19	16.24*
College Board (1988)	353 679	.14	80.64*
College Board (1989)	296 189	.15	80.42*
College Board (1990)	274 168	.16	81.92*
College Board (1991)	273 034	.17	86.95*
College Board (1992)	269 453	.18	95.54*
College Board (1994)	352 824	.20	121.48*
College Board (1995)	360 911	.21	129.10*
College Board (1996)	367 314	.23	137.09*
College Board (1997)	337 517	.25	146.31*
College Board (1998)	318 392	.23	130.18*

注：N：人数。R：効果量。Z (p)：統計的有意性。コラム2.1参照。
出典：Winner and Cooper (2000).

表2.A1.3　マルチ・アート教育と数学のテストの得点との関係をみた11の相関研究

研究者（研究グループ）	N	R	Z (p)* (*<0.0001)
College Board (1988)	353 679	.05	31.66*
College Board (1989)	296 189	.06	31.99*
College Board (1990)	274 168	.08	40.95*
College Board (1991)	273 034	.08	43.17*
College Board (1992)	269 453	.10	49.34*
College Board (1994)	352 824	.12	71.98*
College Board (1995)	360 911	.15	87.51*
College Board (1996)	367 314	.15	91.28*
College Board (1997)	337 517	.18	100.93*
College Board (1998)	318 392	.14	80.43*
Demeter (1986)	128	.00	.00 (p=.50)

注：N：人数。R：効果量。Z (p)：統計的有意性。コラム2.1参照。
出典：Winner and Cooper (2000).

第2章　マルチ・アート教育の認知的成果

表2.A1.4　芸術教育と言語テストの得点との関係をみた24の準実験研究及び実験研究

研究者（研究グループ）	N	R	Z (p)* (*<0.0001)
Ashbacher and Herman (1991)	520	.00	0 (p = .5)
Baum and Owen (1997)	132	.12	1.40 (p = .08)
Brock (1991a)	308	.02	.33 (p = .37)
Brock (1991a)	354	.02	.39 (p = .35)
Brock (1991a)	438	.11	2.37 (p = .009)
Brock (1991a)	438	-.07	-1.55 (p = .06)
Brock (1991a)	516	-.10	-2.37 (p = .009)
Brock (1991a)	392	-.12	-2.37 (p = .009)
Brock (1991b)	384	.05	.92 (p = .18)
Brock (1991b)	316	.00	.08 (p = .47)
Brock (1991b)	352	.00	.05 (p = .48)
Catterall and Waldorf (1999)	13 388	.02	2.33 (p = .01)
Coakley (1995)	63	.16	1.27 (p = .10)
Dillard (1982)*	97	.03	.34 (p = .37)
Gardiner et al. (1996)	80	.10	.89 (p = .19)
Glismann (1967)	149	-.03	-.31 (p = .38)
Hudspeth (1986)	32	.66	3.72*
Jackson (1979)*	245	.02	-.60 (p = .27)
Marston (1997)	40	-.25	2.23 (p = .01)
Norman (1987)	1 444	-.10	4.69*
Tunks (1997)	32	.29	1.64 (p = .05)
Tunks (1997)	32	.29	1.64 (p = .05)
Tunks (1997)	39	.26	1.64 (p = .05)
Tunks (1997)	45	.00	0 (p = .50)

注：N：人数。R：効果量。Z (p)：統計的有意性。コラム2.1参照。研究者の列の*は実験研究。
出典：Winner and Cooper (2000).

表2.A1.5　芸術教育と数学のテストの得点との関係をみた15の準実験研究

研究者（研究グループ）	N	R	Z (p)* (*<0.0001)
Baum and Owen (1997)	90	.14	-.87 (p=.19)
Brock (1991a)	308	.13	2.37 (p=.009)
Brock (1991a)	354	.11	2.05 (p=.02)
Brock (1991a)	438	.11	2.37 (p=.009)
Brock (1991a)	438	-.02	-.44 (p=.33)
Brock (1991a)	516	-.06	-1.34 (p=.09)
Brock (1991a)	392	-.09	-1.75 (p=.04)
Brock (1991b)	384	-.05	-.92 (p=.18)
Brock (1991b)	316	.13	2.37 (p=.009)
Brock (1991b)	352	.11	2.05 (p=.02)
Catterall and Waldorf (1999)	13,388	.02	2.33 (p=.01)
Gardiner et al. (1996)	80	.34	3.03 (p=.001)
Glismann (1967)	149	.33	4.01*
Luftig (1993)	137	.00	0 (p=.5)
Norman (1987)	1,444	.05	1.41 (p=.08)

注：N：人数。R：効果量。Z (p)：統計的有意性。コラム2.1参照。
出典：Winner and Cooper (2000).

第3章
音楽教育の認知的成果

　本章では、認知的成果に対する音楽学習の効果の研究を検討した。認知的成果とは、一般的な学力、知能指数（IQ）、読解力と音韻意識、外国語の学習、数学、視覚的・空間的スキル、注意力、及び記憶力を指す。研究からは、音楽のレッスンが子供の学力、知能指数、音韻意識そして単語の判読力を高めることがわかっている。音楽の訓練と音韻意識とは両方とも聞く能力を含むものなので、我々はその関係を理解することができる。音韻意識はスペルと音をつなげる単語の判読力に関係しているので、これについても、音楽の訓練がなぜ幼い子供の単語の判読力を高めるのかを理解することができる。だが、知能指数や学力に対する音楽レッスンの効果を、どのように理解することができるだろうか。本章で最も妥当と思われる説明を提案する。

楽器演奏を学ぶには、規律、注意力、記憶力、高い聴力が必要である。これら「学びの技（habits of mind）」のすべては、それらを学べば、原則として他の分野に転移できる。例えば、記憶力と注意力を高めれば、カリキュラムにあるすべてを学ぶ上で生徒に役立つような汎用性のあるスキルとなるだろう。だが、それを証明することは非常に難しい。以下では、音楽教育の認知的効果に関する研究を検討する。まず最初に、一般的な学力、読解力（発話の聴力、読解に関係しているであろうスキルを含む）、数学及び視覚的・空間的推論に関する、「教育と芸術の検証プロジェクト（REAP: Reviewing Education and the Arts Project）」のメタ分析の結果を検討する。次に、REAP研究では検討されなかった知能指数、注意力、記憶力、非母語の学習について検討する。

　音楽のレッスンを受けている子供の家庭は、レッスンを受けていない子供の家庭に比べて、社会経済的背景が上位で、教育水準も高い傾向がみられる（Segeant and Thatcher, 1974）。他の芸術分野のレッスンを受けている子供を対象とした、同様の研究報告はない。だが、子供が学校外でまず取り組むものとして、（ダンス、演劇、視覚芸術のレッスンに比べて）音楽のレッスンを思い起こすのは合理的であろう。音楽の学習が、他の芸術分野の学習以上に、家庭的要因と強く関係していると考えられるのはそのためである。したがって、学校外での音楽レッスンのインパクトを検証する研究においては、対象となる生徒の知能指数や社会経済的背景を統制（一定に）しなければならない。そうすることによってのみ、音楽のレッスンの効果が、レッスンを受けている生徒のもともとの知能指数によるのか、それとも、音楽によるものなのかどうかを知ることができる。だが残念ながら、この種の注意事項は必ずしも守られていない。

第1節　音楽教育と一般的な学力

　音楽が学力を高めることができるという主張を支援するために、いくつかの理由が唱えられてきた。その1つは、音楽が生徒を動機付けたり、引きつけたりし、その動機付けが学校の他の教科にも波及するというものである。もう1

つは、音楽の訓練の厳しさや規律が生徒に、他の分野においてうまくそれを適用できるような「学びの技」を与えるというもので、例えば注意力や記憶力などである。

音楽教育のREAP分析と一般的な学力

ヴォーンとウィナー（Vaughn and Winner, 2000）は、ハイスクールで芸術を取らなかった生徒と、芸術分野を1つ以上取った生徒とで、SATの得点を比較した。彼らの分析は、カレッジ・ボードのSAT（大学進学適性試験）データを基にして行ったが、知能指数及び家庭の社会経済的背景は用いていない。図3.1には、これらの生徒のSATの得点が示されている。音楽演奏のクラスあるいは音楽史のクラスを取った生徒と、芸術を取らなかった生徒とを比較すると、言語テストと数学のテストの平均得点で30点から50点の違いがあった。音楽演奏のクラスを取った生徒と取らなかった生徒について、10年間にわたるSATの言語テストの平均得点をt検定で比較すると、高い有意性がみられた。しかし、これらの分析は完全に相関データに基づくものであり、知能指数と家庭の社会経済的背景も一定にできなかったため、SATの得点に対する音楽のクラスの効果について、因果関係を導くことはできない。

図3.1 ハイスクールで音楽の授業を取った生徒と取らなかった生徒のSATの得点

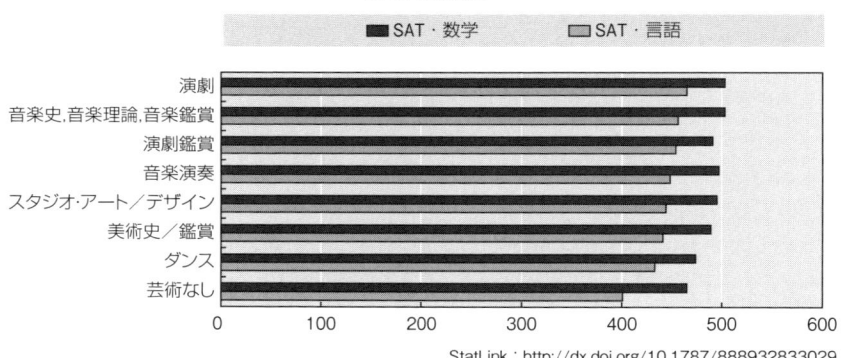

StatLink：http://dx.doi.org/10.1787/888932833029

出典：Vaughn and Winner（2000）.

音楽教育と一般的な学力に関する REAP 以後の研究

相関研究

　ここでは、REAPには含まれていなかった4つの相関研究を取り上げる。1つは、音楽的適性（注：音楽教育ではない）と学力との間に正の相関を示したもの（Hobbs, 1985）、他の3つは楽器演奏と学力との間に正の相関を示したものである（Linch, 1994; Schellenberg, 2006; Wetter *et al.*, 2009）（表3.1）。

表3.1　音楽と学力を検証したREAP以後の4つの相関研究

研究者（研究グループ）	プラスの成果	マイナスの成果／成果が一致しない
Hobbs（1985） （音楽的適性であって音楽の訓練ではない）		○
Linch（1994）	○	
Schellenberg（2006）	○	
Wetter *et al.*（2009）	○	

準実験研究

　一般的な学力に対する音楽の訓練の効果を調べたREAP以後の準実験研究は2つあったが、これらの研究はいずれも効果がないと報告している（表3.2）。様々な成果に対する音楽の効果を調べたドイツの追跡調査において、バスティアン（Bastian, 2000, 2008）は1992年から1998年の6年間、子供の追跡調査を行った。この研究は、音楽を学べる学校を自ら選んで入学してきた子供を対象としているが、音楽群と非音楽群とに無作為に分けていないため、準実験研究である。研究は、音楽群の子供123名と対照群の子供47名でスタートしたが、その後人数が減り、研究終了時には音楽群が87名、対照群が38名であった。学力（ドイツ語、英語、数学について測定）に対する音楽指導の効果は、みられなかった。ウェバーら（Weber *et al.*, 1993）は、スイスの第1学年から7学年の生徒約1,200名を対象に、1988年から1991年にかけて、準実験研究を行った。研究では、（週当たり5回のレッスンを行う）集中音楽教育を受けた生徒と、音楽教育を受けなかった生徒が比較された。週に5回のレッスンを確保するた

めに、各主要教科につき1回ずつの授業が音楽に回された。音楽指導を受けた生徒の学力と、音楽指導を受けなかった生徒の学力とに違いはみられなかった。

表3.2　音楽と学力を検証したREAP以後の2つの準実験研究

研究者（研究グループ）	プラスの成果	マイナスの成果／成果が一致しない
Bastian（2000, 2008）		○
Weber, Spychiger and Patry（2003）		○

　これらの研究を行った研究者たちは、音楽に時間を割いたにもかかわらず、他の教科の学力について音楽群が対照群を下回らなかったことを、プラスの結果とみなした。だが、芸術教育が学力に悪影響を与えないとする議論は、芸術教育が学力を高めるとする主張とはまったく異なる。とはいえ、芸術により多くの時間を費やし、他の教科にはあまり時間をかけなかったことが学力に悪影響を与えないで、かつ芸術的スキルの改善につながるということは、プラスの結果とみなすことができる。この結果は芸術教育のインパクトについては何ら語っていないが、カリキュラムで芸術が増えても他の教科に悪影響を与えずにすむ可能性があることを示してはいる。だが、我々は、どの程度置き換えが可能で、これが実際にうまく機能する条件は何かを知る研究を、もっと必要としている。

第2節　音楽教育と知能指数

　知能指数は、通常、学力を測定する手段ではないが、アカデミックな知能を測定する手段としては認められているし、学力の予測因子としても優れている（それに社会的成功を測定する手段でもある）。では、音楽教育は子供の知能指数を高めるのだろうか。

　REAPの研究チームは知能指数については検討しなかった。ここで我々は、音楽の訓練と子供の知能指数とのプラスの関係をほぼ示している相関研究、準実験研究、そして実験研究を取り上げる（表3.3、表3.4、表3.5に整理した）。

相関研究

シェルエンバーグ（Shellenberg, 2006）は6歳児から11歳児、147名を対象に実験を行い、潜在的交絡変数（例えば、家庭の収入、親の教育歴、音楽以外の活動への関わり）を一定にした場合、音楽のレッスンを継続することと知能指数及び学力には正の相関があることを示した。音楽に関わっていることが、いくつかの認知能力の側面（例えば、数学的能力、時空間的能力、言語能力）と強く関係していることを示すエビデンスはなかった。こうした結果は、子供時代に音楽にフォーマルに接することは知能指数や学力と正の関連があり、そして、その関連は弱いものの広がりがあり、長く続くことが示されている。

ある相関研究は、フォーマル及びインフォーマルな音楽教育と、（あるイメージを認識する際の目の動きからみた）頭の回転の速さの程度（つまり、知能指数との相関の程度）との関係性について報告している（Gruhn *et al.*, 2003）。また、音楽的適性（音楽教育ではない！）と知能指数とのプラスの関係を報告している相関研究は2つあった（Lynn *et al.*, 1989; Phillips, 1976）（表3.3）。

表3.3　音楽と知能指数との相関を検証した5つの研究

研究者（研究グループ）	プラスの成果	マイナスの成果／成果が一致しない
Gruhn, Galley and Kluth（2003）	○	
Ho, Cheung and Chan（2003）- 研究その1	○	
Lynn, Wilson and Gault（1989）（音楽的適性）	○	
Phillips（1976）（音楽的適性）	○	
Schellenberg（2006）	○	

準実験研究

関連する準実験研究は2つ見つかったが、いずれも、音楽群の知能指数が高まったとは報告していない（表3.4）。

上述の一般的な学力への効果をみたドイツの研究では、音楽の訓練を受けた子供の知能指数が高まったという報告がなされている。それは、1992年から1998年の6年間に子供を対象に行われたものであるが（Bastian, 2000, 2008）、子供を音楽群と非音楽群とに無作為に分けていないため、準実験研究である。

研究は音楽群123名、対照群47名でスタートしたが、終了時には音楽群87名、対照群38名に減少した。当初、知能を非言語で測定する「キャッテルCFIT（Culture Fair Intelligence Test）」（Cattell, 1949）を用いたところ、両群に知能指数の有意差はなかった。3年後も、両群に知能指数の差はなかったが、（知能テストが最後に実施された）4年後には、音楽群の方が知能テストの得点が有意に高かった。第二の知能テストとして「適応知能診断テスト（Adaptive Intelligence Diagnosis）」も行われたが、音楽の訓練を開始してから6年後、音楽群は対照群よりも、その測定基準による得点が高くならなかった。

ホーら（Ho *et al.*, 2003）は、音楽の訓練が知能指数を有意に引き上げる役割を果たすことを証明できなかった。

表3.4　知能指数に対する音楽教育の効果を検証した2つの準実験研究

研究者（研究グループ）	プラスの効果	効果なし／効果が一致しない
Bastian（2000, 2008）	○	
Ho, Cheung and Chan（2003）- 研究その2		○

実験研究

5つの実験研究は、音楽と知能指数の関係についての仮説を検証したものだが、1つを除くすべてでプラスの結果が報告されたが、残り1件では、音楽群に有意な知能指数の上昇はみられなかった（表3.5）。

表3.5　知能指数に対する音楽教育の効果を検証した5つの実験研究

研究者（研究グループ）	プラスの効果	効果なし／効果が一致しない
Moreno *et al.*（2009）		○
Moreno *et al.*（2011）	○	
Neville（2008）	○	
Nering（2002）	○	
Schellenberg（2004）	○	

シェレンバーグ（Schellenberg, 2004）は、音楽のレッスンが、演劇のレッスンあるいはどちらのレッスンも受けない場合と比較して、子供の知能指数の得点を高めることを示した。この研究はコラム3.1で紹介している。

コラム 3.1　音楽のレッスンが子供の知能指数を高める

シェルエンバーグ（Schellenberg, 2004）が行った真の実験研究では、144名の6歳児が、鍵盤楽器のレッスンを受ける群、ボーカルのレッスンを受ける群、演劇のレッスンを受ける群、これらのレッスンを受けない群のいずれかに無作為に分けられた。すべてのレッスンは6名の子供からなる少人数グループで、36週間にわたって行われた。レッスンが始まる前と36週間のレッスンが終わった後に、児童向けウェクスラー式知能検査を用いて知能指数が測られた。

知能指数は、鍵盤楽器群で平均6.1点、ボーカル群で平均8.6点、演劇群で平均5.1点、介入なしの対照群で平均3.9点の上昇があった。2つの音楽群の結果は統計的に差がなかったため、統合され、同じ理由で演劇群と介入なしの対照群も統合された。そして、統合された音楽群では知能指数が7.0点（標準偏差＝8.6）上昇し、統合された対照群では知能指数が4.3点（標準偏差＝7.3）上昇し、両群の差は統計的に有意であった。また、統合された音楽群は、算数と情報を除くすべての知能指数の下位領域で、統合された対照群よりも有意な得点の上昇を示した。

音楽による知能指数の上昇は、音楽の訓練が学校に似ているからではないかと言われるように、学校への出席状況は知能指数の上昇をもたらすことがわかっている（Ceci and Williams, 1997）。さらにシェルエンバーグは、正規の学校の学習の他に、音楽の楽しみも知能指数を全体的に高めることに役立つ可能性があると考えている。

ナーリング（Nering, 2002）は、無作為に選んだ3歳から7歳の子供10名が、45分のピアノの個人レッスンを、週に2回受けるという実験を7か月間行った（合計53回のレッスン）。これらの子供たちは一卵性双生児の片方で、もう片方の子供が音楽の訓練を受けない対照群に分けられた。両群は、事前テストでの全検査知能指数の得点が同等であった。音楽の訓練を受けた子供たちは言語性において知能指数が有意に改善したが、動作性ではそれがみられなかった。言語性の得点で改善がみられたのは、情報と算数の2つの下位分野のみであった。

ネブル（Neville, 2008）とその共同研究者は、実験対象を無作為に分けて実験を正しく設計し、音楽の訓練が幼い子供の非言語知能指数、計算能力、そして空間認識を高めるという仮説を検証した。この研究は、芸術とアカデミック

な成果、脳の働きとの関係を探究したダナ財団の研究の一部である（Asbury and Rich, 2008）。ネブルは、音楽が認知的成果を高めるとすれば、子供の注意力を高める働きによるものかもしれないと考えた。そこで彼女は、音楽の訓練から得られるものを、注意力を高める訓練から得られるものと比較した。彼女は、低所得層の子供を対象とするヘッド・スタート・プログラムを実施している保育学校において、3歳から5歳の子供88名を対象に研究を行った。子供たちは通常の保育学校か、3つの実験群の1つに無作為に分けられた。実験群は、日に40分、週に5日間集まり、その訓練を8週間続けた。そのうち音楽群は、音楽を聴いたり、演奏したりした。別の群は、注意力に焦点を当てた訓練や、細部を観察する訓練を直接受けた。そしてもう1つは、通常のヘッド・スタート・プログラムの学級活動を行う群であるが、そのうちの1つは生徒・教師比を18：2と生徒数を多めにし、もう1つは、音楽の訓練を受ける群や注意力を高める訓練を受ける群と同様に、生徒・教師比を5：2と生徒数を少なめにした。2つの成果、すなわち言語的スキルと、空間的認知能力を評価する組み合わせテストを含む非言語性知能指数については、生徒・教師比で生徒が少ない群のすべてにおいて、事前テストから事後テストにかけて有意な改善がみられた。子供の計算能力が有意に高くなったのは、音楽群と注意力群のみであった。これらの結論から得られる最も合理的な結論は、（少なくとも社会経済的背景が下位の）子供の場合、生徒・教師比で生徒が少ない方が認知的恩恵を得やすいというものである。ただし、注意力を直接測定する方法がないため、これらの成果が注意力の改善によって副次的に得られた恩恵であるかどうかについては、この研究から結論付けることができない。この研究は、音楽の訓練そのものが知能指数を高めたということを示してはいない。なぜなら、音楽の訓練の効果と生徒・教師比で生徒を少なくして行う訓練の効果とが、分けられていないからである。

　モレノら（Moreno et al., 2009）は、8歳児の2つの群を対象に9か月間にわたって研究を行った。1つの群は音楽の訓練を6か月間受け、もう1つの群は絵画の訓練を6か月受けた。音楽群は絵画群よりも、知能指数が有意に高くはならなかった。

　モレノら（Moreno et al., 2011）は、4歳児から6歳児を対象に20日間にわた

って双方向のコンピュータを用いた音楽の訓練を行った（対照群は、20日間にわたって双方向のコンピュータを用いた視覚芸術訓練を受けた子供たちで、いずれも無作為に分けられた）。その後、「ウェクスラー式就学前・初等用知能検査第3版（WPPSI-Ⅲ: Wechsler Preschool and Primary Scale of Intelligence Ⅲ）」により語彙分野の言語性知能指数を測定したところ、音楽の訓練を受け視覚芸術を受けなかった群に有意な改善があった（Wechsler, 2002）。また、音楽群は統制と注意力——明らかに知能指数に関係している能力——のレベルを評価する実行機能の課題においても、改善した。加えてこの知能指数は、実行機能に関係する脳機能の可塑性の高さと正の相関があった。

結論として、音楽教育が子供の知能指数を高めるかどうかを検証した研究の結果はプラスである。学校で他の教科に加えて音楽のレッスンを受ける子供は、少なくとも西洋社会においては、音楽のレッスンを受けない子供よりも知能指数が高い。だが、音楽のレッスンを受けることの優位性は、成人の段階ではみられない。

音楽の訓練を受けている大人と受けていない大人について、知能指数を比較した場合、音楽家（音楽の訓練を受けている大人）の方が優れているということはない（Bialystock and DePape, 2009; Brandler and Rammsayer, 2003; Helmbold et al., 2005; Schellenberg and Moreno, 2010）。

シェレンバーグ（Schellenberg, 2010）は、音楽教育が知能指数を高めるという結果を、大人の音楽家が他の専門職業人と比べて知能指数が高いわけではないという結果と、矛盾なく解釈するにはどうしたらよいか考えた。そして、高い能力を発揮する子供は他の子供よりも音楽のレッスンを受ける傾向にあるが、そうした子供が将来、音楽家になるとは限らないからと考えた。音楽のレッスンは学校の学習活動に似ているため、こうした活動が知能に適度な改善をもたらしていると主張することで、自分の研究結果（Schellenberg, 2004）の因果関係を説明しようとしている。とはいえ、学校での音楽以外の（アカデミックな教科を学ぶといった）学習活動にも同様の効果がみられる。したがって、大人の音楽家が音楽以外の分野の職業人よりも、知能指数が高いわけではないことになる。

第3章　音楽教育の認知的成果

第3節　音楽教育、読解力、音韻意識のスキル

　音楽教育はなぜ、読解及び音韻意識（単語を構成している音素に対する理解）のスキルにインパクトがあると言えるのだろうか。音楽教育は聴力（聞く力）を発達させ、音声に対する聴覚を高め、ひいては、幼少期の読解の発達を促すことができる。音楽の訓練と読解とを結び付けるもう1つの可能性としては、音楽教育に楽譜や音楽記号の読解が含まれている点である。これによって、テキストの読解力を強化し、あるいは両方の読解に含まれているスキルを発達させることができるのかもしれない。読解も音楽も時系列的な順序や表現を扱うため、音楽の訓練が時間をより意識できるような能力を高める助けをし、それがテキストの理解力に転移しているのかもしれない。

　大脳の聴覚野は、青年期に入るまでは十分に発達しない（Ponton et al., 2000; Shahin et al., 2004）。幼少期における音楽の訓練はこの成長を早める。すなわち、音楽を学んでいる4歳から5歳の子供が、学んでいる楽器の音色に触れることで、音楽を学んでいない子供よりも、2～3年早い神経反応——いわゆる事象関連電位（ERP: Event Related Potentials）——を持つ（Shahin et al., 2004）。現在、音楽と発話の処理は、同じ脳領域で行われているという説が確立している（Jäncke, 2008; Patel, 2008）。このため、音楽教育と発話の認知と読解の両方にとって重要な聴覚やその処理能力との関係が研究されるようになってきている。

大人の音楽家

　クラウス（Kraus）とその同僚は、音楽の訓練に積極的に取り組むことによって、話を聞く力といった聞き取り能力を高めることができると主張している（Chandrasekaran et al., 2009）。音楽家は、騒音の多い場所でスピーチを聞き分けることが得意である。スピーチを聞き取る際に、音楽家は音楽家ではない人に比べ、スピーチの音程のシグナルと神経の脳幹反応との対応に優れている

119

(Parbery-Clark *et al.*, 2009; Musacchia *et al.*, 2007; Strait *et al.*, 2009)だけでなく、言語の音程の高低をコード化するのにも優れている（Wong *et al.*, 2007）ことがわかっている。音の神経コード化は、音楽訓練の期間の長さと関連し、因果的関係が示唆されている。

　さらに、音楽家は言語の音程処理に優れていること（Schon *et al.*, 2004; Marques *et al.*, 2007）や、話し言葉から韻律を聞き分ける能力に優れていること（Thompson *et al.*, 2003）、そして、話し手の韻律から話し手の感情を識別する能力に優れていること（Nilsonne and Sundberg, 1985; Thompson *et al.*, 2004）がわかっている。音楽の訓練を受けた大人もまた、受けなかった大人よりも、（音楽以外の）環境音をイメージしたり、比べたりすることに優れている（Aleman *et al.*, 2000）。関連して、チャンドラセカランら（Chandrasekaren *et al.*, 2009）は、読む能力の低い子供が音の神経的再現に弱いことを示したのに対して、パーベリー＝クラークら（Parbery-Clark *et al.*, 2009）は、音楽家が音の神経的再現に強いことを示した。音楽と言語の脳基盤での関係についての最も信頼のおけるレビューは、パテル（Patel, 2010）を参照のこと。

　こうして、新しい神経科学的な研究により、音楽教育は発話の認知と読解力を高めるということに説得力が出てきた。

音楽教育と読解力に関するREAPのメタ分析

　バッツラフ（Butzlaff, 2000）は、読解力に対する音楽の効果を調べた相関研究24件について、メタ分析を行った（表3.6参照）。これらの研究すべてにおいて、何らかしら音楽を経験している生徒の読解力が、音楽を経験していない生徒の読解力と比較された。そのうちの10件は、ハイスクールで音楽コースを取った生徒と、取らなかった生徒について、10年間にわたるカレッジ・ボードのデータからSATの言語テストの得点を比較して、効果を計算したものである。重み付け後の平均効果量はr=0.19、t検定の結果はp<0.001で、有意であった。この結果、音楽教育と読解力とには有意な関係があると言える。

　しかし、バッツラフがメタ分析を行った6つの実験研究は、これと異なる結論となっている。表3.7に示すように、これらの研究のうち2件については有

表3.6 音楽教育と読解力との関係を検証した24の相関研究

研究者（研究グループ）	正の関係	複合的な関係／関係なし／負の関係
College Board（1988）	○	
College Board（1989）	○	
College Board（1990）	○	
College Board（1991）	○	
College Board（1992）	○	
College Board（1994）	○	
College Board（1995）	○	
College Board（1996）	○	
College Board（1997）	○	
College Board（1998）	○	
Engdahl（1994）		○
Friedman（1959）（第5学年の児童）		○
Friedman（1959）（第6学年の児童）		○
Groff（1963）		○
Kvet（1985）（学区A）		○
Kvet（1985）（学区B）		○
Kvet（1985）（学区C）		○
Kvet（1985）（学区D）		○
Lamar（1989）（第1学年、音楽の専門家）	○	
Lamar（1989）（第1学年、教師）	○	
Lamar（1989）（第4学年、音楽の専門家）	○	
Lamar（1989）（第4学年、教師）		○
McCarthy（1992）	○	
Weeden（1971）		○
重み付け後の平均値	○	

注：すべての結果は表3.A1.1に示す。
出典：Butzlaff（2000）.

意な効果が得られているが、4件については効果なしという結果であった。全体としては、重み付け後の平均効果量が$r=0.11$（$d=0.22$に相当）であった。しかし、t検定の結果には有意差がないため、これらの結果を、このテーマの新たな研究に一般化することはできない。したがってバッツラフは、読解力が高いことと音楽経験とは実際に相関しているものの、音楽教育が読解力の発達を助けとなることを示すエビデンスはないと結論付けた。

表3.7 　読解力に対する音楽教育の効果を検証した6つの実験研究のメタ分析

研究者（研究グループ）	正の関係	混合／関係なし／負の関係
Douglas and Willats (1994)	○	
Fetzer (1994)	○	
Kelly (1981)		○
Olanoff and Kirschner (1969)		○
Roberts (1978)		○
Roskam (1979)		○
重み付け後の平均値		○

注：すべての結果は表3.A1.2に示す。
出典：Butzlaff (2000).

　これらのメタ分析の対象となった6つの研究は、かなりタイプの異なる音楽的インプット（楽器演奏を学ぶレッスン、歌唱、音楽療法）に基づいて行われ、読解力の測定もまた多様な観点（音韻意識、文字識別、解読、理解力）から行われた。

　音楽教育が読解力に対して何らかの効果を持つとすれば、それは理解力の高さによるものではなくて、むしろ大部分は解読のレベルで得られると考えられる。単語と音符の両方を解読することには、視覚的な記号（文字、楽譜）を音に結び付けることが含まれている。

　バッツラフ（Butzlaff, 2000）以降の研究では、音楽訓練は実際に言語の解読を高める可能性があることを示し始めており、我々はこれを以下で検討する。

音楽教育と読解の音韻意識に関するREAP以後の研究

相関研究

　我々は、音楽の訓練を受けた子供が音楽の訓練を受けなかった子供に比べて、発話に対する脳の反応が活発であることを示している相関研究を、REAP以後で3件確認した。ベッソン（Besson, 2007）は、音楽の訓練を受けた子供は音楽の訓練を受けなかった子供に比べて、母語における音の高さの形（ピッチ・パターン）の脳反応が強いことを示した。ヤンシュケら（Jentschke et al., 2005）は、音楽の訓練を受けた子供は受けなかった子供と比べると、音楽及

び言語の間違いに対する事象関連電位（ERP）の脳反応が強いことを報告した。ヤンシュケとケルュシュ（Jentschke and Koelsch, 2009）は、音楽の訓練を受けたドイツの子供が、音楽の訓練を受けなかった子供に比べ、言語と音楽における構成の不規則さに対する電気的な脳反応が強いことを報告した。これらをまとめたのが表3.8である。

表3.8 音楽と読解力又は読解力に関係するスキルを検証したREAP以後の9つの相関研究

研究者（研究グループ）	正の相関	相関なし／負の相関
Anvari, Trainor, Woodside and Levy（2002）（音楽の能力であって、音楽の訓練ではない）	○	
Barwick *et al.*（1989）（音楽の能力であって、音楽の訓練ではない）	○	
Besson（2007）（脳反応）	○	
Jentschke and Koelsch（2009）	○	
Jentschke, Koelsch and Friederici（2005）	○	
Lamb and Gregory（1993）	○	
Overy（2003）	○	
Loui, Kroog, Zuk, Winner and Schlaug（2011）	○	
Wandell, Dougherty, Ben-Shachar and Deutsch（2008）	○	

表3.8にまとめているように、我々はこの他に、REAP以後さらに6件の相関研究を見つけた。それらは音楽と読解力、または音韻意識との関係（脳反応としてではなく、行動として測定されるもの）を検証したものである。うち最初の2件は、音楽の訓練というよりはむしろ音楽の能力を検証したものである。

アンワリら（Anvari *et al.*, 2002）は、4歳から5歳の子供100名の標本から（音楽の訓練ではなくて）音楽の知覚スキルと読解力とに関連があることを発見した。回帰分析により、音楽の知覚スキルは、音韻意識やその他の認知能力——数学、数唱（数字を何桁まで記憶し、復唱できるかをみる検査）、語彙——に対する影響だけでなく、読解力をも予測できることを指摘した。研究者たちは、音楽的知覚能力には、音韻意識に関わる聴覚機能では完全には説明がつかない、読解に関わる聴覚機能が含まれていると結論付けている。彼らは、言語聴覚機能とより一般的な非言語聴覚機能の両方が、読解に関わっていると言う。

バーウィックら（Barwick *et al.*, 1989）は、読解に課題があるイギリスの6歳から11歳の子供50名を対象に、音楽の知覚スキル（音楽の訓練ではなく）と読解力との関係を研究した。そして、音の記憶力と読解力とは、年齢や知能指数に関係なく正の関係にあること、また、コード分析と読解力には、正の関係があることを見つけた。

　ラムとグレゴリー（Lamb and Gregory, 1993）は、読解力と、音素意識、音の高さと音色（timbre）の知覚力との関係について、4歳と5歳の児童18名を対象に研究を行った。音楽における音の高さの変化に対する意識と読解力との間に、正の相関がみられた。

　ラウィーら（Loui *et al.*, 2011）は、7歳と9歳の子供を対象とする実験から、音素意識のスキルと音の高さ（ピッチ）を知覚し、再現するスキルとに正の相関があると報告した。彼らは、音痴は音の高さに関係する機能障害であり、ディスレクシアは音素が弱いためであるから、ディスレクシアと音痴の神経基盤は共通しているのではないかと推測している。よって、音楽指導が、ディスレクシアにおける音韻的な欠損を改善する助けとなるかもしれない。

　オーベリー（Overy, 2003）は、6歳児を対象に、週当たり約1時間（通常、20分のセッションを3回）の歌唱を中心とした音楽レッスンを1年間行い、その前後でテストを行った。これらの教室での音楽レッスンは、音韻スキルと語の綴りのスキルの両方に対してプラスの効果があったが、読解力を高めるものにはならなかった。また、ディスレクシアの子供は音楽の適時選択力においては問題があるものの、音の高さのスキルには問題がなかった。

　ワンデルら（Wandell *et al.*, 2008）は、7歳から12歳の子供49名を対象に、音楽の訓練、読みの流暢さ、音韻意識の関係を検証した。この研究の最初の年に子供が受けた音楽訓練の量は、3年間の研究終了後の読みの流暢さにおける改善のレベルと相関していた。この研究は、芸術とアカデミックな成果、脳の成果との関係を研究するダナ財団の事業の一部として行われた（Asbury and Rich, 2008）。

　トンプソンら（Thompson *et al.*, 2004）は、音楽の訓練を受けた子供が音楽の訓練を受けなかった子供よりも、スピーチの韻律に含まれる感情を読み取る力に優れていることを見つけた。この研究を表3.8に含めなかったのは、スピ

第3章　音楽教育の認知的成果

ーチの知覚力に関係しているものの、読解力には関係していないと考えられるからである。

準実験研究

グロムコ（Gromko, 2005）は、幼稚園児を対象に音楽の授業を4か月間行ったところ、音楽の訓練を受けなかった幼稚園児よりも、音韻意識の課題がよくできていることがわかった。

表3.9　音楽と読解力又は読解力に関係するスキルを検証したREAP以後の2つの準実験研究

研究者（研究グループ）	プラスの効果	効果なし
Gromko（2005）	○	
Mingat and Suchaut（1996）	○	

同様に、ミンガットとサチョート（Mingat and Suchaut, 1996）は、音楽教育を受けた幼稚園児が音楽教育を受けなかった幼児よりも、聴覚的弁別と視覚的弁別に優れ、幼稚園終了時の読解のレディネスの得点においても優れ、また、第1学年終了時にはさらに読解の成果が上がったことを発見した。音楽教育を週に2時間受ける実験群と、4時間受ける実験群についても、同様の成果がみられた（コラム3.2参照）。

コラム 3.2　**第1学年終了時の読解力、数学及び音楽に対する幼稚園での音楽教育の効果**

1991年から1992年に、ミンガットとサチョート（Mingat and Suchaut, 1996）はフランスで、46の幼稚園の子供900名（小学校入学前年）を対象に、準実験的な追跡調査を行った。明らかに無作為抽出ではなかったが、対象には、異なる社会経済的背景及び地理的背景を持つ子供の学級が含まれていた。1つ目の実験群は、週当たり2時間の音楽教育プログラムを1年間受け、2つ目の実験群は週当たり4時間の音楽教育プログラムを1年間受けた。対照群は通常のカリキュラムで指導された。さらにその後1年間、子供たちを追跡調査した。つまり、子

供たちはプログラムの開始時、及び幼稚園の終了時にテストを受け、さらに介入終了1年後、すなわち第1学年の終了時にもテストを受けた。その結果、研究者たちは、介入終了時に視覚的・空間的スキルと読解力が高まるという仮説を立てた。

実験では、幼稚園終了時に、音楽的スキルに対する大きなプラスの効果がみられ、中でも音楽教育を週に4時間受けている子供が最も良い結果となった。第1学年では、すべての群が通常のフランスのカリキュラムに従って学んだが、第1学年の終了時のテストでも、幼稚園で週4時間音楽を学んだ子供は、他の2つの群よりも得点が高かった。ただし、その差は幼稚園終了時よりも小さくなった。音楽を週に2時間学んだ実験群と対照群との効果の違いは、統計的に有意ではなかった。つまり、実験の1年後、音楽的能力のインパクトは続いたものの、それが徐々に薄れていることが示されたのである。

実験に参加した子供は、幼稚園終了時に、読み書きのレディネスについて対照群よりも優れていたが、数の扱いではそうはならなかった。このことは、ある種の視覚的・聴覚的弁別（単語認識、音素弁別、グラフィックな構造の弁別、リズム構造）を含むすべての問題において、特に当てはまる。幼稚園終了時の実験群と対照群の差（実験群の方が高い）は、第1学年終了時の差の40％である。つまり、プラスの効果は幼稚園終了時よりも第1学年終了時の方が大きく、また、読解力よりも数学の効果の方が多少大きくなっている。ミンガットとサチョートは、読解と数学の指導が学校で一層進むにつれ、より重要となるスキルを音楽教育が育てているとして、音楽教育には持続的な効果があると結論付けた。また、その差は第1学年の終わりに向かって一層大きくなった。

実験研究

我々は、30件の実験研究をメタ分析した研究を1つ、さらに2つの実験研究を確認した。これらはすべて、単語の解読に対する音楽指導のプラスの効果を証明したものである（表3.10にまとめた）。

スタンドリー（Standley, 2008）は、プレ・リーディングのスキルや単語解読のスキルに対する音楽介入の効果を検証した30件の実験研究をメタ分析し、強いプラスの効果があると報告した。実験研究に用いられた音楽訓練プログラ

ムの多くは、読みの習得を支援するために特別に作られたものである（したがって、子供が歌を歌ったり、楽器演奏を学んだりといった典型的な音楽教育プログラムとは異なっている）。スタンドリーは、「対象となる子供のニーズに合う特別な読解のスキルを音楽活動に組み込むと」、その効果が大きくなる（d=0.44）と報告した。また、音楽と読解が統合された活動が通常の音楽教育に加えられると、読解力に対する音楽のインパクトが強くなると結論付けた。

表3.10　音楽と読解力又は読解力に関係するスキルを検証したREAP以後の研究（30の実験研究のメタ分析とその他の2つの実験研究）

研究者（研究グループ）	プラスの効果	効果なし
Degé and Schwarzwer（2011）	○	
Moreno et al.（2009）	○	
Standley（2008）	○	

　モレノら（Moreno et al., 2009）は、単語を解読するスキルに対する音楽訓練の効果を実証した。この研究は、コラム3.3で取り上げている。

　デッジとシュワルツァー（Degé and Schwarzwer, 2011）は、ドイツの就学前の幼児を対象に、音楽か音韻意識、もしくはスポーツのいずれかを、日に10分間、20週間にわたって訓練を行った。音楽の内容は、合唱、ドラム合奏、リズム・拍子運動、簡単な記譜法スキル、音程に慣れること、音楽に合わせて踊ることから成る。音韻訓練は、単語の音節に合わせて、韻を踏んだり拍手することや、実験者が話す単語の最後の音素を当てたりすることから成る。スポーツはバランス、持久力、調整力、微細運動能力、身体知覚やリラックスできるようにする運動から成る。音楽群及び音韻訓練群の子供たちは、音韻意識において有意な上昇がみられたが、スポーツ群の子供たちにはそれはみられなかった。音韻意識は音楽プログラムによって高めることができ、こうした結果から、就学前の子供が言語と音楽を学習するメカニズムとして妥当な共通領域が示唆される。

　我々の結論は、音楽の訓練と単語解読のスキルとに因果関係があることを示す研究が蓄積されつつあるということである。

コラム 3.3　音楽の訓練は音楽のみならず発話の聴覚をも改善する

　モレノら（Moreno et al., 2009）は、ポルトガルの8歳児を対象に、音楽の訓練の効果を検証する実験研究を行った。子供たちは事前に、広範な認知的及び神経学的な測定方法でテストされ、音楽指導もしくは絵画指導の群に無作為に分けられた。指導は週に2回、75分の授業を24週間にわたって行われた。音楽もしくは絵画を指導するために4名の教師が採用され、それぞれ8名から10名の子供から成るクラスを担当した。音楽指導はコーダイ・メソッド、オルフ・メソッド、そしてウィタック・メソッドを組み合わせたもので、リズム、メロディー、ハーモニー、音色に焦点を当てたものだった。例えば、子供たちは即興でメロディーを作ったり、異なるテンポでリズムを創ったり、音程が上か下かに分けたり、異なる種類の音色を認識するよう指導された。絵画指導には色による表現や混色、同じ色相で色合いを変えること、線で表現することや様々な質感を持つ材料で作ってみることが含まれる。

　読解のスキルは訓練の前と後にテストされた。子供たちは、一つひとつの書記素が音素に一致している単語（例えば、bota（ボタ：スペインのワインだるの意））（すなわち「連続型（consistent）」）と、音素を音として発することではその発音が得られない単語（すなわち「非連続型（inconsistent）」）とを声に出して読むよう求められた。

　音楽及びスピーチの聴覚は次のようにテストされた。まず、子供たちは一連のトーンまたは単語を聞かされる。一連のトーンでは、時に最後のトーンの周波数が上げられる。一連の単語では、時に最後の単語のピッチが高められる。その上で、子供たちは最後のトーンまたは単語が普通か異常かを、ボタンを押して示すよう求められる。

　事後テストでは、（絵画群ではなく）音楽群の子供たちが非連続型単語の読解において有意に得点が改善した（非連続型単語では、音素と書記素の対応が複雑である）。事後テストでは、（絵画群ではなく）音楽群の子供たちの方が、最後のトーンが違っていることに気付くかどうかにおいても、得点が改善した。

　事象関連電位（ERP）、すなわち、複雑な認知的課題に対する反応を電気的活動として捉える測定方法を用いることで、電気生理学的効果も発見された。

　スピーチの課題では、音楽群（絵画群ではない）の子供たちが、弱い不一致の後で脳の構成部位の正の大きな振幅を示し、他方、強い不一致に対しては振幅の低

下を示した。音楽の課題では、音楽群（絵画群ではない）の子供たちが、不一致に対する強い神経反応を示した。8歳児が4年間音楽の訓練を受けた場合にも、これらと同様の効果がみられた。これらの子供たちは、短い音楽のフレーズの終わりにある、音の高さの小さな変化を聞き分けることに優れており、事象関連電位（ERP）反応の振幅が大きかった（Magne et al., 2006）。こうした結果は、最初と最後のERPの振幅が音楽の専門家のそれとは異なることを示したトレーナーら（Trainor et al., 1999）の結果と同じであり、音楽の訓練は、聴覚系統をより繊細なものに調整することができると言える。

この研究は、音楽の訓練が、スピーチと音楽の聴覚だけでなく読解力をも高めることを示している。また音楽の訓練は、スピーチと音楽の処理の過程において、事象関連電位（ERP）の構成部位の振幅を高める。モレノ（2009）は、音楽の訓練が、音の区別と融合といった基本的な聴覚分析、すなわち、読解に必要とされる音韻スキルを高めるという理論を立てた。そして、以下のような点を指摘している。すなわち、ディスレクシアの程度は、トーンの周波数の逸脱を聞き分ける際の難しさと相関があること（Baldeweg et al., 1999）、及び、ディスレクシアの子供がここで用いられたのと同じスピーチ・ピッチ（発話の音の高さ）を区別する課題に障害があり、特異な神経反応がみられること、読み書きをピッチやトーンの訓練と結び付ける視覚・聴覚訓練が、ディスレクシアのあるなしにかかわらず子供の書く力を高めること（Kast et al., 2007）、音楽の訓練はディスレクシアの子供の音韻意識のスキルを修正することができること（Overy, 2003）、である。

モレノら（2009）は、音楽とスピーチに共通するピッチ処理のメカニズムについて論じる中で、音楽の訓練が、ディスレクシアの子供についても、ディスレクシアでない子供についても、読み書き能力を高められるようだという結論を説明している。聴覚の事象関連電位（ERP）が増幅するということは、ピッチと周波数の処理に関わる神経ネットワークが、音楽の訓練により効果的に成長することを示唆している。また、音楽の訓練が聴覚的注意力を高める可能性もある。

第4節　音楽教育と非母語の学習

　上述で検討したとおり、音楽指導がスピーチの聴覚を高めるとすれば、音楽指導が非母語の学習を容易にすると考えることは、合理的だと思われる。この点は、REAPでは検証されなかった。

　大人を対象とした研究では、音楽家は音楽家以外の人よりも、外国語の持つピッチを区別したり、その間違いを聞き分けたりすることに優れていることがわかっている (Marques *et al.*, 2007; Moreno *et al.*, 2009; Schön *et al.*, 2004)。また音楽的能力は、第二言語の学習における音韻スキル (Slevc and Miyake, 2006) や、声調言語におけるトーンの学習とも相関がある (Delogu *et al.*, 2006; Wong and Perrachione, 2007)。

準実験研究

　ペティート (Petitto, 2008) が、芸術に関するダナ財団の研究の一部を構成した準実験研究において、子供の頃に特別な音楽教育を受けることと、大人になってから第二言語を学習する能力との間の関係を検証した。彼女は、英語だけを話す生徒を対象に、彼らが初級のイタリア語またはスペイン語のクラスに入った学期始めと学期末に調査を行った。英語力、新しい言語の能力、認知的な注意の処理能力、学期末の自己評価、語学クラスの最終成績について、音楽家（幼い頃から特別な音楽教育を継続的に受けてきた人）と音楽家でない人とを比較した。2つの群は一般的な学力あるいは認知的な注意の処理能力に違いはみられなかったが、音楽の訓練を受けてきた人は受けてこなかった人に比べ、第二言語における表現の流暢さや能力が、統計的に有意に高まったことが示された。

　音楽指導は、子供の外国語学習に対しても同様の効果を持つのだろうか。我々は、この問いに対して「イエス」という結論を出した準実験研究（未刊行博士論文）を見つけた（表3.11）。

　ロー (Lowe, 1995) は、英語を話す第2学年の児童を対象に、音楽を第二言

表3.11　非母語の学習に対する音楽の効果を検証した準実験研究

研究者（研究グループ）	プラスの効果	効果なし／効果が一致しない
Lowe（1995）	○	

語（フランス語）の学習に組み込むことの効果を検証した。1つの群はフランス語と音楽のレッスンを別々に受け、もう1つの群は、フランス語のレッスンに音楽のレッスンを組み込んだ。指導期間は8週間であった。その結果、音楽とフランス語の統合型指導を受けた児童は、音楽のテストのみならずフランス語のテストでも得点が高かった。音楽・フランス語の統合型指導は、読解と語彙力のみならず、口頭で話す際の発音学習も高めていた。

音楽は、第二言語を指導する上で有用な手段として機能したり、あるいはまた、ある外国語のスピーチやピッチの間違いに対する聴覚を高めることで、第二言語の学習を促進したりすると考えることは妥当であろう。だが、この仮説が正しいかどうかを明らかにするためには、群を無作為に分けた実験研究が必要となる。研究者は、第二言語の学習を促進する上で特に有益なのは、音楽指導のどの側面なのかについても検討しなければならない。

第5節　音楽教育と数学

音楽の訓練が数学の能力を高めるとする主張が、これまでしばしばなされてきた（James, 1993; Krumhansl, 2000; Nisbet, 1991; Shuter, 1968）。音楽の数学的特性に関する議論は、調和比に関するピタゴラスの発見の時代に遡ることができ、それは今日まで続いている。イーゴリ・ストラビンスキー（Igor Stravinsky）は、音楽とは「何か数学的思考力及び数学的関係のようなもの」（Crafe, 1959, p.34）と述べた。最近では、「音楽と数学（music and mathematics）」というキーワードをGoogleに入力すると4万3,000件が検索され、音楽学者だけでなく多くの現代数学者が音楽の数学的特性について分析していることがわかる（Fauvel et al., 2006; Rothstein, 2006など）。音楽のトーンは、基本周波数と一連のハーモニクス（倍音）からなり、ハーモニクスそれぞ

れが基本周波数の連続する整数比に等しいことは、よく知られている（440Hz, 880Hz, 1,320Hz, 1,760Hz；1：2, 1：3, 1：4）。音程（intervals）も同じように表現され、協和音の理論は有理数及び無理数の概念に従っている（Steinhaus, 1969）。また、数値的記述はリズム、コード進行、メロディーにも適用することができる。

頭の中で分数の足し算、引き算をするときに、脳内で最も活性化する部位は、音楽家と音楽家以外の人とで異なっていることを示した研究（Schmithorst and Holland, 200）があるが、この結果から何が言えるのかわからない。

音楽教育と数学の研究に関するREAPのメタ分析

音楽教育と数学の成績には、実際に関連があるのだろうか。もし「イエス」であれば、数学の学力に対する音楽教育の因果的インパクトについて、何らかのエビデンスがあるのだろうか。

相関研究

ヴォーン（Vaughn, 2000）は、音楽の訓練を受けた生徒が、受けなかった生徒よりも数学がよくできるかどうかを調べた20の相関研究について、メタ分析した（表3.12）。彼女は重み付け後の平均効果量をr=0.14（d=0.28に相当）と報告した。t検定の結果は有意に高く、新たな研究に一般化可能であることが示された。したがって、音楽教育と数学の能力とには明確な関連があると言えるが、必ずしも因果的な関係ではない。

準実験研究と実験研究

ヴォーン（2000）は次に、音楽の訓練が数学の成績向上に因果的に関係しているかどうかを評価した（準実験研究と実験研究の両方を含む）、6件の実験研究をメタ分析した（表3.13）。この中に、コンピュータを用いた空間訓練を伴うピアノなど鍵盤楽器の訓練が、コンピュータを用いた英語の訓練と組み合わせた空間訓練よりも、子供の数学の力を大きく高めるという研究結果（Graziano et al., 1999）があり、鍵盤指導が数学の学習を促進することを示唆

第3章 音楽教育の認知的成果

表3.12 音楽と数学との関係を検証した20の相関研究

研究者（研究グループ）	正の関係	混合／関係なし／負の関係
Anello（1972）	○	
Catterall, Chapleau and Iwanaga（1999）	○	
Ciepluch（1988）	○	
College Board（1998）	○	
College Board（1997）	○	
College Board（1996）	○	
College Board（1995）	○	
College Board（1994）	○	
College Board（1992）	○	
College Board（1991）	○	
College Board（1990）	○	
College Board（1989）	○	
College Board（1988）	○	
Engdahl（1994）	○	
Kvet（1985）		○
Kvet（1985）		○
Kvet（1985）		○
Kvet（1985）		○
McCarthy（1992）	○	
Wheeler and Wheeler（1951）		○
重み付け後の平均値	○	

注：すべての結果は表3.A1.3に示す。
出典：Vaughn（2000）．

表3.13 音楽と数学との関係を検証した6つの実験研究

研究者（研究グループ）	正の関係	混合／関係なし／負の関係
Costa-Giomi（1997）	○	
Friedman（1959）		○
Graziano, Peterson and Shaw（1999）	○	
Neufeld（1986）		○
Neufeld（1986）		○
Weeden（1971）		○
重み付け後の平均値		○

注：すべての結果は表3.A1.4に示す。
出典：Vaughn（2000）．

したことから、大いに注目された。

　ヴォーン（2000）がメタ分析した6つの実験研究から、重み付け後の平均効果量r=0.16（d=0.34に相当）が得られた。t検定の結果は、p=0.06でほぼ有意であった（有意水準を0.05とした場合）。こうした結果は、数学の能力に対する音楽教育のプラスの効果を示唆しているものの、わずか6つの実験に基づく結果であることから、このメタ分析が導き出した結論は確実なものとは言えない。さらに、これら6つの結果のうち、中程度の効果量がみられたのは2つだけで（r=0.31, 0.20で、d=0.65, 0.41に相当）、中程度よりも小さい効果量が1つ（r=0.1で、d=0.35に相当）、残る3つは効果量が小さいと考えられる水準の0.10を下回った（うち1つは実際にはマイナスの効果であった）。効果量の大きさが違うため、この関係を評価する実験研究がさらに必要である。また音楽は、数学のある分野（例えば微積分）よりも、他の分野（例えば分数）に対してより強い効果を持つと言うこともできる。つまり、今後の研究では、数学を統合されたある1つのものとしてみるのではなく、音楽指導との関係の仮説に基づいて、いずれかの領域について検証すべきである。

音楽教育と数学のREAP以後の研究

　我々は以下に述べるように、音楽と数学との関係を探究したREAP以後の研究について、9つの相関研究と2つの準実験研究を見つけ、表3.14と表3.15にまとめた。

　バーとクリステンセン（Bahr and Christensen, 2000）は、10歳児85名を対象に音楽と数学の能力を評価し、有意な相関があることを見つけた。ただしそれは、彼らが音楽的スキルに対して構造的な関係を持つと論じる数学的スキルであって、そうした関係を持たない数学的スキルに対して、というわけではない。また、重なっているとされるスキルの種類は特定されていない。

第3章 音楽教育の認知的成果

表3.14 音楽教育と数学的スキルを検証したREAP以後の9つの研究

研究者（研究グループ）	正の関連	関連なし
Bahr and Christensen（2000）（音楽の能力であって音楽教育ではない）	○	
Cheek and Smith（1999）	○	
Cox and Stephens（2006）		○
Forgeard et al.（2008）		○
Gouzousis et al.（2007）	○	
Spelke（2008），研究その1	○	
Spelke（2008），研究その2	○	
Spelke（2008），研究その3	○	
Wang and McCaskill（1989）（音楽の能力であって音楽教育ではない）		○

表3.15 音楽教育と数学的スキルに関する2つの準実験研究

研究者（研究グループ）	プラスの効果	効果なし
Mingat and Suchaut（1996）	○	
Lee and Kim（2006）	○	

　チークとスミス（Cheek and Smith, 1999）は第8学年の生徒113名を対象に、アイオワ標準スキルテスト（Iowa Tests of Basic Skills）の数学の得点について評価した。そのうち、音楽の個人レッスンを受けたことのある生徒（36名）の得点と、受けたことのない生徒（77名）の得点を比較したところ、音楽を学んだ生徒は学ばなかった生徒よりも得点が有意に高かった。また、鍵盤楽器のレッスンを受けた生徒は、他の楽器を学んだことのある生徒よりも得点が高かった。音楽を学校でのみ学んだ生徒については、2年以上レッスンを受けた場合と2年より短い期間レッスンを受けた場合とで、得点に違いはなかった。

　ガウザワシスら（Gouzouasis et al., 2007）は、音楽を学んでいるハイスクールの生徒が数学の標準テストの得点が高いことを見つけた。

　芸術と学力及び脳の成果の関係を調べるダナ財団の研究事業の一部として行われた、3つの研究の中で（Asbury and Rich, 2008）、スペルク（Spelke, 2008）は、音楽教育と数学の一領域である幾何学的再現・推論とに関係があると報告した（コラム3.4に詳細を述べる）。これら3つの研究すべてにおいて、音楽の訓練を受けたことのある子供は受けたことのない子供よりも、幾何学的再現・推論

に関する課題で成績が高かったが、数に関するその他の課題では成績に違いがなかった。

これら6つの相関研究では、音楽とある数学分野の到達度とに関係があると報告されているが、他の2つの相関研究では関係がないと報告されている(Cox and Stephens, 2006; Forgeard *et al.*, 2008)。ワンとマカスキル（Wang and McCaskill, 1989）は、11歳児95名を対象に数学的能力とともに音楽的能力（音楽の訓練ではなくて）を調べ、音楽的能力と数学的能力とには相関関係がないとした。

2つの準実験研究が、幼児の数学的概念に対する、幼稚園における音楽教育の効果を示している（表3.15）。リーとキム（Lee and Kim, 2006）は、数学と音楽を統合した活動が、就学前学校の幼児の音楽的能力と数学的概念に対してプラスの効果を持つことを発見した（コラム3.5参照）。ミンガットとサチョート（Mingat and Suchaut, 1996）は、フランスの幼稚園児を対象に、幼稚園における1年間の音楽教育が彼らの数の扱いにどのような効果を持つかについて、幼稚園終了時に評価したところ、プラスの効果はみられなかった。だが一方で、実験に参加した子供たちの第1学年終了時の数学の得点は、対照群の子供たちと有意に差があった。その差は、数を順番に数えていく場合や、図に書かれた数と文書に書かれた数を関連付ける場合に特に大きくなっている（コラム3.2参照）。

研究では、音楽によって訓練される数学の能力の種類を区別すべきである。そうすることによって、これまでの研究結果における不一致を理解する助けとなるかもしれない。また、音楽の訓練の種類を区別することも必要である。生徒が感覚的なやり方ではなく、多くの時間をかけて音楽の練習に取り組むことを前提とすれば、例えばフーガやカノンを作曲する訓練、すなわちある程度自由な対位法や和声の訓練は、数学的スキルにインパクトがあると考えられる。おそらく、音程を組み立てる作業ですら、数学的スキルを高めるのではないだろうか。だがもちろん、作曲や音楽理論は、学校で提供されている音楽教育には通常含まれていない。

さらに、REAP以後の最新の研究は相関をみるものになっており、音楽教育と数学的スキルとに因果関係があるかどうかを確かめる実験研究が必要である。

これらの実験研究からどんなことがわかるのだろうか。ビーチャムら（Beecham *et al.*, 2009）による研究から、音楽の訓練が数学の能力を高めることを実験研究は証明できないという仮説がもたらされている。彼らは音のピッチ及び数の再現を検証し、人間は数とピッチを空間的に再現するが、その両領域に対して異なる空間的再現を用いていることを明らかにした。実験では、SNARC（Spatial-Numerical Association of Response Codes）及びSMARC（Spatial Musical Association of Response Codes）を用いて、数に対する判断を参加者に求めた。高音や大きな数の場合、左側よりも右側のキーに反応することから、数やピッチは水平軸上に、左から右へ大きな数や高音を再現していると結論付けることができる。人々がSNARCにどのように反応するかは、人々がSMARCにどのように反応するかとは関係がないことが証明された。音楽と数を対象とした領域限定的な再現システムに関するこの結果により、音楽と数について、人々は同じ種類の空間的再現を用いていないことが示されたと言える。音楽と数の空間的再現が共通していないとすれば、音楽の訓練が算数の成績を高めると期待する根拠は乏しくなる。だが、音楽の訓練がいくつかの数学的能力や、数にあまり重点を置かない推論を高めることが明らかになる可能性はまだある。

コラム 3.4　音楽教育と幾何の推論

スペルク（Spelke, 2008）は3つの相関研究を行い、音楽教育と幾何学的関係の認知との関係性を示した。これらの研究すべてで、幾何学的推論を問う3つの課題が用いられた。

ドゥアンヌら（Dehaene *et al.*, 2006）が開発した幾何学的不変量テストでは、対象者はまず6つの幾何学的図形を見せられ、これらの中から、他の図形と共通する幾何学的特性（例えば対称性）がない図形を1つ選ばせた。

また、与えられた数が数直線上のどこにあるのか、印を付けることで数と空間を結び付けるという課題もあった。

マップ・テストでは、ある状況の幾何学的特性を再現する能力が評価される。このテストでは、まず参加者の生徒に3つの異なる3角の形が載っている図を見

せる。これとは別に、図と同じような3角形の形をしているが、約3倍の大きさの形を、箱を使って床や地面に配置する（その向きも変える）。次に実験者は生徒に、図にある3つの3角形の1つを指で示し、大きさも向きも異なる状況の中で、指したものに対応する箱に物を入れるように言う。

　幾何学的推論を含まない他の数の課題も出題された。これらは次の3つの能力を評価するものである。1つ目は、2つの動く点の軌跡によって、小さな数を正確に再現する能力。2つ目は、大きさの観点から点の2つの配列を比較することによって、大きな概数を再現する能力。3つ目が、ある配列の点の数を見積もることによって、正確な数字に関連付ける能力である。

　スペルクは最初の研究で、中程度の音楽の訓練を受けたことがある5歳から17歳の子供を対象にテストを行い、中程度のスポーツの訓練を受けたことのある子供の群と比較した。その結果、幾何学的推論に対する音楽の訓練の効果はみられなかった。

　スペルクは、2番目の研究で、音楽の集中指導を受けたことのある対象者（8歳から13歳）を入れて、それまで音楽の訓練を受けたことのない子供と比較した。音楽の訓練を受けたことのある子供は、受けたことのない子供よりも、幾何に対する感度測定以外のすべてで得点が高かった。ただし、これらの測定のうち群の間で有意差がみられたのは、ユークリッド幾何学の関係性に対する感度を評価するテストのみであった。この効果は、年齢と言語型知能指数を統制した後にみられた（社会経済的背景による群の間の違いはない）。そして最後に、音楽の訓練の量からマップのテストの成績が予測された。

　3番目の研究では、芸術ハイスクールで音楽を専攻した13歳から18歳の生徒が、音楽以外の芸術を専攻した生徒と比較された。音楽を専攻した生徒は音楽以外の芸術を専攻した生徒よりも、5つからなる幾何学のテストで成績が上回った。また、音楽を専攻した生徒は（ダンスを専攻した生徒も）、数直線のテストで他の群より得点が高かった。

コラム 3.5　音楽的スキルと数学的スキルに対する数学と音楽の統合教育の効果

　リーとキム（Lee and Kim, 2006）は、韓国・忠清北道の幼稚園の4歳から5歳児を対象に、幼稚園における音楽と数学の統合活動の効果について研究した。2つの私立幼稚園の20名ずつの2つの群（無作為には分けていない）に対して、音楽的要素と数学的概念の活動による介入を行った。実験群は数学と音楽の統合活動を行ったのに対して、対照群は一般的な統合されていない活動を行った。これらの活動は1週間に2回、1日当たり40分で、10週間にわたって行われた。

　最初に、数学的概念において、実験群は比較群よりも得点が有意に高く、テストの得点の伸びも大きいことがわかった。介入の最初と最後に、韓国教育開発院（Korea Educational Development Instutite: KEDI）が開発した幼児を対象とする学習レディネステストを用いて、数学的概念の理解度を調べた。数学的概念の下位要因分析では、実験群の方が、分類、数、空間と時間の概念の領域で有意に得点が高いことがわかった。

　次にこの研究者たちは、2つの群の間の音楽的能力の発達に関する介入を行い、その効果を調べた。実験群は比較群よりも有意に高い成長を示した（得点の伸びも高かった）。幼児の音楽的能力は、ローテンとウォリー（Loten and Walley）によって開発された「音楽における記録能力発達（Recording Skill Develompent in Music）」テストによって測定された。彼らの音楽的能力に対する下位要因分析では、実験群が聴力、リズム表現、歌唱及び楽器演奏の領域で、有意な伸びをみせた（ただし、音楽的創造性には有意差はなかった）。

　この準実験研究は極めて限定された標本数に基づいており、単純に一般化することはできない。だが、いくつかの点で興味深い研究である。すなわちその前提が、音楽教育は数学的スキルに転移するというものではなく、特別に統合された指導方法が、数学と音楽学習を促すことができるとしている点。また、他の多くの研究が数学の成果のみを調べているのに対して、この研究では、数学と音楽両方の成果を調べている点。そして最後に、一般的な創造性ではなくて音楽的創造性を調べた点である。

音楽と数学に関するREAPのメタ分析によれば、いくつかの種類の音楽指導といくつかの領域の数学的成果には、実際に因果関係があるのではないかと示唆されている。REAP以後の最新の6つの相関研究では、音楽の訓練と数学的推論との間に正の関係が示されている。だが、その結果について確証を得るには、この問いに関する研究がさらに必要である。なぜなら相関研究では、発見された関連性が、数学的スキルを持った個人が音楽を自ら選んだことによるエビデンスではなく、音楽の訓練の効果であると結論付けることはできないからである。結果が示されてはいても、確かな結論を出せるだけの十分な数の実験研究はなく、さらなる実験研究が必要である。

　加えて、空間を扱う幾何学と非空間的領域に対する音楽の効果を、別々に評価する研究も必要である。実際、最近の研究から、音楽教育は算術といった数学の特定の領域に対してはインパクトを持たないのではないかという仮説も立てられている。このことが証明されたとしても、幾何学に対するインパクトは依然として存在し、様々な種類の数学的成果を分けて捉える必要がある。

第6節　音楽教育と視覚的・空間的スキル

　視覚的・空間的スキルとは、心的回転のように、2次元及び3次元の形を頭の中で操作することができる能力を指す。これは数学において重要なスキルであるが、それだけでなくエンジニアリングや外科、考古学などの専門職においても広く重要な能力である。ヘトランド（Hetland, 2000）は、音楽教育が視覚的・空間的スキルを高める理由について、相互に排他的ではない2つの理由を明らかにした。すなわち、神経結合理論と接近転移理論である。脳の音楽及び空間処理中枢が接近しているか、あるいは重なり合っていて、結び付いているとすれば、ある種の空間的スキル及び音楽的スキルの発達は関係し合っており、音楽には非物理的対象物を頭の中で操作することが含まれているのではないかという仮説が成り立つかもしれない。また、接近転移論では、視覚的・空間的スキルが音楽に含まれており、その結果、音楽教育によって発達した視覚的・空間的スキルが、他の非音楽的形態をとるこれらの能力に転移できると説

明される。楽譜を読むことや、鍵盤楽器を弾く際のキーとキーの間の関係を可視化すること、音楽的パターンを記憶すること、即興演奏をすること、あるいは、空間における音の位置を再現することは、すべて視覚的・空間的スキルを必要としているが、この視覚的・空間的スキルは、音楽以外の他の教科に転移させることが可能である。こうした転移が可能であることを実証するには、どうすればよいのであろうか。

音楽教育と視覚的・空間的スキルの研究に関するREAPのメタ分析

準実験研究と実験研究

　ヘトランド（2000）は、子供の空間的スキルに対する音楽の訓練の効果を検証するために、準実験研究と実験研究を合わせて3つのメタ分析を行った（表3.16に示すとおり、これら3つのメタ分析には計29の研究が含まれている）。研究には3歳から12歳の子供が含まれ、歌を歌うこと、音楽ゲーム、楽譜の学習、即興演奏あるいは作曲、音楽に合わせて動くこと、楽器演奏のうちの1つ以上からなる音楽指導が行われた。この研究では、声、ピアノ、サクスフォン、スネアドラム、教室にあるリズム楽器（トライアングル、タンバリン、リズム・スティック、フィンガー・シンバル、ハンド・チャイム、鈴）が組み合わされ、楽器として用いられた。

──メタ分析その1

　ヘトランド（2000）の最初のメタ分析は、15の研究（701人の被験者）を対象に、時空間的な課題（時間に沿って心的操作が求められる課題）を成果として用いて行われた。それらの課題は、「ウェクスラー式就学前・初等用知能検査改訂版（Wechsler Preschool, Primary Scale of Intelligence-Revised）」や「ウェクスラー式児童用知能検査第3版（Wechsler Intelligence Scale for Children-Ⅲ）」（両方とも標準化され、正規化された、信頼性と妥当性のある、知能の測定方法である）を用いた組み合わせに関する下位テストである。対象者は、完成図を見ないでジグゾーパズルを完成させなければならない。

　平均効果量は大きく（r=0.37, d=0.79）、結果は十分に一般化できるものであ

った（t検定では7.50で、P<0.0001）。分析に含まれた研究の効果量はばらつきが相対的に小さかったため、ヘトランドは、この分析による結果は安定していると結論付けた。

　効果量については、グループ学習よりも個人学習の方が幾分大きく、（楽譜がないか、あるいはコダーイ（Kodaly）のハンドサインのような入門的な楽譜でもなく）標準的な楽譜を勉強した子供を対象とした研究の方が幾分大きかった。だが、グループ学習（r=0.32）でも個人学習（r=0.48）でも、そしてまた標準的な楽譜の勉強をした子供でも（r=0.39）、標準的な楽譜の勉強をしていない子供でも（r=0.36）、大きな効果が得られた。

　しかしながら、すべての研究が空間的推論に対する音楽学習のプラスの効果を示したわけではない。中でもよく知られている研究の1つは、音楽指導が（指導の）最初の2年間は空間的推論能力を高めるが、3年以降は音楽指導を受けた子供も受けなかった子供も、空間的課題の得点に違いがなかったと報告している（Costa-Giomi, 1999）。この研究についてはコラム3.6で取り上げる。

——メタ分析その2

　5つの研究と694人の被験者を対象としたヘトランド（2000）の2番目のメタ分析には、成果の測定基準としてレーヴン漸進的マトリクスを用いた研究が含まれている。それは「時空間的」測定とはみなされない、非言語的推論の測定基準である。これらの非時空間的測定分析を用いた研究の平均効果量（r=0.08, d=0.16）は、上述のような時空間的測定分析の平均効果量よりもかなり小さい。t検定の結果は有意でないため、その効果を新たな研究に一般化することはできない。ヘトランドは、音楽指導の効果は時空間的課題に特化したものであって、一般的な論理に基づくレーヴンの検査のように、非言語的課題に特化しないと結論付けた。

——メタ分析その3

　ヘトランド（2000）の3番目のメタ分析は、すぐには時空間的とも非時空間的とも分類できない、広範な空間測定を採用した9つの研究（655人の被験者）を対象に行われた。時空間的測定と非時空間的測定の両方を用いた研究（例

第3章 音楽教育の認知的成果

表3.16 視覚的・空間的スキルに対する音楽教育の効果についての3つのメタ分析に含まれる29の準実験研究及び実験研究

研究者（研究グループ）	正の関係	混合／関係なし／負の関係
メタ分析その1	○	
Costa-Giomi（1999）*	○	
Flohr, Miller and Persellin（1998）*		○
Flohr（1998）*		○
Flohr（1999）（raw data）*		○
Graziano et al.（1999）		○
Gromko/Poorman（1998）		○
Hurwitz et al.（1975）		○
Mallory/Philbrick（1995）	○	
Persellin（1999）		○
Rauscher（1999）*	○	
Rauscher（1999）*	○	
Rauscher et al.（1994）	○	
Rauscher et al.（1997）	○	
Rauscher/Zupan（1999）		○
Taetle（1999）	○	
メタ分析その2		○
Hurwitz et al.（1975）	○	
Lazco（1985）		○
Lazco（1985）		○
Zulauf（1993/94）		○
Zulauf（1993/94）		○
メタ分析その3	○	
Billhartz et al.（2000）	○	
Flohr et al.（1999）*		○
Gromko/Poorman（1998）		○
Hurwitz, et al.（1975）	○	
Parente and O'Malley（1975）	○	
Rauscher et al.（1997）		○
Taetle（1999）		○
Zulauf（1993/94）	○	
Zulauf（1993/94）		○

注：研究者の列の*は実験研究。すべての結果は表3.A1.5に示す。
出典：Hetland（2000）.

えば、WPPSI-Rからの空間的下位テストを1つ以上用いたものがいくつかあるが、包括的な得点を報告しているだけである）もあれば、時空間的だが分類が難しいテストを用いた研究もある（例えば、「児童用埋没図形検査」や、絵や言葉が「隙間があったり、あいまいな形で示される」（ツーラウフ（Zulauf, 1993/1994, p.114）による研究など）。主に空間的記憶によって解く課題——スタンフォード・ビネー式からのビーズ記憶課題——を用いた研究は、視覚的配列を再構成する能力を評価するものである。

この分析でわかった平均効果量（$r=0.26, d=0.55$）は時空間的分析の効果量よりは小さかったが、中程度であった。さらに、t検定の結果は有意であり、新たな研究に一般化することができる。そこでヘトランドは、音楽指導は時空間的能力のみを高めるわけではなく、より広い空間的能力を高めるのではないかと結論付けた。だが彼女は、能力測定は極めて多様であるから、さらなる研究が必要だと警告している。

ヘトランド（2000）は、3歳から12歳の子供に対して、音楽教育が、「時空間」に分類されるある種の空間課題がよくできるようになるという、確実で一般化可能な発見がなされたと結論付けた。この成果は、（2番目の分析でみたように）レーヴン漸進マトリックスではないが、非時空間的な推論にも広げられるものかもしれない。

ヘトランド（2000）は、空間テストが音楽指導の最後の数週間で行われたために、どのくらいこの効果が持続するのかはわかっていないと警告した。2年以上にわたる唯一の追跡調査によれば、指導の3年目には音楽指導を受けていない子供が、ピアノ指導を受けた子供に追いついていることが示されており（Costa-Giomi, 1999; コラム3.6参照）、音楽指導が最初の2年目以降も空間的推論を育む上で効果があるかどうかはわかっていない。

おそらくより重要なのは、ヘトランド（2000）が指摘したように、空間テストに対する音楽指導の効果が、学校での良い成績に変換されるかどうかという問いである。音楽指導から空間的推論を高める恩恵を得るためには、学校が、学習に対する空間的アプローチを重視した指導を保証しなければならないだろう。

第3章 音楽教育の認知的成果

> **コラム 3.6** 追跡調査から、ピアノ指導を3年間受けた後の認知能力と空間能力に対する効果がみられなかった
>
> 　コスタ=ギオミ（Costa-Giomi, 1999）はある実験研究を行い、認知的発達に対するピアノ指導の効果を調べた。それまでに音楽のレッスンを受けたことのない子供を、3年間ピアノかキーボードのレッスンを受ける音楽群（67名）と、音楽のレッスンを受けない対照群（50名）とに無作為に分けた。
>
> 　実験当初の測定では、認知能力、音楽的能力、運動能力において群に違いはなく、自尊心、学力、音楽を学習する動機付けについても差がなかった。
>
> 　音楽の訓練を1年間、そして2年間続けた後の測定では、音楽介入群が一般的な認知能力と空間的能力が改善したが、その改善は全体的には小さなものだった。そして、訓練を3年間続けた後の測定では、音楽介入群と対照群とに有意な差はみられなかった。

音楽教育と視覚的・空間的スキルに関するREAP以後の研究

相関研究

　音楽的スキル及び視覚的・空間的スキルに関するREAPのメタ分析には、相関研究は含まれていなかった。だが、REAP以後の最近の相関研究の多くが、視覚空間テストにおいて、大人の音楽家は音楽の訓練を受けたことのない大人を上回っていることを報告している（Brochard *et al*., 2004; Patson *et al*., 2006; Sluming *et al*., 2002; Sluming *et al*., 2007; Stoesz *et al*., 2007）。9歳から14歳の子供を対象とする研究でも、同様の結果が報告されており（Hassler *et al*., 1985, 1987）、音楽的才能と空間の視覚化能力とには強い関係があるとしている。

　我々は、音楽的能力と空間的能力との相関を検証するREAP以後の相関研究を1つ見つけた（表3.17）。ワンとマキャスキル（Wang and McCaskill, 1989）は、95名の11歳児を対象に、空間的能力に伴う（音楽の訓練ではなくて）音楽的能力を評価し、音楽的能力と空間的能力に有意な相関関係があるとした。

表3.17　音楽教育と視覚的・空間的スキルとの関係を検証した
REAP以後の相関研究

研究者（研究グループ）	正の関連	関連なし
Wang and McCaskill（1989）	○	

注：音楽の訓練ではなく、音楽的能力を評価した研究。

準実験研究と実験研究

REAPには含まれなかった研究に、ミンガットとサチョート（Mingat and Suchet, 1996）による準実験研究がある。実験では、2時間または4時間の音楽教育を受けている幼稚園児と対照群とを比較し、終了時の測定で、視覚的・空間的スキルに統計的な有意差は見られなかった（コラム3.2参照）。

我々は、音楽の訓練が子供の視覚的・空間的スキルを高めるかどうかを検証したREAP以後の実験研究を1つだけ見つけた（表3.18）。

表3.18　視覚的・空間的スキルに対する音楽教育の効果を検証した
REAP以後の2つの研究

研究者（研究グループ）	正の関連	負の関連／関連なし
Bilhartz, Bruhn and Olson（2000）*	○	
Mingat and Suchaut（1996）		○

注：研究者の列の*は真の実験研究。

ビルハルツら（Bilhartz et al., 2000）は4歳と5歳の児童を対象に、音楽のレッスンを受ける群と受けない群とに無作為に分け、7週間の実験を行った。子供たちは、実験の始まる前と実験開始から7週間後に、スタンフォード・ビネー知能検査から様々な下位テストを受けた。音楽群の子供たちが対照群を上回ったのは1つの下位テスト、つまり視覚空間テストであるビーズ記憶テストのみであった。注目したいのは、知能指数下位テストのすべてで音楽群の得点が高くならなかったという結果が、音楽の訓練は全検査知能指数を高めるというシェレンバーグ（Schellenberg, 2004）の研究結果と一致しない点である（前述の第3章第2節「音楽教育と知能指数」を参照）。

我々は、視覚的・空間的スキルに対する音楽の訓練の効果を検証したREAP

以後の研究を、他にもう1つ見つけたが、それには対照群が含まれていないため、ここでは取り上げない。

まとめると、REAPのメタ分析から得られたエビデンスによれば、音楽の訓練は視覚的・空間的推論に対してプラスの効果を示していると言える。だが、REAPに含まれている追跡調査は1つしかなく、その研究は、音楽の訓練が3年目以降、視覚的・空間的スキルに対して有利であることを示せていない。この研究から、音楽の訓練には長期間プラスに働く視覚的・空間的成果があるとする仮説に対して、我々は慎重にする必要があることがわかる。この問いに対するREAP以後の実験研究は1つしか見つかっておらず、さらなる研究が求められる。

第7節　音楽教育と注意力

楽器演奏の学習には集中力が必要である。我々が、音楽の学習が注意力や集中力を高めるかどうかを問うのはこのためである（学校の成績改善につながる利益もある）。音楽の活動には、トーンのパターンを記憶することや記譜法、動きの順序（モータシークエンス）が含まれるとともに、注意深く聴くことや、注意力を長時間持ち続けることが要求される。ここから、音楽は一般的な記憶力や注意力を訓練すると言われる。大人の音楽家が、注意力を含む極めて優れた演奏機能を発揮するという結果は、音楽の訓練が実際に注意力を鍛えていることを示唆している（Bialystok and DePaper, 2009）。また、無作為に分けた60歳から85歳の高齢者が、6か月間ピアノを学んだところ、対照群に比べて注意力と集中力が改善したという実験研究もある（Bugos *et al.*, 2007）。だが、この効果は、彼らがレッスンを止めてから3か月でなくなってしまった。では、音楽の訓練が子供の注意力を高めるというエビデンスには、どのようなものがあるのだろうか。

相関研究

我々は、音楽のレッスンと注意力に関係する脳の成果との関係を検証した相関研究を2つ見つけた（表3.19）。また、音楽のレッスンと聴覚の注意力の行動測定との関係を検証した相関研究を1つ見つけた。

表3.19　音楽と注意力との関係を検証した3つの相関研究

研究者（研究グループ）	正の相関	相関なし
Fujioka et al.（2006）（脳の成果）	○	
Huotilainen（2010）（行動の成果）	○	
Shahin et al.（2008）（脳の成果）	○	

フジオカら（Fujioka et al., 2006）は、注意力に関連していることがわかっている脳の成果にバイオリンの訓練が影響していることを見つけた。この研究についてはコラム3.7で取り上げている。さらにシャヒンら（Shahin et al., 2008）は、少なくとも1年以上音楽のレッスンを受けた子供にみられる神経反応が、注意力や記憶力の実行機能と関連があることを発見した。

フィンランドでは、現在、ホータイネン（Huoltiainen, 2010）が音楽と聴覚の注意力との関係、他のスキルとの関係について研究を進めている。これは、9歳から13歳の音楽に取り組んでいる子供と、取り組んでいない子供を比較した相関研究である。子供たちの社会経済的背景や彼らが通う学校の質に加えて、取り組んでいる活動の数の点からも、2つの群が一致するように注意深く分けられた。音楽に取り組んでいる子供たちは、神経心理学テストにおいて有意に早く回答し、間違いも少なかった。音楽に取り組んでいる子供たちがよくできた課題は、気を散らすような音が聞こえてきた場合に聴覚の注意力を払えるかどうかをみるものであった（騒音の中で数を数えたり、言葉を認知したりすることなど）。音楽に取り組んでいる子供たちはまた、物に名前を付けたり、名前を付けるルールを入れ替えたりすることにも優れていた。ホータイネンはこれらの発見について、楽器を弾いたり歌を歌ったりすることで、聴覚の注意力を集中させるスキルが訓練され、ひいては非音楽的課題にもそれが転移し、聴覚的に気を散らすような音があっても、聴覚的課題に集中することができるようになるのではないかと説明している。

> **コラム 3.7**　バイオリンの訓練が脳における注意反応を高める
>
> 　フジオカら（Fujioka et al., 2006）は、バイオリンの訓練を受けている4歳から6歳の子供を対象に、音楽指導を受けていない子供たちと比較した。子供たちは脳磁気図検査法（MEG）を用いて、年に4回の検査を受けた。そして、音楽の訓練を受けた子供は、注意力に関係する成分として知られる磁性成分のN250mが、バイオリンの音に反応することで高まることがわかった。
> 　研究者たちは、（音楽訓練を開始する前の）もともとの違いがある可能性を排除できなかったため、音楽の訓練が異なる脳反応を引き起こしていると結論付けることができなかった。
> 　この発見は、聴覚の注意力と記憶を伴う神経反応（事象関連電位のN2成分）が、子供が音楽のレッスンを受けると、より早く発達することを明らかにしたシャヒンら（Shahin et al., 2008）の研究と一致している。

準実験研究

　我々は、注意力に対する音楽訓練の効果を検証した準実験研究を3つ見つけた（表3.20）。

表3.20　注意力に対する音楽の効果を検証した3つの研究

研究者（研究グループ）	プラスの効果	効果なし／効果が一致しない
Bastian（2000, 2008）		○
Petitto（2008）		○
Scott（1992）	○	

　スコット（Scott, 1992）は、音楽のレッスンを受けた就学前の幼児たちが、創作運動のレッスンを受けた幼児たちよりも、警戒を必要とする注意力の課題で成績が高いことを発見した。

　先に取り上げたドイツの研究では、バスティアン（Bastian, 2000, 2008）が、豊富な音楽教育を受けた子供たちは受けなかった子供に比べ、集中力が優れているわけではないことを示した。

非母語の学習に関する節で取り上げた、ペティート（Petitto, 2008）の研究では、注意力に対する音楽による恩恵はみられなかった。

実験研究

我々は、音楽の訓練が就学前の幼児の注意力を高めるかどうかを検証した実験研究を見つけることができなかった。

結論として、音楽の訓練が高い注意力やそれと関係のある脳の成果と関連していると示唆する研究はわずかだがある。しかしながら、音楽教育が注意力を高めると結論付けられる確固とした実験研究は、今のところない。注意力の高い子供が、音楽を学ぶことを選んでいるのかもしれないのである。

第8節　音楽教育と記憶

音楽教育は記憶を高めるのだろうか。いくつかの相関研究では、音楽指導が言語的記憶力の向上と関連しているとされてきた（レビューとしてSchellenberg, 2005, 2006aを参照）。

音楽家以外の人と比べると、音楽家は、言語的記憶力が優れている（Brandler and Rammsayer 2003; Chan et al., 2008; Jakobson et al., 2003; Jakobson et al., 2008; Kiogour et al., 2000; Piro and Ortiz, 2009; Tierney et al., 2008）。例えば、フランクリンら（Franklin et al., 2008）が、大学学部または大学院の音楽プログラムをとった学生のうち、10歳になる前に楽器の訓練を始め、その訓練を9年以上続けている学生について実験研究を行い、1年以上楽器の演奏をしていない学生と比較した。音楽群は、長期間の記憶力と言語的作業記憶力の範囲に優れていた。だが、これは実験研究ではなかったため、長期間の言語的記憶力を持つ学生たちがピアノの学習に魅力を感じ、続けてきたのか、はたまた楽器の訓練が言語的記憶力を成長させたのかどうかを明確にすることはできない（例えば、言語の暗唱方略によるのかもしれないし、両方かもしれない）。ヤコブソンら（Jakobson et al., 2003）は、音楽の学習と言語的記憶力との関係は、聴覚の領域において時間的順序を処理する機能が共有され

ていることによるものだと示唆した。おそらく、音楽の学習がこの能力を高め、ひいては言語的記憶力を高めるのだろう（このことは、口頭で示される言語的情報に対して、記憶力を高めるという意味であるべきだが）。

　上述の研究は、音楽の訓練と、視覚的記憶力ではなく言語的記憶力との関係を示しているものの、2つの相関研究とも、音楽が、言語的記憶力と視覚的記憶力の両方を高めることと関連があると報告している。リー・リュウとコー（Lee Lu and Ko, 2007）は、数唱テスト及び単語反復テストにおいて、音楽家が音楽家以外の人よりも得点が高いことを報告している。

　シェルエンバーグ（Schellenberg, 2008）は上述の研究を批判し、群間の知能指数が全体として一致しておらず、音楽群はもともと知能指数が高かったり、あるいは教育歴が高かったのではないかと主張している。したがって、言語的記憶力の違いは、音楽訓練というよりもむしろ、知能指数や教育歴の機能と言えるのかもしれない。

　音楽が児童期の記憶力を高めるというエビデンスは、何だろうか。

相関研究

　我々は、音楽レッスンと記憶力との関係を検証している相関研究を1つ見つけた。

　ホーら（Ho *et al.*, 2003）は、表3.21にまとめたように、研究その1において、音楽訓練が言語的（聴覚的）記憶力と関連していることを示した。この研究については、コラム3.8で取り上げている。

表3.21　音楽の訓練と言語的記憶力との関係を検証した相関研究

研究者（研究グループ）	正の関係	関係なし
Ho, Cheung and Chan（2003）, 研究その1	○	

準実験研究

　我々は、記憶力に対する音楽レッスンの効果を検証した準実験研究を1つ見つけた。ホーら（2003）は、自分たちが行った最初の相関研究のフォローアッ

プとして準実験研究を行い、音楽の訓練を続けている子供は言語的記憶力の上昇がみられるが、他方、音楽のレッスンを止めてしまった子供にはそのような上昇がみられないことを報告した（表3.22）。この研究もコラム3.8で取り上げている。

表3.22　言語的記憶力に対する音楽の訓練の効果を検証した準実験研究

研究者（研究グループ）	プラスの効果	効果なし／効果が一致しない
Ho, Cheung and Chan（2003），研究その2	○	

　音楽の訓練が記憶力を高めることを明確に証明した実験結果は、今のところまだない。

コラム 3.8　優れた言語的記憶力：音楽訓練の結果かそれとも知能指数の結果か？

　ホーら（Ho et al., 2003）は、相関研究において、音楽のレッスンを受けた子供は受けなかった子供よりも、言語テストの得点は高いが視覚的記憶テストの得点は高くないことを示した。研究は、香港の学校に通う6歳から15歳の男子90名を対象に行われた。これらの男子のうち半数は音楽の訓練を選択し、バンドで演奏したり、学校のオーケストラで演奏するほか、週に最低1時間はバイオリンあるいはフルートでクラシック音楽のレッスンを受けたことがある。これらの男子は、それまでに音楽を1年から5年の間勉強していた。対照群は同じ学校に通う、音楽の訓練を受けたことがない男子とした。2つの群については、年齢、教育レベル、親の教育や所得で測定される社会経済的背景、全検査知能指数を一致させた。子供たちには、視覚記憶テストと知能テストとともに、口頭で示される単語を記憶しているかどうかを評価する言語記憶力テストも行われた。音楽群の子供たちは（口頭での）言語記憶テストにおいて有意に得点が高かったが、視覚的記憶テストや知能検査では高くなかった。

　この結果は、音楽訓練が子供の知能指数を高めるとするシェレンバーグ（Schellenberg, 2004）の主張と合致しない。

　シェレンバーグ（Schellenberg, 2008）はホーら（2003）を批判して、2

つの群の差（音楽訓練の経験がある方が高い）が標準偏差の約3分の1あり、言語記憶力テストにおける音楽群の優秀さは、知能指数によって説明できると指摘した。シェルエンバーグは次のように指摘した。

> 群間に差がないという帰無仮説を「証明」しようとする場合、それは概念的には不可能であり、その差が「ほとんど」有意であるならば、かなり説得力に欠けるものである。標本サイズが大きく、差が逆に向いている場合や、p-valueがかなり高く、効果があるとすれば、その効果が母集団においては極めて小さいと考えられる場合のみ説得力がある。ホーらの研究では、対象者が若干追加されたことによって、全検査知能指数のp-valueが有意になった可能性があり、論文の結果は、私が数年前に主張したことと一致したものと考えられる。すなわち、頭の良い子供はそうでない子供よりも音楽のレッスンを受ける傾向にあり、実際のところ、彼らが受けたどのテストでも成績が良いだろう。（Schellenberg, 2010, 私信）

　因果関係の傾向を明確にするために、フォローアップとして準実験研究が行われた。ホーら（2003）は、子供を3つの群に分けて比較した。1つは音楽の訓練を始めたばかりの子供の群。次に、最初の実験のときから音楽の訓練を続けている子供の群。そしてもう1つが、最初の実験に参加した子供で、音楽の訓練を止めてから3か月が経過した子供の群である。同じテストが出題された。音楽の訓練を始めたばかりの子供たちの言語記憶力テストの得点は、実験開始時には他の2つの群よりも低かったが、1年間の訓練後、彼らの言語記憶力が向上したため、3つの群すべてが同じ結果となった。音楽を学んだ群はその年の言語記憶力では得点が高くなったが、音楽の訓練を止めた子供たちは得点が高くならなかった。

　知能指数が高い子供は音楽の訓練を求めると言うこともできるし、また、知能指数が高いことは記憶力の良さと（そして注意力や数学の成績などとも）関係する。因果関係の傾向を明確にするためには、対象者を無作為に群に分ける実験が依然として必要である。

実験研究

我々は、記憶に対する音楽の訓練の効果を検証する実験研究を見つけることができなかった。

今のところ、音楽の訓練が記憶を高めるという実験研究による明確なエビデンスはない。

第9節　結び：音楽教育と認知機能について

本章で我々は、音楽の訓練と特定の認知機能との関係を論じた数多くの研究を検討した。音楽と認知的転移に関する研究は今後に期待ができそうである。これまでのところ、次のような結論が得られた。すなわち、音楽のレッスンは子供の学力や知能指数を高めるとともに、音韻意識や単語の解読も改善するのである。

音楽の訓練と音韻意識はともに聴力に関係していることから、両者に関係があることは理解できる。音韻意識は単語の解読に関係しているため、我々は、なぜ音楽の訓練が幼い子供の単語の解読力を高め得るのかを理解することもできる。

では、音楽のレッスンが知能指数や学力に効果があることを、どのように理解したらよいのだろうか。学校外で音楽のレッスンを受けている子供を対象とした研究では、常にクラシック音楽の訓練を受けている子供を取り上げている。クラシック音楽の訓練には、（リサイタルなど、人々の前で演奏することだけでなく）大人とマンツーマンで行うレッスン、日々の練習、記憶すること、楽譜を読むことなど、学校の活動に似たものが多く含まれている。我々はここで次のような仮説を立てた。すなわち、音楽以外の芸術において、音楽の訓練と同じように、学校での学習活動に似たものを組み合わせたレッスンを子供が受けるならば、音楽以外の芸術も高い知能指数や学力と関連するのではないだろうか。

引用・参考文献

Aleman, A., M.R. Nieuwenstein, K.B.E. Bocker and E.H.F. de Haan (2000), "Music training and mental imagery ability", *Neuropsychologia*, Vol. 38/12, pp. 1664-1668.

Anello, J. A. (1972), *A Comparison of Academic Achievement Between Instrumental Music Students and Non-music Students in the El Dorado and Valencia High Schools of the Placentia United School District*, Doctoral Dissertation, Brigham Young University.

Anvari, S. H., L. J. Trainor, J. Woodside and B. A. Levy (2002), "Relations among musical skills, phonological processing and early reading ability in preschool children", *Journal of Experimental Child Psychology*, Vol. 83/2, pp. 111-130.

Asbury, C. and B. Rich (2008), "Learning, arts and the brain. The Dana Consortium Report on arts and cognition", *Dana Press*, New York/Washington, D.C.

Bahr, N. and C. A. Christensen (2000), "Inter-domain transfer between mathematical skill and musicianship", *Journal of Structural Learning and Intelligence Systems*, Vol. 14/3, pp. 187-197.

Baldeweg, T., A. Richardson, S. Watkins, C. Foale and J. Gruzelier (1999), "Impaired auditory frequency discrimination in dyslexia detected with mismatch evoked potentials", *Annals of Neurology*, Vol. 45/4, pp. 495-503.

Barwick, J., E. Valentine, R. West and J. Wilding (1989), "Relations between reading and musical abilities", *British Journal of Educational Psychology*, Vol. 59/2, pp. 253-257.

Bastian, H. G. (2000), *Musik (erziehung) und ihre Wirkung. Eine langzeitstudie an Berliner Grundschulen*, Schott Musik International, Mainz.

Bastian, H. G. (2008), *Nach langem Schweigen: zur Kritik an der Langzeitstudie 'Musikerziehung und ihre Wirkung' (2000)*, www.musikpaedagogikonline.de/unterricht/netzspezial/reflexion/bastian/show,17683.html.

Beecham, R., R. A. Reeve and S. J. Wilson (2009), "Spatial representations are specific to different domains of knowledge", *PLoS ONE*, Vol. 4/5.

Besson, M., D. Schon, S. Moreno, A. Santos, and C. Magne (2007), "Influence of musical expertise and musical training on pitch processing in music and language", *Restorative Neurology and Neuroscience*, Vol. 25/3-4, pp. 399-410.

Bialystok, E. and A-M. DePape (2009), "Musical expertise, bilingualism, and executive functioning", *Journal of Experimental Psychology, Human Perception and Performance*, Vol. 35/2, pp. 565-574.

Bilhartz, T. D., R. A. Bruhn and J. E. Olson (2000), "The effect of early music training on child cognitive development", *Journal of Applied Developmental Psychology*, Vol. 20/4, pp. 615-636.

Brandler, S. and T. H. Rammsayer (2003), "Differences in mental abilities between musicians and non-musicians", *Psychology of Music*, Vol. 31/2, pp. 123-138.

Bratko, D., T. Chamorro-Premuzic and Z. Saks (2006), "Personality and school performance: incremental validity of self- and peer-ratings over intelligence", *Personality and Individual Differences*, Vol. 41/1, pp. 131-142.

Brochard, R., A. Dufour and O. Despres (2004), "Effect of musical expertise on visuospatial abilities: Evidence from reaction times and mental imagery", *Brain and Cognition*, Vol. 54/2, pp. 103-109.

Bugos, J. A., W. M. Perlstein, C.S. McCrae, T.S. Brophy and P. Bedenbaugh (2007), "Individualized piano instruction enhances executive functions and working memory in older adults", *Aging and Mental Health*, Vol. 11/4, pp. 464-471.

Butzlaff, R. (2000), "Can music be used to teach reading?", *Journal of Aesthetic Education*, Vol. 34/3-4, pp. 167-178.

Cattell, R. (1949), *Culture Free Intelligence Test, Scale 1, Handbook*, Institute of Personality and Ability, Champaign, IL.

Catterall, J., R. Chapleau and J. Iwanaga (1999), "Involvement in the arts and human development: general involvement and intensive involvement in music and theatre arts" in E. Fiske (ed.), *Champions of Change: The Impact of the Arts on Learning*, The Arts Education Partnership and The President's Committee on the Arts and the Humanities, pp. 1-18.

Ceci, S. J. and W. M. Williams (1997), "Schooling, intelligence and income", *American Psychologist*, Vol. 52/10, pp. 1051-1058.

Chan, A. S., Y. C. Ho and M. C. Cheung (2008), "Music training improves verbal memory", *Nature*, Vol. 396/128, *http://dx.doi.org/10.1038/24075*

Chandrasekaran, B., J. M. Hornickel, E. Skoe, T. Nicol and N. Kraus (2009), "Contextdependent encoding in the human auditory brainstem relates to hearing speech in noise: Implications for developmental dyslexia", *Neuron*, Vol. 64/3, pp. 311-319.

Chandrasekaran, B. and N. Kraus (2010), "Music, noise-exclusion, and learning", *Music Perception*, Vol. 27/4, pp. 297-306.

Cheek, J. M. and L. R. Smith (1999), "Music training and mathematics achievement", *Adolescence*, Vol. 34/136, pp. 759-761.

Ciepluch, G. M. (1988), *Sightreading Achievement in Instrumental Music Performance, Learning Gifts, and Academic Achievement: A Correlational Study*, Doctoral Dissertation, University of Wisconsin.

College Board (1987-1997), *College Bound Seniors Profile of SAT and Achievement Test Takers*, College Board, New York, NY.

Costa-Giomi, E. (1997), "The McGill Piano Project: Effects of piano instruction on children's cognitive abilities, academic achievement, and self-esteem", paper presented at the 12th National Symposium on Research in Music Behavior, Minneapolis.

Costa-Giomi, E. (1999), "The effects of three years of piano instruction on children's cognitive development", *Journal of Research in Music Education*, Vol. 47/3, pp. 198-212.

Cox, H. A. and L. J. Stephens (2006), "The effect of music participation on mathematical achievement and overall academic achievement of high school students", *International Journal of Mathematical Education in Science and Technology*, Vol. 37/7, pp. 757-763.

Craft, R. (1959), *Conversations with Igor Stravinsky*, Pelican Books, London.（『118の質問に答える』I. ストラヴィンスキー談、ロバート・クラフト編、吉田秀和訳、音楽之友社、1960年）

Deary, I. J. (2001), *Intelligence: A Very Short Introduction*, Oxford University Press, Oxford.（『知能〈1冊でわかる〉』イアン・ディアリ著、繁桝算男訳、松原達哉解説、岩波書店、2004年）

Deasy, R. J. (Ed.) (2002), *Critical links: Learning in the arts and student academic and social development*, Arts Education Partnership, Washington, D.C.

De Fruyt, F., K. Van Leeuwen, M. De Bolle and B. De Clercq (2008), "Sex differences in school performance as a function of conscientiousness, imagination and the mediating role of problem behaviour", *European Journal of Personality*, Vol. 22/3, pp. 167-184.

Dege, F. and Schwarzer, G. (2011), "The effect of a music training Program on phonological awreness in preschoolers", *Frontiers in Auditory Neuroscience*, Vol. 2, p.124, *http://dx.doi.org/10.3389/fpsyg.2011.00124*

Dehaene, S., V. Izard, P. Pica and E. Spelke (2006), "Core knowledge of geometry in an Amazonian indigene group", *Science*, No. 311/5759, pp. 381-384.

Delogu, R., G. Lampis and M. Oliveti-Belardinelli (2006), "Music-to-language transfer effect: May melodic ability improve learning of tonal languages by native nontonal speakers?", *Cognitive Processes*, Vol. 7, No. 3, pp. 203-207.

Dollinger, S. J. and L. A. Orf (1991), "Personality and performance in "Personality": Conscientiousness and openness", *Journal of Research in Personality*, Vol. 25/3, pp. 276-284.

Douglas, S. and P. Willats (1994), "The relationship between musical ability and literacy skills", *Journal of Research in Reading*, Vol. 17/2, pp. 99-107.

Engdahl, P. M. (1994), *The Effect of Pull-out Programs on the Academic Achievement of Sixth Grade Students in South Bend, Indiana*, Doctoral Dissertatino, Andrew University.

Fauvel, J., R. Flood and R. Wilson (2006), *Music and Mathematics: From Pythagoras to Fractals*, Oxford University Press, Oxford.

Fetzer, L. (1994), *Faciliating Print Awareness and Literacy Development with Familiar Children's Songs*, Doctoral Dissertation, East Texas University.

Flohr, J. W., D. C. Miller and D. Persellin (1998), "Quantitative EEG responses to music stimuli", paper presented at the music educators National conference, Pheonix, Arizona.

Flohr, J. W., D. C. Miller, D. Persellin and R. DeBeus (1999), *Children's Electrophysiological Responses to Music*, unpublished manuscript.

Forgeard, M., E. Winner, A. Norton and G. Schlaug (2008), "Practicing a musical instrument in childhood is associated with enhanced verbal ability and nonverbal reasoning", PLoS ONE 3, www.plosone.org/article/info%3Adoi%2F10.1371%2Fjournal.pone.0003566#s1

Franklin, M. S., K. S. Moore, C. Yip, J. Jonides, K. Rattray and J. Moher (2008), "The effects of musical training on verbal memory", *Psychology of Music*, Vol. 36/3, pp. 353-365.

Friedman, B. (1959), *An Evaluation of the Achievement in Reading and Arithmetic of Pupils in Elementary School Instrumental Music Classes*, Doctoral Dissertation, New York University.

Fujioka T., B. Ross, R. Kakigi, C. Pantev, L.J. Trainor (2006), "One year of musical training affects development of auditory cortical-evoked fields in young children", *Brain*, Vol. 129/10, pp. 2593-2608.

Furnham, A., T. Chamorro-Premuzic and F. McDougall (2003), "Personality, cognitive ability, and beliefs about intelligence as predictors of academic performance", *Learning and Individual Differences*, Vol. 14/1, pp. 49-64.

Gouzouasis, P., M. Guhn, and N. Kishor (2007), "The predictive relationship between

achievement and participation in music and achievement in core grade 12 academic subjects", *Music Education Research*, Vol. 9/1, pp. 81-92.
Graziano, A. B., M. Peterson and G. L. Shaw (1999), "Enhanced learning of proportional Math through Music training and spatial-temporal training", *Neurological Research*, Vol. 21/2, pp. 139-152.
Groff, F. H. (1963), *Effect on Academic Achievement of Escusing Elementary School Pupils from Classes to Study Instrumental Music*, Doctoral Dissertation, University of Connecticut.
Gromko, J. E. (2005), "The effect of music instruction on phonemic awareness in beginning readers", *Journal of Research in Music Education*, Vol. 53/3, pp. 199-209.
Gromko, J.E. and A.S. Poorman (1998), "Developmental trends and relationships in children's aural perception and symbol use", *Journal of Research in Music Education*, Vol. 46/1, pp. 16-23.
Gruhn, W., N. Galley and C. Kluth (2003), "Do mental speed and musical abilities interact?", *Annals of the New York Academy of the Sciences*, Vol. 999/1, pp. 485-496.
Hassler, M., N. Birbaumer and A. Feil (1985), "Musical talent and visuo-spatial abilities: Longitudinal study", *Psychology of Music*, Vol. 13, pp. 99-113.
Hassler, M., N. Birbaumer and A. Feil (1987), "Musical talent and visuo-spatial ability: Onset of puberty", *Psychology of Music*, Vol. 15, pp. 141-151.
Helmbold, N., T. Rammsayer and E. Altenmüller (2005), "Differences in primary mental abilities between musicians and nonmusicians", *Journal of Individual Differences*, Vol. 26/2, pp. 74-85.
Hetland, L. (2000), "Learning to make music enhances spatial reasoning", *Journal of Aesthetic Education*, Vol. 34/3-4, pp. 179-238.
Ho, Y., M. Cheung, A. S. Chan (2003), "Music training improves verbal but not visual memory: Cross-sectional and longitudinal explorations in children", *Neuropsychology*, Vol. 17/3, pp. 439-450.
Hobbs, C. (1985), "A comparison of music aptitude, scholastic aptitude, and academic achievement of young children", *Psychology of Music*, Vol. 13/2, pp. 93-98.
Huotilainen, M. (2010), "Early indices of auditory learning", talk presented at Minds for the Future Seminar, May 26th, Helsinki, Finland, organized by Cicero Learning Network in Espoo, Finland.

Hurwitz, I., P. H. Wolff, B. D. Bortnick and K. Kokas (1975), "Nonmusical effects of the kodaly music curriculum in primary grade children", *Journal of Learning Disabilities*, Vol. 8/3, pp. 167-174.

Jakobson, L. S., L. L. Cudy and A. R. Kilgour (2003), "Time tagging: a key to musician's superior memory", *Music Perception*, Vol. 20/3, pp. 307-313.

Jakobson, L. S., S. T. Lewycky, A. R. Kilgour and B. M. Stoesz (2008), "Memory for verbal and visual material in highly trained musicians", *Music Perception*, Vol. 26/1, pp. 41-55.

James, J. (1993), *The Music of the Spheres: Music, Science, and the Natural Order of the Universe*, Copernicus, New York, NY. (『天球の音楽：歴史の中の科学・音楽・神秘思想』ジェイミー・ジェイムズ著、黒川孝文訳、白揚社、1998年)

Jancke, L. (2008), *Macht Musik schlau? Neue Erkenntnisse aus den Neurowissenschaften und der kognitiven Psychologie*, Verlag Hans Huber, Bern.

Jentschke, S. and S. Koelsch (2009), "Musical training modulates the development of syntax processing in children", *NeuroImage*, Vol. 47/2, pp. 735-744.

Jentschke S., S. Koelsch and A. D. Friederici (2005), "Investigating the relationship of music and language in children: influences of musical training and language impairment", *Annals of the New York Academy of Sciences*, Vol. 1060, pp. 231–242.

Kast, M., M. Meyer, C. Vogeli, M. Gross and L. Jancke (2007), "Computer-based multisensory learning in children with developmental dyslexia", *Restorative Neurology and Neuroscience* (IOS-Press), Vol. 25/3-4, pp. 355-369.

Kelly, L. L. (1981), *A Combined Experimental and Descriptive Study of the Effect of Music on Reading and Language*, Doctoral Dissertation, University of Pennsylvania.

Kilgour, A. R., L. S. Jakobson and L. L. Cuddy (2000), "Music training and rate of presentation as mediators of text and song recall", *Memory and Cognition*, Vol. 28/5, pp. 700-710.

Kraus, N. and B. Chandrasekaran (2010), "Music training for the development of auditory skills", *Nature Reviews Neuroscience*, Vol. 11, pp. 599-605, http://dx.doi.org/10.1038/nrn288.

Krumhansl, C. L. (2000), "Rhythm and pitch in music cognition", *Psychological Bulletin*, Vol. 126/1, pp. 159-179.

Kvet, E. J. (1985), "Excusing elementary school students from regular classroom activities for the study of instrumental music: the effect on sixth-grade reading,

language, and mathematics achievement", *Journal of Research in Music Education*, Vol. 33/1, pp. 45-54.
Lamar, H. B. (1989), *An Examination of the Congruency of Music Aptitude Scores and Mathematics and Reaching Achievement Scores of Elementary Children*, Doctoral Dissertation, University of Southern Mississippi.
Lamb, S. J. and A. H. Gregory (1993), "The relationship between music and reading in beginning readers", *Educational Psychology*, Vol. 13/1, pp. 19-27.
Lazco, Z. (1985), "The nonmusical outcomes of music education: influence on intelligence", *Bulletin of the Council for Research in Music Education*, No. 85, pp. 109-18.
Lee, I. W. and S. J. Kim (2006), "The effects of integrated activity with music and mathematics on musical ability and the mathematical concepts of preschoolers", *The Journal of Korea Open Association for Early Childhood Education*, Vol. 11/2, pp. 305-329.
Lee, Y., M. Lu and H. Ko (2007), "Effects of skill training on working memory capacity", *Learn Instrument*, Vol. 17/3, pp. 336-344.
Linch, S.A. (1994), "Differences in academic achievement and level of self-esteem among high school participants in instrumental music, non participants, and student who discontinue instrumental music education", Dissertation Abstracts International, Vol. 54/9-A, p. 3362.
Loui, P., K. Kroog, J. Zuk, , E. Winner and G. Schlaug (2011), "Relating pitch awareness to phonemic awareness in children: implications for tone-deafness and dyslexia", *Frontiers in Auditory Cognitive Neuroscience*, Vol. 2/111, pp. 1-5.
Lowe, A. (1995), *The Effect of the Incorporation of Music Learning into the Secondlanguage Classroom on the Mutual Reinforcement of Music and Language*, Doctoral Dissertation, University of Illinois at Urbana-Champaign, Dissertation Abstracts International, Vol. 54/4, 1535A.
Lynn, R., R. G. Wilson and A. Gault (1989), "Simple musical tests as measures of spearman's g", *Personality and Individual Differences*, Vol. 10/1, pp. 25-28.
Magne, C., D. Schon and M. Besson (2006), "Musician children detect pitch violations in both music and language better than nonmusician children: behavioral and electrophysiological approaches", *Journal of Cognitive Neuroscience*, Vol. 18/2, pp. 199-211.
Mallory, M. E. and K. E. Philbrick (1995), "Music training and spatial skills in preschool children", paper presented at the American Psychological Association,

New York, NY, June 30.

Marques C., S. Moreno, S. L. Castro and M. Besson (2007), "Musicians detect pitch violation in a foreign language better than nonmusicians: behavioral and electrophysiological evidence", *Journal of Cognitive Neuroscience*, Vol. 19/9, pp. 1453-1463.

McCarthy, K. J. (1992), "Music performance group membership and academic success: a descriptive study of one 4-year high school", paper presented at the Colorado Music Educators Association.

Mingat, A. and B. Suchaut (1996), "Incidences des activites musicales en grande section de maternelle sur les apprentissages au cours preparatoire", *Les Sciences de l'education*, Vol. 29/3, pp. 49-76 [in French] (The impact of musical activities on learning achievements at the end of grade 1).

Moreno, S., E. Bialystok, R. Barac, E. G. Schellenberg, N. J. Cepeda and T. Chau (2011), "short-term music training enhances verbal intelligence and executive function", *Psychological Science*, Vol. 22/11, pp. 1425-1433.

Moreno S., C. Marques, A. Santos, M. Santos, S. L. Castro and M. Besson (2009), "Musical training influences linguistic abilities in 8–year-old children: more evidence for brain plasticity", *Cerebral Cortex*, Vol. 19/3, pp. 712-723.

Musacchia, G., M. Sams, E. Skoe and N. Kraus (2007), "Musicians have enhanced subcortical auditory and audiovisual processing of speech and music", *PNAS*, Vol. 104/40, pp. 15894-15898.

Nering, M. E. (2002), "The effect of piano and music instruction on intelligence of monozygotic twins", *Dissertation Abstracts International Section A: Humanitie and Social Sciences*, Vol. 63/3-A, p. 812.

Neufeld, K. A. (1986), "Understanding of selected pre-number concepts: relationships to a formal music program", *Alberta Journal of Educational Research*, Vol. 32/2, pp. 134-139.

Neville, H. (2008), "Effects of music training on brain and cognitive development in under-privileged 3- to 5-year-old children: preliminary results" in B. Rich and C. Asbury (eds.), *Learning, Arts, and the Brain: The Dana Consortium Report on Arts and Cognition*, The Dana Foundation, New York/Washington, DC, pp. 105-106.

Nilsonne, A. and J. Sundberg (1985), "Differences in ability of musicians and nonmusicians to judge emotional state from the fundamental frequency of voice samples", *Music Perception*, Vol. 2/4, pp. 507-516.

第3章　音楽教育の認知的成果

Nisbet, S. (1991), "Mathematics and music", *The Australian Mathematics Teacher*, Vol. 47/4, pp. 4-8.

Olanoff, M. and L.C. Kirschner, (1969), *Musical Ability Utilization Project. Final Report*, Project No. 2600, U.S. Department of Health, Education and Welfare, Washington, DC.

Overy, K. (2003), "Dyslexia and music: From timing deficits to musical intervention. Annals of the New York Academy of Sciences", Vol. 999/1, pp. 497-505.

Parbery-Clark, A., E. Skoe and N. Kraus (2009), "Musical experience limits the degradative effects of background noise on the neural processing of sound", *The Journal of Neuroscience*, Vol. 29/45, pp. 14100-14107.

Parente, J. A. and J. J. O'Malley (1975), "Training in musical rhythm and field dependence of children", *Perceptual and Motor Skills*, Vol. 40/2, pp. 392-394.

Patel, A. D. (2008), *Music, Language, and the Brain*, Oxford University Press, New York, NY.

Patel, A. D. (2010), "Music, biological evolution, and the brain" in M. Bailar (ed.), *Emerging Disciplines*, Rice University Press, Houston, TX, pp. 91-144.

Patston, L. L., M. C. Corballis, S. L. Hogg and L. J. Tippett (2006), "The neglect of musicians: line bisection reveals and opposite bias", *Psychological Science*, Vol. 17/12, pp. 1029-1031.

Paunonen, S. V. and M. C. Ashton (2001), "Big five predictors of academic achievement", *Journal of Research in Personality*, Vol. 35/1, pp. 78-90.

Persellin, D. (1999). "The effect of orff-based, time-intensive music instruction on spatialtemporal task performance of young children", paper presented at the Ameridan Orff-Schulwerk Association National Conference, Phoenix, Arizona, 4-7 November.

Petitto, L. (2008), "Arts eduation, the brain, and language" in B. Rich and C. Asbury (eds.), *Learning, Arts, and the Brain: The Dana Consortium Report on Arts and Cognition*, The Dana Foundation, New York/Washington, DC, pp. 93-104.

Phillips, D. (1976), "An investigation of the relationship between musicality and intelligence", *Psychology of Music*, Vol. 4/2, pp. 16-31.

Piro, J. M. and C. Ortiz (2009), "The effect of piano lessons on the vocabulary and verbal sequencing skills of primary grade students", *Psychology of Music*, Vol. 37/3, pp. 325-347.

Ponton, C. W., J. J. Eggermont, B. Kwong and M. Don (2000), "Maturation of human central auditory system activity: evidence from multi-channel evoked potentials", *Clinical Neurophysiology*, Vol. 111/2, pp. 220-236.

Rauscher, F. H. (1999), "Music, cognitive development, and the classroom: head start", paper presented at the American Orff-Schulwerk Association National Conference, Pheonix, Arizona, 4-7 November.

Rauscher, F. H., et al. (1994), "Music and spatial task performance: a causal relationship", paper presented at the American Psychological Association 102nd Annual Convention, Los Angeles, 12-16 August.

Rauscher, F. H., G. L. Shaw, L. J. Levine, E. L. Wright, W. R Dennis and R. L. Newcomg (1997), "Music training causes long-term enhancement of preschool children's spatial-temporal reasoning", *Neurological Reasoning*, Vol. 19/1, pp. 1-8.

Rauscher, F. H. and M. A. Zupan (1999), "Classrom keyboard instruction improves kindergarten children's spatial-temporal performance: a field experiment", *Early childhood Research Quarterly*, Vol. 15/2, pp. 215-228.

Roberts, D. L. (1978), *An Experimental Study of the Relationship Between Musical Note-Reading and Language Reading*, Doctoral Dissertation, University of Missouri.

Roskam, K. (1979), "Music therapy as an aid for increasing auditory awareness and improving reading skill", *Journal of Music Therapy*, Vol. 16/1, pp. 31-42.

Schellenberg, E. G. (2004), "Music lessons enhance IQ", *Psychological Science*, Vol. 15/8, pp. 511-514.

Schellenberg, E. G. (2005), "Music and cognitive abilities", *Current Directions in Psychological Science*, Vol. 14/6, pp. 322-325.

Schellenberg, E. G. (2006), "Long-term positive associations between music lessons and IQ", *Journal of Educational Psychology*, Vol. 98/2, pp. 457-468.

Schellenberg, E. G. (2006a), "Exposure to music: the truth about the consequences" in G.E. McPherson (ed.), *The Child as Musician: A Handbook of Musical Development*, Oxford University Press, Oxford, pp. 111-134.

Schellenberg, E. G. (2008), Commentary on "Effects of early musical experience on auditory sequence memory" by A. Tierney, T. Bergeson, and D. Pisoni, *Empirical Musicology Review*, Vol. 3/4, pp. 205-207.

Schellenberg, E. G. (2010), "Examining the association between music lessons and intelligence", unpublished paper.

Schellenberg, E. G. and S. Moreno (2010), "Music lessons, pitch processing, and g", *Psychology of Music*, Vol. 38/2, pp. 209-221.

Schmithorst, V. J. and S. K. Holland (2004), "The effect of musical training on the neural correlates of math processing: a functional magnet resonance imaging study in humans", *Neuroscience Letters*, Vol. 354/3, pp. 193-196.

Schon D., C. Magne, M. Besson (2004), "The music of speech: music training facilitates pitchprocessing in both music and language", *Psychophysiology*, Vol. 41/3, pp. 341-349.

Scott, L. (1992), "Attention and perseverance behaviors of preschool children enrolled in suzuki violin lessons and other activities", *Journal of Research in Music Education*, No. 40/3, pp. 225-235.

Shahin, A., L. E. Roberts, L. J. Trainor (2004), "Enhancement of auditory cortical development by musical experience in children", *Neuroreport*, Vol. 15/12, pp. 1917-1921.

Shahin A. J., L. E. Roberts, W. Chau, L. J. Trainor, L. M. Miller (2008), "Music training leads to the development of timbre-specific gamma band activity", *Neuroimage*, Vol. 41/1, pp. 113-122.

Shuter, R. (1968), *The Psychology of Music Ability*, Methuen, London. (『音楽才能の心理学』ロザムンド・シューター著、貫行子訳、音楽之友社、1977年)

Sluming, V., T. Barrick, M. Howard, E. Cezayirli, A. Mayes and N. Roberts (2002), "Voxelbased morphometry reveals increased gray matter density in broca's area in male symphony orchestra musicians", *Neuroimage*, Vol. 17./3, pp. 1613-1622.

Sluming, V., J. Brooks, M. Howard, J.J. Downes and N. Roberts (2007), "Broca's area supports enhanced visuospatial cognition in orchestral musicians", *Journal of Neuroscience*, Vol. 27/14, pp. 3799-3806.

Slevc, L.R. and A. Miyake (2006), "Individual differences in second-language proficiency", *Psychological Science*, Vol. 17/8, pp. 675-681.

Spelke, E. (2008), "Effects of music instruction on developing cognitive ystems at the foundations of mathematics and science" in B. Rich and C. Asbury (eds.), *Learning, Arts, and the Brain: The Dana Consortium Report on Arts and Cognition*, The Dana Foundation, New York/Washington, DC, pp. 17-49.

Steinhaus, H. (1969), *Mathematical Snapshots*, Oxford University Press, New York, NY. (『数学スナップ・ショット』H. ステインハウス著、遠山啓訳、紀伊國屋書店、1957年)

Strait, D.L., N. Kraus, E. Skoe and R. Ashley (2009), "Musical experience and neural efficiency: effects of training on subcortical processing of vocalexpressions of emotion", *The European Journal of Neurosciences*, Vol. 29/3, pp. 661-668.

Stoesz, B., L. Jakobson, A. Kilgour and S. Lewycky (2007), "Local processing advantage in musicians: evidence from disembedding and constructional tasks", *Music Perception*, Vol. 25, pp. 153-165.

Taetle, L. D. (1999), *The Effects of Music Instruction on the Spatial Ability of Kindergarten Children*, Doctoral Dissertation, University of Arizona.

Thompson, W. F., E. G. Schellenberg and G. Husain (2003), "Perceiving prosody in speech: effects of music lessons", *Annals of the New York Academy of Sciences*, Vol. 999, pp. 530-532.

Thompson W. F., E. G. Schellenberg, G. Husain (2004), "Decoding speech prosody: do music lessons help?", *Emotion*, Vol. 4/1, pp. 46-64.

Tierney, A. T., T. R. Berteson-Dana and D. B. Pisoni (2008), "Effects of early musical experience on auditory sequence memory", *Empirical Musicology Review*, Vol. 3/4, pp. 178-186.

Trainor, L. J., R. N. Desjardins and C. Rockel (1999), "A comparison of contour and interval processing in musicians and nonmusicians using event-related potentials", *Australian Journal of Psychology*, Special Issue on Music as a Brain and Behavioural System, Vol. 51/3, pp. 147-153.

Vaughn, K. and E. Winner (2000), "SAT scores of students with four years of arts: what we can and cannot conclude about the association", *Journal of Aesthetic Education*, Vol. 34/3-4, pp. 77-89.

Vaughn K. (2000), "Music and mathematics: Modest support for the oftclaimed relationship", *Journal of Aesthetic Education*, Vol. 34/3-4, pp. 149-166.

Wandell, B., R. F. Dougherty, M. Ben-Shachar and G.K. Deutsch (2008), "Training in the arts, reading, and brain imaging" in M. Gazzaniga (ed.), *Learning, Arts, and the Brain: The Dana Consortium Report on Arts and Cognition*, The Dana Foundation, New York/Washington, DC, pp. 51-60.

Wang, C. C. and E. McCaskill (1989), "Relating musical abilities to visual-spatial abilities, mathematic and language skills of fifth-grade children", *Canadian Journal of Research in Music Education*, Vol. 30/2, pp. 184-191.

Weber, E. W., M. Spychiger and J-L. Patry (1993), "Musik macht schule. biografie und ergebnisse eines schulversuchs mit erweitertem musikutericcht", *Padagogik in der Blauen Eule*, Bd. 17.

Wechsler, D. (2002) . *WPPSI-III administration and scoring manual*, Psychological Corp, San Antonio, TX.

Weeden, R. E. (1971), *A Comparison of the Academic Achievement in Reading and Mathematics of Negro Children Whose Parents are Interested, not Interested, or Involved in a Program of Suzuki Violin*, Doctoral Dissertation, North Texas States University.

Wetter, O. E., F. Koerner and A. Schwaninger (2009), "Does musical training improve school performance?", *Journal of Instructional Science*, Vol. 37/4, pp. 365-374.

Wheeler, L. R. and V. D. Wheeler (1951), "The intelligence of music students", *The Journal of Educational Psychology*, Vol. 42/4, pp. 223-230.

Wong, P. C. M. and T. Perrachione (2007), "Learning pitch patterns in lexical identification by native english-speaking adults", *Applied Psycholinguistics*, Vol. 28/4, pp. 565-585.

Wong, P. C. M., E. Skoe, N. M. Russo, T. Dees and N. Kraus, (2007), "Musical experience shapes human brainstem encoding of linguistic pitch patterns", *Nature Neuroscience*, Vol. 10/4, pp. 420-422.

Zafranas, N. (2004), "Piano keyboard training and the spatial-temporal development of young children attending kindergarten in greece", *Early Childhood Development and Care*, Vol. 174/2, pp. 199-211.

Zulauf, M. (1993/94), "Three-year experiment in extended music teaching in switzerland: the different effects observed in a group of frenchspeaking pupils", *Bulletin of the Council of Resarch in Music Education*, No. 119, pp. 111-121.

付録3.A1　附表

表3.A1.1　音楽教育と読解力との関係を検証した24の相関研究

研究者（研究グループ）	N	R	Z(p)*(*<0.0001)
College Board（1988）	648,144	.16	125.76 (p < .0001)
College Board（1989）	587,331	.16	125.98 (p < .0001)
College Board（1990）	548,849	.17	127.07 (p < .0001)
College Board（1991）	551,253	.18	136.28 (p < .0001)
College Board（1992）	545,746	.19	138.42 (p < .0001)
College Board（1994）	546,812	.21	151.96 (p < .0001)
College Board（1995）	561,125	.21	159.29 (p < .0001)
College Board（1996）	568,072	.22	164.75 (p < .0001)
College Board（1997）	581,642	.22	167.50 (p < .0001)
College Board（1998）	592,308	.22	167.98 (p < .0001)
Engdahl（1994）	598	-.02	.26 (p = .50)
Friedman（1959）（第5学年の児童）	152	-.19	-2.05 (p = .02)
Friedman（1959）（第6学年の児童）	102	.16	1.29 (p = .09)
Groff（1963）	460	.02	.35 (p = .36)
Kvet（1985）（学区A）	17	-.08	-.68 (p = .75)
Kvet（1985）（学区B）	42	-.05	-.61 (p = .72)
Kvet（1985）（学区C）	71	.65	.65 (p = .26)
Kvet（1985）（学区D）	45	.68	.68 (p = .25)
Lamar（1989）（第1学年、音楽の専門家）	35	.44	2.41 (p = .008)
Lamar（1989）（第1学年、教師）	35	.37	1.90 (p = .03)
Lamar（1989）（第4学年、音楽の専門家）	35	.65	4.08 (p < .0001)
Lamar（1989）（第4学年、教師）	35	.26	1.12 (p = .13)
McCarthy（1992）	957	.10	3.09 (p = .001)
Weeden（1971）	47	-.06	-.49 (p = .69)

注：N：人数。R：効果量。Z（p）：統計的有意性。コラム2.1参照。
出典：Butzlaff（2000）.

表3.A1.2　読解力に対する音楽教育の効果を検証した6つの実験研究のメタ分析

研究者（研究グループ）	N	R	Z(p)*(*<0.0001)
Douglas and Willats（1994）	12	.64	2.0 (p = .02)
Fetzer（1994）	30	.57	3.07 (p = .001)
Kelly（1981）	42	.06	-.51 (p < .70)
Olanoff and Kirschner（1969）	46	.00	00 (p = .50)
Roberts（1978）	33	.00	00 (p = .50)
Roskam（1979）	24	-.34	1.28 (p = .10)

注：N：人数。R：効果量。Z（p）：統計的有意性。コラム2.1参照。
出典：Butzlaff（2000）.

表3.A1.3　音楽と数学との関係を検証した20の相関研究

研究者（研究グループ）	N	R	Z(p)*(*<0.0001)
Anello (1972)	326	.16	2.81*
Catterall, Chapleau and Iwanaga (1999)	1476	.17	6.62*
Ciepluch (1988)	80	.37	3.33*
College Board (1998)	362,853	.18	105.81*
College Board (1997)	354,886	.21	122.52*
College Board (1996)	349,032	.18	103.50*
College Board (1995)	346,737	.18	105.05*
College Board (1994)	343,270	.15	85.13*
College Board (1992)	356,258	.12	71.03*
College Board (1991)	361,998	.11	68.17*
College Board (1990)	361,272	.11	63.27*
College Board (1989)	385,943	.10	61.13*
College Board (1988)	437,206	.08	54.25*
Engdahl (1994)	598	.11	2.59*
Kvet (1985)	34	.27	1.60 (p = .05)
Kvet (1985)	84	.15	1.34 (p = .09)
Kvet (1985)	142	.08	.91 (p = .18)
Kvet (1985)	90	.14	1.33 (p = .09)
McCarthy (1992)	1061	.10	3.28*
Wheeler and Wheeler (1951)	1969	-0.05	-2.39*

注：N：人数。R：効果量。Z (p)：統計的有意性。コラム2.1参照。
出典：Vaughn (2000)。

表3.A1.4　音楽と数学との関係を検証した6つの実験研究

研究者（研究グループ）	N	R	Z(p)*(*<0.0001)
Costa-Giomi (1997)	128	.20	2.24*
Friedman (1959)	28	.09	.46 (p = .32)
Graziano, Peterson and Shaw (1999)	55	.31	2.32*
Neufeld (1986)	40	.04	.25 (p = .40)
Neufeld (1986)	40	-.04	-.25 (p = .40)
Weeden (1971)	66	.17	1.40 (p = .08)

注：N：人数。R：効果量。Z (p)：統計的有意性。コラム2.1参照。
出典：Vaughn (2000)。

表3.A1.5 視覚的・空間的スキルに対する音楽教育の効果についての3つの メタ分析に含まれる29の準実験研究及び実験研究

研究者（研究グループ）	N	R	Z(p)*(*<0.0001)
メタ分析その1			
Costa-Giomi（1999）*	81	.34	2.90 (p = .002)
Flohr, Miller and Persellin（1998）*	19	.39	1.29 (p = .10)
Flohr（1998）*	22	.42	1.62 (p = .05)
Flohr（1999）(raw data)*	20	.02	-1.59 (p = .94)
Graziano et al.（1999）	53	.25	1.84 (p = .07)
Gromko/Poorman（1998）	30	.24	1.31 (p = .20)
Hurwitz et al.（1975）	40	.23	1.45 (p = .15)
Mallory/Philbrick（1995）	44	.52	3.39 (p = .003)
Persellin（1999）	12	.33	1.15 (p = .29)
Rauscher（1999）*	66	.41	3.35 (p = .0006)
Rauscher（1999）*	87	.59	5.49 (p = <.0001)
Rauscher et al.（1994）	33	.68	4.19 (p = <.0001)
Rauscher et al.（1997）	78	.37	3.25 (p = .001)
Rauscher/Zupan（1999）	48	.20	1.41 (p = 17)
Taetle（1999）	68	.34	2.81 (p = .004)
メタ分析その2			
Hurwitz et al.（1975）	40	.31	1.97 (p = .05)
Lazco（1985）	154	.10	1.19 (p = .23)
Lazco（1985）	147	.06	.67 (p = .50)
Zulauf（1993/94）	174	-.0002	-.002 (p = 1.00)
Zulauf（1993/94）	179	-.07	-.89 (p = .38)
メタ分析その3			
Billhartz et al.（2000）	66	.25	2.05 (p = .04)
Flohr et al.（1999）*	20	.33	1.02 (p = .15)
Gromko/Poorman（1998）	30	.32	1.76 (p = .08)
Hurwitz et al.（1975）	40	.31	1.99 (p = .05)
Parente and O'Malley（1975）	24	.45	2.21 (p = .03)
Rauscher et al.（1997）	54	.07	.54 (p = .59)
Taetle（1999）	68	.32	2.61 (p = .09)
Zulauf（1993/94）	174	.18	2.32 (p = .02)
Zulauf（1993/94）	179	.10	1.31 (p = .19)

注：N：人数。R：効果量。Z (p)：統計的有意性。コラム2.1参照。研究者の列の*は実験研究。
出典：Hetland（2000）.

第4章
視覚芸術教育の認知的成果

　本章では、優れた視覚芸術の授業で潜在的に訓練される「学びの技（habits of mind）」について論じ、次に一般的な学力、読解力、幾何学的・空間的推論、観察スキルといった認知的成果に対する視覚芸術の学習効果の研究を検討する。転移がみられた分野——ただしそれは1件の研究から得られたものだが——は、視覚的観察スキルに関係するもので、視覚芸術の教師がしばしば強調する「学びの技」の1つである。他に期待できる分野は、視覚芸術教育と幾何学との関係である。なぜなら、空間的推論は、視覚芸術と幾何学の両方で用いられるからである。現在、幾何学に対する視覚芸術の効果を検証する準実験研究が進行中だが、それでも今までのところ、確認できているのは相関的な関係のみである。

視覚芸術は学校における芸術教育の要であり、視覚芸術の授業で発達させられる視覚能力が、芸術以外の場面で用いることができるというのは、理にかなっている。私たちはテキストを加工したり、広告をつくったり、あるいは製品を選んだりするが、こうした視覚的評価や描画のスキルは、私たちの日常生活の一部となっている。視覚能力はデザインやマーケティング、広告、フォトジャーナリズムなどの職業においても、大切な要素である。同様に、外科や地質学、放射線医学、数学（特に幾何学）、化学、建築学といった職業分野においても、視覚芸術の授業を通じて訓練されるような鋭い視覚能力が必要とされる。

　視覚芸術教育において発達させられたスキルが、読み書き、幾何学や科学といった他の分野に対して、プラスのインパクトを持つというエビデンスはあるのだろうか。そのインパクトを評価するにあたっては、どのようなスキルが転移するのかについての仮説を立てる前に、個々の芸術分野で訓練される認知的スキルを分析することが、転移研究にとって有益であると思われる。こうした分析が、視覚芸術の学習に関してヘトランドら（Hetland *et al.*, 2013）によって行われた。この研究では、ハイスクールの視覚芸術の教師が（技法及び芸術の世界について学ぶことに加えて）重視している、潜在的に一般化可能な幅広い6つの「学びの技」が明らかにされた。研究対象となった学校では生徒がある芸術分野を専攻し、授業は、優れた教師でもある現役の芸術家によって教えられており、典型的な学校とは言えない。このため、観察された指導は、視覚芸術の訓練としてはおそらく最高のもので、どんな生徒でも受けることができるような指導ではなかった。だが、観察された視覚芸術の授業で強調された「学びの技」は、すべての教師が参考にできるものである。これらはコラム4.1に示す。

　これらのうちの3つは、少なくとも科学や書き方に対する視覚芸術教育のインパクトについて、合理的な仮説を立てることができる。視覚芸術の授業は、形を心に思い描いたり、注意深く観察したりすることのできる能力を育成しようとするものである。この2つのスキルは、科学、そしておそらく幾何学の勉強に転移することができる。思い描いたものを表現することも視覚芸術の訓練の大切な要素であり、このスキルは書き方や、おそらく文章理解に転移することが期待される。こうした仮説は転移理論に近いものではあるが、もし読解、

科学、数学といった教科の視覚的・空間的スキルに関わる脳の処理が、視覚芸術に関わる脳の処理と関係しているとすれば、視覚芸術教育で育成される視覚能力（パターン認識や細部へのこだわりなど）は、こうした他の教科でも展開できると考えられる。そして、最後にもう1つ考えられ得る理由は動機付けであるが、それについては第8章で扱う。

　本章では、視覚芸術教育が一般的な学力、読解力、幾何学的・空間的推論、観察力を高めるということを示したエビデンスで、入手できたものについて検討する。

第1節　視覚芸術教育と一般的な学力

　視覚芸術教育は、理由が何であれ、他の教科でも使えるある種の能力を育成することができるのだろうか。また、そのような能力を、一般的な学力を高めるために転移させることができるのだろうか。この問いに答える研究はあまり多くはない。

視覚芸術教育と一般的な学力に関するREAPの分析

　ヴォーンとウィナー（Vaughn and Winner, 2000）は、「教育と芸術の検証プロジェクト（REAP: Reviewing Education and the Arts Project）」の一環として、ハイスクールで視覚芸術の授業を取った生徒と取らなかった生徒のSATの得点を比較した。視覚芸術の授業（アートスタジオ、デザイン、そして美術史も）を取った生徒は、SATの言語テスト及び数学のテストにおいて、芸術の授業を取らなかった生徒よりも得点が高かった（他の芸術分野を取った生徒もほぼ同様）。授業や領域によって、SATの得点は25点〜40点の幅で違いがあった。数学よりも言語の方で、また、美術史よりもアートスタジオの方で、差が大きかった。視覚芸術の授業を取った生徒と取らなかった生徒について、SATの言語テストの10年間分の平均得点を比べ、t検定を行ったところ、高い有意性が示された。

コラム 4.1　スタジオにおいて視覚芸術の教師が重視する「学びの技」

　もしあなたが誰かに、視覚芸術の授業で生徒は何を学んでいるのかと尋ねたとしよう。おそらく、絵の描き方や色のぬり方、ロクロの回し方を勉強しているという答えを聞くことだろう。彼らは他に何を学んでいるのだろうか。生徒は、確かに授業で美術のテクニックを学んでいる。しかし、芸術の技法を学ぶ際に注入されるような、汎用性のある思考態度といったものはないのだろうか。

　芸術の学習から他の認知分野への転移に関するいかなる研究も、まず初めに、当該芸術分野の「親領域」でどのような思考スキルが教えられているのかをよくみる必要がある。そうすることで、これらのスキルのうちの1つ以上が、芸術の外の他の認知分野の学習に転移するか否かを問うことに、意味が生まれる。

　視覚芸術の真剣な学習がもたらす「学びの技」を明らかにするために、ヘトランドら (Hetland et al., 2013) は、「真剣な」視覚芸術の授業を質的、民俗学的に研究した。彼らはウォールナット・ヒル芸術学校とボストン芸術アカデミーの視覚芸術の28の授業を観察し、ビデオに録画した。また、それぞれの授業の後で教師にインタビューを行い、彼らが何を教えようとし、それは何故なのかを聞いた。それによれば、彼らがこれらの学校を選んだ理由は、できるだけ良い芸術指導で出発したかったからである。それらの学校には、芸術の何らかの分野に対する関心と才能のある生徒がおり、自分たちが選択した芸術を1日当たり少なくとも3時間学ぶことができ、教師たちは現役の芸術家であった。

　指導のビデオ内容をコード化した後 (2人の独立した採点者間の採点のぶれをみたところ高い信頼性が得られた)、研究者たちは、4つの潜在的に汎用性の高い「学びの技」、そして、生徒たちが絵画のテクニックを学ぶ際に教えられる、潜在的に汎用性の高い2つのワーキングスタイルを見つけた。

4つの潜在的に汎用性の高い認知スキル

どんな形になるか想像すること（心的イメージを持つこと）

　生徒たちは、目で直接見ることのできないものを心に思い描くよう常に言われる。観察よりも、むしろイマジネーションから作品を作り出すように言われることもある。作品でどんなことが可能かをイメージするよう言われる場合もある。

また、一部視覚的に遮られて完全な形になっていない絵に、形を与えるイメージを持つように言われたりもする。そして、彼らが描いている形の中の重要な構造を見つけたり、その構造が彼らの作品においてどのように見えるのか、思い描いてみたりするように言われたりもする。

　転移に関する合理的な仮説：芸術を学ぶ生徒が、実際に、芸術の授業で心的イメージを上手に持てるようになれば、このスキルを科学の学習にも転移させることができるかもしれない。

表現すること（自分の意見を述べること）

　生徒たちは、技巧を超えて、作品の中に自分の心に描く像（ビジョン）を伝えるよう教えられる。1人の絵画教師が、次のように述べた。「………芸術はテクニックを超える……私は、線画（ドローイング）とは、誠実にそして直接的に常に感情を表現するものだと思う」。芸術において自分の思い描くもの（ビジョン）を伝えることを学ぶ生徒は、おそらく優れた書き手になると考えられる。

　転移に関する合理的な仮説：芸術を学ぶ生徒がテクニックにとどまらずに、自分のビジョンを伝えるのが上手くなれば、このスキルを書くことに活かすことができるかもしれない。

観察すること（目で見て気付くこと）

　教師の1人が我々に次のように語った。「見ることこそ、絵を描く上で本当に必要とされるものである」。注意深い観察力は、視覚芸術の授業で常に指導されるスキルであり、生徒たちがモデルを描くデッサンの授業に限られるものではない。生徒たちは、普段見ているよりももっとしっかり見るよう、また、新たな目で見るよう教えられる。

　転移に関する合理的な仮説：芸術を学ぶ生徒は、世界や作品をもっとしっかり見ることを学ぶことで、改善した観察のスキルを科学の授業に活かすことができるかもしれない。

振り返ること（メタ認知／批判的判断）

　生徒たちは、自分の作品制作を振り返るよう言われるが、この振り返りには2つの形式がある。

質問と説明：教師はしばしば生徒に、一歩離れて自分の作品あるいは制作過程を見つめるよう言う。教師の自由なスタイルの問いかけによって生徒は刺激を受け、声に出したりあるいは静かに振り返ったり、説明したりするようになる。こうして、生徒たちは、自分の作品や制作過程に対するメタ認知的気付きを発達させるよう促される。

　評価：芸術の授業を受けている生徒は、自分自身の作品や他の人の作品を評価することについて、継続的な訓練を受けている。教師は批評の時間にフォーマルに評価するだけでなく、生徒が制作に取り組んでいる間、教室内を歩き回って、生徒の作品をインフォーマルに評価することがよくある。生徒はまた自己評価するよう求められる。すなわち、自分の作品や他の生徒の作品について、うまくいったところはどこで、うまくいかなかったところはどこかを話す。こうして生徒たちは、批判的に判断することと、こうした判断を正当化することを訓練される。

　転移に関する合理的な仮説：芸術を学ぶ生徒が、自分の作品やその制作過程に対してメタ認知を働かせることができるようになれば、カリキュラムの他の分野においても、成果やその成果に至る過程に対するメタ認知的気付きを、もっと示すことができるかもしれない。

2つの潜在的に汎用性の高いワーキングスタイル

取組みと粘り強さ（動機付けスキルの1種）

　視覚芸術のクラスの教師は、取り組むべきプロジェクトを生徒に示し、長時間ある課題をやり通すよう教える。すなわち、彼らは内部志向性に焦点を当て、それを強めるよう生徒を指導するのである。教師の1人は、生徒に「フラストレーションといかにうまく付き合うか」を学ぶよう教えている。

　転移に関する合理的な仮説：芸術を学ぶ生徒が、長時間にわたって自分を律しながら芸術プロジェクトをやり通すことを学べば、学校のカリキュラムの他の分野でも、もっと焦点をしぼって、粘り強く取り組めるかもしれない。

精一杯能力を伸ばし、探究すること（創造性に関する他の言い方）

　生徒たちは、新しいことに挑戦し、それによって、これまでやってきたことを乗り越えていくよう言われる。すなわち探究し、リスクをとるということだ。1人

第4章　視覚芸術教育の認知的成果

の絵画教師が述べたように、「まず、子供にやってみるよう言う。それから1対1の会話の中で、彼らが偶然行き当たったこと／発見したことを教える」。

　<u>転移に関する合理的な仮説</u>：芸術を学ぶ生徒が、間違うことを怖がらずに遊び心を持つようになれば、カリキュラムの他の分野でも、進んで創造的なリスクをとるようになるかもしれない。

　転移を前提とすることはできない。これらのスキルは、まず最初に視覚芸術において明確に教えられ、学ばなければならない。これらのスキルは、学校場面以外で生徒が用いるのかもしれないし、用いないのかもしれない。スキルを転移することができるとすれば、それは教師が意識的に転移を教える場合のみに可能かもしれない。ある分野から他の分野への学習転移の研究は、長い論争に満ちた歴史を持っている。汎用性があると「思われる」スキルが実際に一般化されると、決して考えてはいけない。注意深い研究のみが、汎用できるスキルとそうでないスキルとを区別し、そして、転移の起こる環境をなんとかつかむことができるのである。

　視覚芸術教育と一般的な学力の向上とには正の関係があるが、SAT（大学進学適性試験）の得点に対する視覚芸術クラスの効果については、これらの分析が相関的なデータに基づいている以上、どのような因果関係を導くこともできない。学校の成績が高い生徒は低い生徒よりも、視覚芸術教育を受けているだけなのかもしれない。加えて、カレッジ・ボードのSATのデータでは、生徒の社会経済的背景を統制することはまったくできなかった。

視覚芸術教育と一般的な学力に関するREAP以後の準実験研究

　ここで表4.1に示すとおり、言語テストと数学テストの得点を合成したものに対する視覚芸術教育のプラスの効果を示す研究として、時々引用されてきた3つの準実験研究を取り上げる。これらの研究はすべて視覚的思考方略（VTS: Visual Thinking Strategies）と呼ばれる、ハウセン（Housen, 2000）の視覚芸術カリキュラムを評価したものである。このカリキュラムでは、生徒に作品を観察し、エビデンスに基づいて観察を裏付けることを求め、さらに、作品を見る際に次の3つの問いについて考えるよう求められる。すなわち、ここで何が

起こっているのだろうか。あなたにそう言わしめているものは何なのか。もっと何かを見つけられないだろうか、と。

表4.1　一般的な学力に対する視覚的思考方略のカリキュラムの効果を評価した3つの準実験研究

研究者（研究グループ）	プラスの効果	マイナスの効果／効果が一致しない
Housen（2002）		○
Curva, Milton, Wood, Palmer, Nahmias, Radcliffe, Ogartie and Youngblood（2005）		○
Adams, Foutz, Luke and Stein（2007）		○

　1つ目の研究はハウセン（2002）が行ったもので、VTSの授業を受ける生徒と、このカリキュラムを受けない対照群とを比較した。研究開始時は第2学年と第4学年であったが、その後この研究は5年間継続された。それによると、VTSの授業を受けた子供たちの標準テストの得点が上昇するという結果は得られなかった。ただし、芸術の対象物を観察するときだけでなく、芸術以外の対象物を観察するときも、子供たちが視覚的思考方略を用いているか否かを検証したところ、VTSを受けた第8学年の子供たちのテストの得点が上昇した。つまり、この研究では、視覚的思考方略を教えるプログラムによって、子供たちが新しい場面でもこうした方略を用いることができることを示したのである。だが、研究者たち（Burchenal *et al*., 2008）が解説において示唆していることとは異なり、この研究は、VTSが標準テストにおける改善をもたらすかどうかについては、何も語っていない。

　VTSの効果を検証した2つ目の研究では、カーバら（Curva *et al*., 2005）が、VTSの指導を受けた小学生と受けなかった小学生とを比較した。報告書の冒頭の要旨では、次のように述べられている。「この評価研究は、カリキュラムに芸術を統合することが、明らかに生徒の批判的思考力、そして測定可能な学力に寄与することを示している。実際問題、こうしたカリキュラムの『強化』は、学校が提供できる最高のテスト対策かもしれないという発見は、驚くに値しない」。だが、ことのことは報告書自体には書かれていない。芸術が学力に対して寄与することを示すためには、テストの得点を芸術群と対照群とで比較して、芸術群の得点が上昇するかどうかをみなければならない。だが、この研究では

テストの得点が報告されていないばかりか、そうした分析も行われていない。さらに、芸術群の得点が上がったとしても、芸術を、芸術以外の他の（おそらくより直接的な）テスト対策と比較した後で初めて、芸術が最高のテスト対策であると主張できる。この研究では、VTS群とテストの得点と教えられたスキル（視覚的リテラシー及び批判的思考力）との間に、有意な相関があると報告されているが、視覚的リテラシーがテストの得点を高める原因であるという結果を導いてはいない。

　3つ目の研究では、研究者は、教室や美術館での芸術に対する推論、及び標準テストに対するVTSの効果を検証している（Adams *et al.*, 2007）。アダムスら（2007）は、視覚的思考方略は、最初の2つの場面（教室及び美術館）で高まることを発見したが、標準テストではそういった関係は見つけられなかった。「2004/05年度マサチューセッツ州包括的評価システム、及び2005/06年度SAT-9の標準テストの得点を分析したところ、処理群の生徒と対照群の生徒の間に違いはなかった」(p.3)。

　視覚的思考方略（VTS）カリキュラムの3つの研究の結論は異なっているとはいえ、このプログラムでは子供たちが学校で受けるようなテストの得点は高めてはいないことが示されている。つまり、これらの研究から導かれる結論は、エビデンスを示すものとはなっていないのである。

　結論として、音楽やマルチ・アートと同様に、視覚芸術の授業を受けた生徒は受けなかった生徒よりも、一般的な学力が高かった。だが、これは相関的な結果であって、因果関係を直接示すものとはなっていない。視覚芸術教育が学力を高めるというエビデンスは、これまでのところない。

第2節　視覚芸術教育と読解力

　読むことが難しい子供が視覚芸術を学ぶことによって、読解力を高めることができるだろうか。この仮定に立って、「グッゲンハイム美術館・芸術による読みの学習（Guggenheim Museum's Learning to Read through the Arts）」「芸術による読解力向上（Reading Improvement Through the Arts）」「子供のア

ート・カーニバル(Children's Art Carnival)」といったいくつかのプログラムが、ニューヨーク市で開発された。これらは読むことに困難を抱える子供たちに、読み書きを統合した視覚芸術を経験させるというプログラムである。これらのプログラムは、読むことが難しい子供たちが読解力の得点をかなり高めたことを報告し、こうした改善は生徒が経験した芸術によるものだと結論付けている。残念ながら、これらのプログラムは、芸術と読解を統合したプログラムの効果を、芸術単独で行われるプログラムの効果と比較できていない。したがって、確かに読解力は改善したが、それが芸術を経験したことによる作用なのか、読解を統合した芸術を経験したことによるものなのか、あるいは追加的な読みの経験及び指導から得られたものなのかはわからない。以下では、視覚芸術教育が読解力を改善するのかどうかについて、より明確に検証した研究を検討する。

視覚芸術教育と読解力に関するREAPのメタ分析

ブルガーとウィナー（Bruger and Winner, 2000）は2つの群を対象に比較を行ったが、1つ目として、芸術を単独で指導する群と芸術を指導しない対照群の比較（9件の研究）、2つ目として、芸術と読解を統合した介入群と読解だけを指導する対照群の比較（4件の研究）である。最初の群により、視覚芸術のみの指導によって、読解のスキルに転移するスキルを教えることができるかど

表4.2　読解力に対する独立教科としての視覚芸術の指導効果を評価した研究を含む7つの準実験研究及び2つの実験研究

研究者（研究グループ）	正の関係	複合的な関係／関係なし／負の関係
Dewberry（1977）		○
Diamond（1969）		○
Johnson（1976）*		○
Mills（1972）*	○	
Schulte（1983）		○
Schulte（1983）		○
Schulte（1983）		○
Spangler（1974）	○	
Wootton（1968）	○	
重み付け後の平均値		○

注：すべての結果は表4.A1.1に示す。研究者の列の*は真の実験研究。
出典：Burger and Winner（2000）.

うかがわかる。次の群により、芸術と統合された読解が、読解単独の指導よりも効果的かどうかを検証することができる。

準実験研究及び実験研究

　読解力に対する芸術単独の指導の効果を検証する準実験研究と実験研究の両方をメタ分析することによって、わずかだが重み付け後の平均効果量が得られた（r=0.12、d=0.24相当）ものの、平均Zr=0.53でt検定の結果は有意ではなかった。このため、このテーマで新たな研究に適用することはできなかった。

　2つ目のメタ分析は、表4.3に示すように、芸術と読解を統合した指導の効果について実験を行った4つの研究（準実験研究と実験研究を組み合わせたもの）を検証したものである。この分析では、重み付け後の平均効果量がr=0.22（d=0.4～0.5に相当）であり、この結果も新たな研究に一般化できるものではなかった（t検定の結果は有意でなかった）。さらに、この効果は、完全に読解のレディネスの成果によるものであり、これらは視覚的成果である。読解の到達度に対する効果はなかった。

表4.3　視覚芸術と統合された読解指導の効果を評価した3つの準実験研究及び1つの実験研究

研究者（研究グループ）	正の関係	複合的な関係／関係なし／負の関係
Catchings（1981）		○
Lesgold *et al.*（1975）*		○
Shaw（1974）	○	
Wootton（1968）	○	
重み付け後の平均値		○

注：すべての結果は表4.A1.2に示す。研究者の列の*は真の実験研究。
出典：Burger and Winner（2000）.

　ブルガーとウィナー（2000）のメタ分析からは、視覚芸術が読解のスキルを高めるという主張、あるいは、視覚芸術と統合された読解が、読解を単独で指導するよりもスキルを高めるという主張を裏付けるものは、見つからなかった。ただし、読むことが難しい子供たちの読解力の改善を読解と芸術の統合によって助けるプログラムは、効果があると考えられる。というのも、この訓練が描

画と融合したという事実とは関係なく、子供たちは集中的な読解の訓練を追加で受けられるからである。

視覚芸術教育と読解力に関するREAP以後の研究

　我々が確認できた、REAP以後の視覚芸術と読解力の関係を検証している研究は、1件のみであった（表4.4）。ニューヨーク市のグッゲンハイム美術館は、「芸術によるリテラシーの教授（Teaching Literacy Through the Arts）」と呼ばれるプログラムを開発したが、それは、公立小学校の授業のカリキュラムに視覚芸術を統合したものである。このプログラムを受けた生徒は、作品について議論する際に用いる言語の複雑さ、精巧さにおいて、対照群よりも有意に改善したが、読解力を必要とする言語の標準テストについては改善はみられなかった（Korn, 2007）。

　今までのところ、言語リテラシーを高める上で、視覚芸術が有用であるとする仮説を裏付けるエビデンスはない。もっと言えば、視覚芸術がこうした仮説を裏付けるという理論的根拠もない。なぜなら、言語的スキルと視覚的・空間的スキルは、互いに相関していないためである（例えばGardner, 1983）。

表4.4　読解力に対する視覚芸術教育の効果を検証したREAP以後の準実験研究

研究者（研究グループ）	正の関連	関連なし
Korn（2007）		○

第3節　視覚芸術教育と幾何学的・空間的推論

　視覚芸術も幾何学的推論も空間的可視化を必要としており、空間的可視化のスキルは視覚芸術のクラスでも重視されている。コラム4.1に示すとおり、ヘトランドら（2013）が分析したクラスの生徒たちは、しばしば、自分の目で直接観察できることを心に思い描くように言われたり、観察よりもむしろイマジネーションから作品を考え出すように言われる。また、言語で表現されるような変更を行った場合（例えば、もし、この形を左側に移すとすればどう見えるだろ

うか、など)、その作品がどのように見えるかを想像するよう言われる。さらに、生徒たちが描いた形を支えている、目には見えない構造を想像し、作品で構造がどう示されるかを思い描くよう求められる。視覚芸術のクラスでこの種の空間的推論の訓練がなされていることを考慮すれば、生徒たちが、もし視覚芸術のクラスで空間的推論のスキルを身に付ければ、こうしたスキルが、同様に空間的推論が重要とされる幾何のクラスにも波及すると仮定するのは合理的である。

　視覚芸術を学ぶ生徒が、空間的推論や幾何学的思考に優れていることを示すエビデンスはあるのだろうか。もしそうであるならば、彼らの優位性とは、視覚芸術に向かわせるような生まれ持っての特性というよりは、むしろ芸術の訓練の働きによるものなのだとするエビデンスがあるのだろうか。

大人の芸術家

　大人の芸術家と芸術を学ぶ学生が、幅広い視覚的・空間的能力に優れているということを示す、相関研究によるエビデンスはある (Chan, 2008; Chan et al., 2009; Morrison and Wallace, 2001; Pérez-Fabello and Campos, 2007; Winner and Casey, 1993 など)。では、子供についてはどうだろうか。

相関研究

　我々は、視覚芸術の学習が、青少年の幾何学的・空間的推論を改善することに関係しているかどうかを探究した、2つの相関研究を見つけた (表4.5)。

　ウォーカーら (Walker et al., 2010) は、スタジオ・アートを専攻している学生が、よりアカデミックな心理学を専攻している学生よりも、成績が有意に高いと報告している (コラム4.2参照)。

　スペルク (Spelke, 2008) は、ハイスクールで視覚芸術を専攻している生徒が演劇やライティングを専攻している生徒より幾何学的推論の空間測定に関しては、成績が良いことを示した (コラム4.3)。

表4.5　視覚芸術の学習と視覚的・空間的スキルとの関係を検証した2つの相関研究

研究者 (研究グループ)	正の関連	負の関連／関連が一致しない／関連なし
Spelke (2008)	○	
Walker, Winner, Hetland, Simmons and Goldsmith (2010)	○	

コラム 4.2　幾何学的推論テストにおける、心理学専攻学生に対する視覚芸術専攻学生の優位性

　数学や科学では、直接的には見ることができないものを可視化する能力が重要な役割を果たす。実質的にはどのSTEM（科学、テクノロジー、工学、数学）分野でも、視覚的思考あるいは空間的思考が必要である。例えば、化学者は細胞の構造とその相互作用についての考えをイメージし、地質学者は目に見えない構造を描くために野外観察を行う、エンジニアはコンピュータモデルによるフィードバックを使ってデザインを開発、テストし、位相数学者や幾何学者は様々な変換の下にみられる数学的関係を探究する。数学や科学の教育機関もまた、視覚的表現や推論能力の重要性を説き、数学的アイデアや、問題をグラフ、スケッチ、図表を含む様々な視覚的な形で表現し、解釈する能力の本質的な役割を強調している。

　可視化とは基本的な芸術の学びの技と考えられる。芸術家は、単に心の目に映るものを魔法のように「見ている」わけではない。ありふれた単純な形や構造物の線、角度、サイズの中に形や空間を意図的に落とし込んで、体系的に分析しているのだ。これは、3次元の物体を2次元の面で描く際に必要不可欠なプロセスである。可視化は3次元の物体を作る上で有用であり、制作の前に全体的に「絵にされ」なければならない。ヘトランドら（2013）はハイスクールの芸術集中プログラムについてフィールド調査を主とするエスノグラフィックな研究を行い（コラム4.1参照）、視覚芸術のスタジオクラスで教えられている8つの「学びの技」の1つが、「心に思い描くこと（可視化）」であることを発見した。可視化（心に思い描くこと）には、行為や問題解決能力を導くイメージ、また問題発見につながるようなイメージ（メンタルなイメージであることも多い）の形成も含まれる。彼らが研究した芸術の教師たちは、生徒に、空間、線、色、形をイメージする練習を休みなくさせるとともに、「この線を伸ばしたらどんな風に見えるか」「この構図を支えている構成は何か」「あの窓から光が指しているとすれば、影はどこに落ちるか」といった質問を、生徒に繰り返し投げかけていた。こうした質問は、そこにないものを思い描くよう、生徒に促すものであった。視覚芸術を学ぶ生徒たちは骨や筋肉の解剖学も学んでおり、人体の内部構造や様々な姿勢をとったときの力の働き方を思い描く助けになっていた。

　芸術も幾何学も、イメージの可視化と心的操作を必要としていることから、そしてまた、視覚芸術の教師たちが重視している「学びの技」の1つが、人が見ること

ができないものを思い描くことである（Hetland *et al.*, 2013）ことから、ウォーカーら（2010）は、視覚芸術の訓練を受けた人が幾何学的推論の課題にうまく答えられるかどうかを調べた。学部学生を２つの群、すなわち、スタジオ・アートを専攻している学生と心理学を専攻している学生の群に分け、幾何学的推論の問題を与え、２次元及び３次元の空間で幾何学的な形を心の中で操作する能力を評価した。

幾何学者と数学教育者らの助けを借りて、キャラハン（Callahan, 1999）が作成した問題を基に、27問から成る幾何学的可視化や推論のリストが作られた。それらは、方程式や定義といったフォーマルな幾何学の知識の代わりに、幾何学的思考力に焦点を当てたものである。これらの問題を解くために、参加者は、視覚的に作用する記憶力と様々な空間的変化に取り組む能力が求められる。問題を解く際に、絵を描くことはできないとされている。というのもその目的が、外側に表現されたものの操作よりもむしろ、心的可視化を用いて問題を解く能力を評価することにあったからだ。用いられた問題の中から、３つの例を以下にあげる。

問題例１：下に２つの「網状」の図形があります。それらを実線で折りたたむことで、立体を作ることができます。折りたたんで、穴や開いている面がない立体ができるものに○を付けてください。

問題例２：正方形の小さなカードがあります。対角線上で折って、その対角線を中心に回転させると、空中にどんな形ができるでしょうか。実際に絵を描かないで、頭の中で解答となる形を考えてみてください。答えは、できるだけ言葉で表現してみてください。

問題例３：３辺が同じ長さの三角形があります。頭の中で、この三角形の各辺を３等分して印を付け、３つの角のそれぞれをその印に沿って切り取ります。どんな形になるか述べなさい。実際に絵を描かないで、頭の中で解答となる形を考えてみてください。そして、答えは、できるだけ言葉で表現してみてください。

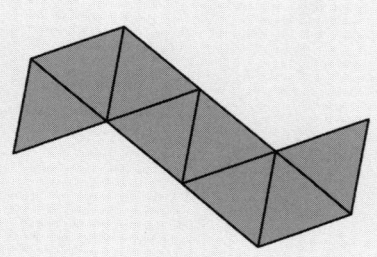
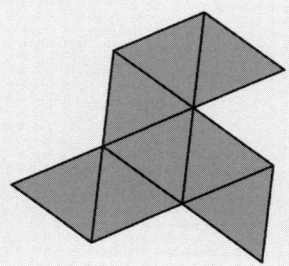

参加者はまた、言語知能テストも受けた。芸術の訓練も言語知能も、幾何学的推論能力の有力な予測因子であったが、言語知能の効果を取り除いた場合ですら、芸術の訓練は有意な予測因子であった。こうした相関的な結果は、視覚芸術の訓練が可視化の認知能力を学ぶことによって幾何学的な推論能力を高めるかもしれないとする仮説を支持するものとなっている。

コラム 4.3 幾何学的推論テストにおける、ハイスクールの演劇及びライティング専攻生徒に対する視覚芸術専攻生徒の優位性

スペルク（Spelke, 2008）は、対照群として視覚芸術の生徒を用いて、音楽の訓練が幾何学の推論能力を高めるかどうかを調べた（コラム3.4に示すとおり）。視覚芸術の生徒が良い成績を上げたのは、幾何学的な不変性を認識する力を見るものであった。彼女は、ドゥアンヌら（Dehaene et al., 2006）が開発した課題を用いた。それは、大きさや方向の異なる6つの幾何の図形を、子供に示すものである。

6つのうち5つの図形は、同じ幾何学的不変性を共有しており、課題は違う特徴を持つ図形を当てるというものであった。以下に2つの問題例を示すが、太い線で囲まれた形が正答である。左側の問題例では図形の線の角度が直角ではなく、右側の問題例では脚が黒い玉の左側にある。音楽を専攻している生徒は、幾何学的思考において、演劇専攻及びライティング専攻の生徒よりも成績が高かった。またダンス、視覚芸術を専攻している生徒も高かった。

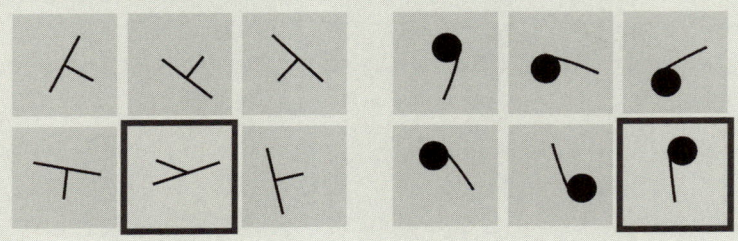

準実験研究及び実験研究

相関研究は、空間認知に強い生徒が視覚芸術を追求するかどうか、あるいはまた、視覚芸術の訓練が視覚空間的スキルを強化するかどうかについては、何

も語っていない。空間及び幾何のテストに対する芸術専攻の生徒の優位性は、訓練によるものなのか、あるいはそもそもこの優位が前提条件なのか。ここで、視覚芸術教育と視覚的・空間的スキルとの関係を探究している準実験研究のメタ分析と、現在行われている準実験研究を取り上げる（表4.6）。

表4.6 視覚的・空間的スキルに対する視覚芸術教育の効果を検証した30の研究のメタ分析及び今後の準実験研究

研究者（研究グループ）	正の関連	負の関連／関連が一致しない／関連なし
Haanstra（1996）（30の研究のメタ分析）		○
Winner, Goldsmith, Hetland, Hoyle and Brooks（2013）	○	

　ハーンストラ（Haanstra, 1996）は、視覚芸術の訓練が視覚的・空間的スキルを高めるとする主張を検証した、主に30件の準実験研究について、メタ分析を行った。その結果、4歳から6歳の子供を除いて、視覚的・空間的能力に対する芸術の訓練の効果はみられなかった。これは、視覚芸術に求められる思考力と、空間と幾何の推論テストで評価される思考力との間に密接な関係がありそうだとする前提からみると、驚くべき結果であり、この問いに関する研究をさらに行う根拠となろう。

　ウィナーら（2013）は、視覚芸術の訓練を受けたあと1年後と2年後に、幾何学的推論と空間的推論に関する標準テストの得点とが、どう変化するかを検証する追跡調査を行った。視覚芸術群は対照群である演劇群よりも得点が高かったものの、描画における得点の改善は、幾何学的推論における得点の改善とは相関がみられなかったため、結果の解釈は難しいものとなった。

　まとめると、視覚芸術能力と幾何的推論との間の関係には相関的なエビデンスがある。まだ明らかになっていないのは、この関係が視覚芸術の訓練によるものなのか、それとももともと持っている空間能力によるものなのかという点である。自分から選んだわけでも、また視覚芸術に興味があるわけでもない子供が、視覚芸術での訓練を通じて、幾何的推論能力を高められるのかどうかを明確にするには実験研究が必要である。これを明らかにできるとすれば、視覚芸術のどのような訓練（例えば、観察的な描画訓練や構図の練習など）に効果

があるのかを明らかにすることが重要となろう。

　我々はもっぱら、視覚芸術と幾何学とに実際に関係があるかもしれないとする相関研究によって、結論付けている。しかし、本書の他の研究例では、相関研究の結果に基づく結論を厳しく捉えている。なぜならば、転移を期待できるような理論的根拠を持つことが重要だからである。視覚芸術と幾何学の場合、両方とも空間的推論に関係していることがわかっている。だが、例えば、芸術のコースを取ることとSATの成績との間に、ある相関が読み取れるとしても、芸術の学習と多肢選択式の言語や数学テストとの間に、根本的な類似性があるかのかどうかはわからない。このため、転移が最終的に証明されるのかどうかについては、懐疑的にならざるを得ない。

第4節　視覚芸術教育と観察能力

　ヘトランドら（2013）が示すように、視覚芸術教育は観察能力の育成を重視している。彼らが分析した視覚芸術のクラスの生徒たちは、モデルや自分が描いている絵、他の人が描いている絵をよく見るよう指導されていた。例えば、毎回の授業の終わりには、すべての絵を掲示板に掲げ、お互いに見てそれについて話し合うなど、クラス全体で批評を行う。生徒はまた、ファインダー（厚紙でできた長方形の枠）から物を見たり、フレームによって部分的に切り取られた場合、物がどう見えるかを知ったりする時間を持つ。ファインダーから見ることは、自己の枠組みを押し付ける対象としてではなくて、むしろパターンと形で物を見るようになる1つの方法である。このため、ファインダーから椅子の一部を見る場合、椅子全体を直接ただ見るよりも、正確に見ることが可能となる（すなわち、それによって正確に書くことが可能となる）。視覚芸術のクラスで観察能力を得られれば、こうしたスキルは、生物学といった観察能力が中心的な位置にある他の分野に波及するかもしれないという仮説を立てることは合理的であろう。

第4章　視覚芸術教育の認知的成果

大人の研究

エインスワースら（Ainsworth et al., 2011）は、絵を描くことは子供が科学的概念を理解するための道具として用いるべきであると主張している。そして、これを「学びのための図画（drawing to learn）」と言う。もちろん、これは芸術としてのデッサンでもないし、芸術教育でもない。

我々は、大人を対象に、絵を見る学習活動を通じて得られた観察能力が、医学的な観察能力を高めるという仮説を検証した実験研究を見つけた（表4.7）。ドーレブら（Dolev et al., 2001）は、医学生を、絵を注意深く観察することを訓練される群と対照群とに無作為に分けた。病気を持つ人々の写真が与えられ、どんなことが観察されるか述べるよう求めたところ、絵をよく見るよう訓練された学生は対照群の学生よりも、成績が高かった。つまり、絵を見る訓練によって、医学においても非常に価値のある観察能力を改善することができるのである。我々は、これを転移に近い事例と考え、ある分野の芸術において学ばれたスキルと同じ種類のスキルが、他の分野でも用いられたのだと捉えている。

表4.7　医学的観察能力に対する絵画を見る訓練の効果を検証した実験研究

研究者（研究グループ）	正の関連	負の関連／関連が一致しない／関連なし
Dolev, Friedlaender and Braverman（2001）	○	

子供を対象に、同様の仮説を検証した準実験研究も見つかった（表4.8）。

これは、芸術の訓練を受けることによって、観察能力がプラスにあらわれることを示した研究であるが、ここで芸術の訓練とは、もっぱら絵を見る訓練である。芸術の作品を注意深く見て、自分たちが見たものについて推論するという訓練を受けると、子供たちの科学の観察活動におけるスキルが高まった。ティシュマンら（Tishman et al., 1999）は、「視覚的思考カリキュラム（Visual Thinking Curriculum）」を受けた9歳と10歳の子供162名を対象に研究を行った。このカリキュラムで子供たちは、芸術の作品を注意深く見て、見たものについて話し合うことを指導された。このコースは1年間にわたり、40分間のセッションを7、8回行った。その後、子供たちは、動物の2つの足跡が交差する

化石の写真を見せられ、芸術の作品について尋ねられたのと同じ問いが投げかけられた。すなわち、「この写真で何が起こっていますか」「どうしてそう言えますか」という問いである。この足跡の課題について、「視覚的思考カリキュラム」を受けた子供たちは、受けなかった子供たちよりも得点が高かった。彼らは循環論法をあまり使わなくとも、自分の解釈が主観的であることに気付くことができた。こうした芸術群の子供たちは、芸術作品を見ることによって、見る能力と推論能力を得たのであり、分析すべき科学的イメージが与えられたときに、これらを用いることができたのである。

表4.8 観察能力に対する視覚芸術学習の効果を検証した準実験研究

研究者（研究グループ）	正の関連	負の関連／関連が一致しない／関連なし
Tishman, MacGillivray and Palmer（1999）	○	

　これも転移に近い事例である。すなわち、芸術分野に関係するスキルは、科学分野で検証されるスキルにかなり近いということが言える。この2つの事例では、批判的スキルとは、注意深く見て、見たものについて推論する能力のことを指している。注意深く目で観察することは、おそらく、芸術以外の分野（例えば、生物学や化学）でも学ぶことができるが、この研究では、鋭い観察能力は芸術的イメージを見ることによって訓練できるし、このスキルを生物学的イメージに転移できることが実証された。

　これらの実験研究は、芸術作品を注意深く見る訓練が、科学的イメージや医学的イメージを学ぶ際の観察能力を改善できることを示していると結論付けることができる。ただし、この結果はたった2つの研究に基づいたものである。

第5節　要約と結論

　本章では、視覚芸術の学習の転移に関する研究を検討した。まず、より幅広い「学びの技」が、優れた視覚芸術のクラスで教えられることを整理した。我々が検討した研究のほとんどが、「学びの技」に関連するスキルを検証した

ものではなく、転移がみられるかどうかを見たものであるが、どの分野の芸術からも転移がみられるのかどうかは議論が残ったままである。転移がみられたのは、視覚的観察能力に関するものであり、視覚芸術によって直接訓練される「学びの技」の1つである。他に関連性が見込まれる領域としては、視覚芸術教育と幾何学との関係である。それは、視覚芸術でも幾何学でも空間的推論が用いられるからである。しかしこれまでのところ、相関関係が認められているだけである。視覚芸術を学んだ生徒は、視覚芸術を学ばなかった生徒よりも、幾何学の成績が高いことを報告した準実験研究が1件あるが、その結果の解釈は難しく、描画における改善が幾何学における改善を予測するという仮説のメカニズムは証明されていない。

引用・参考文献

Adams, M., S. Foutz, J. Luke and J. Stein (2007), *Thinking Through Art: Isabella Stewart Gardner Museum School Partnership Program, Year 3 Research Results*, Isabella Stewart Gardner Museum, Boston.

Ainsworth, S., V. Prain and R. Tytler (2011), "Drawing to learn in science", *Science*, Vol. 333/6046, pp. 1096-1097, August 26.

Burchenal, P., A. Housen, K. Rawlinson and P. Yenawine (2008), "Why do we teach arts in the schools", *National Arts Education Association Newsletter*, Vol. 50/2, April.

Burger, K. and E. Winner (2000), "Instruction in visual art: Can it help reading skills?", *Journal of Aesthetic Education*, Vol. 34/3-4, pp. 277-293.

Callahan, P. (1999), *Visualization Workouts from "Geometry and visualization: A Course for High School Teachers"*, unpublished notes.

Catching, Y.P. (1981), *A Study of the Effect of an Integrated Art and Reading Program on the Reading Performance of Fifth Grade Children*, Doctoral Dissertation, University of Michigan.

Chan, D.W. (2009), "Drawing abilities of Chinese gifted students in Hong Kong: Prediction of expert judgments by self-report responses and spatial tests", *Roeper Review*, Vol. 31/3, pp. 185-194.

Chan, A.S., Y.C. Ho and M.C. Cheung (2008), "Music training improves verbal memory", *Nature*, Vol. 396/128, *http://dx.doi.org/10.1038/24075*.

Curva, F., S. Milton, S. Wood, D. Palmer, C. Nahmias, B. Radcliffe, E. Ogartie and T. Youngblood (2005), *Artful Citizenship Project: Three Year Project Report*, Wolfsonian Institute.

Dehaene, S., V. Izard, P. Pica and E. Spelke (2006), "Core knowledge of geometry in an Amazonian indigene group", *Science*, Vol. 311/5759, pp. 381-384.

Dewberry, W.B. (1977), *An Analysis of Self-Concept and Reading as They are Related to a Selected Art Program*, Doctoral Dissertation, University of Michigan.

Diamond, F.R. (1969), "The effectiveness of a children's workshop in the creative arts in forwarding personal and intellectual development", *Studies in Art Education*, Vol. 11/1, pp. 52-60.

Dolev, J.C., L.K. Friedlaender and I.M. Braverman (2001), "Use of fine art to enhance visual diagnostic skills", *JAMA*, Vol. 286/9, pp. 1020-1021, *http://dx.doi.org/10.1001/jama.286.9.1020*.

Gardner, H. (1983), *Frames of Mind: The Theory of Multiple Intelligences*, Basic Books, New York, NY.

Goldstein, T.R. and E. Winner (2012), "Enhancing empathy and theory of mind", *Journal of Cognition and Development*, Vol. 13/1, pp. 19-37.

Haanstra, F. (1996), "Effects of art education on visual-spatial ability and aesthetic perception: A quantitative review", *Studies in Art Education*, Vol. 37/4, pp. 197-209.

Hetland, L., E. Winner, S. Veenema and K. Sheridan (2013), *Studio thinking 2: The real benefits of visual arts education*, 2nd edition, Teachers College Press, New York, NY. First edition: 2007.

Housen, A. (2002), "Aesthetic thought, critical thinking, and transfer", *Arts and Learning Research Journal*, Vol. 18/1, pp. 99-132.

Johnson, E.C. (1976), *A Comparison of the Effects of Two Programs on the Development of Visual Perception and Reading Achievement: Art: A Perceptual Approach and the Frostig Program for the Development of Visual Perception*, Doctoral Dissertation, University of Indiana.

Korn, R. and Associates, Inc. (2007), *Educational Research: The Art of Problem Solving*, Solomon R. Guggenheim Museum, New York, NY.

Kozbelt, A. (1991), "Artists as experts in visual cognition", *Visual Cognition*, Vol. 8/6, pp. 705-723.

Lesgold, A., C. McCormick and R. Golinkoff (1975), "Imagery training and children's prose learning", *Journal of Educational Psychology*, Vol. 67/5, pp. 663-667.

Mills, J.C. (1972), *The Effect of Art Instruction Upon a Reading Development Test: An Experimental Study*, Doctoral Dissertation, University of Kansas.

Morrison, R.G. and B. Wallace (2001), "Imagery vividness, creativity and the visual arts", *Journal of Mental Imagery*, Vol. 25/3-4, pp. 135-152.

Perez-Fabello, M.J. and A. Campos (2007), "The influence of imaging capacity on visual art skills", *Thinking Skills and Creativity*, Vol. 2/2, pp. 128-135.

Schulte, L.L. (1983), *The Effects of Visual Art Experiences on Spelling, Reading Mathematical, and Visual Motor Skills at the Primary Level*, Doctoral Dissertation, University of Kansas.

Shaw, B.A. (1974), *A Language-Art Acquisition Approach to Teaching Art and its Effect on Oral Language Development and Reading of Preschool Children*, Doctoral Dissertation, University of Georgia.

Spangler, M.A. (1974), *An Experimental Study of the Transfer Effect of Visual Art Learnings upon Visual Perception, Readiness Development, and Art Development of the First Grade Level*, Doctoral Dissertation, University of Kansas.

Spelke, E. (2008), "Effects of music instruction on developing cognitive systems at the foundations of mathematics and science" in B. Rich and C. Asbury (eds.), *Learning, Arts, and the Brain: The Dana Consortium Report on Arts and Cognition*, The Dana Foundation, New York/Washington, DC, pp. 17-49.

Tishman, S., D. MacGillivray and P. Palmer (1999), *Investigating the Educational Impact and Potential of The Museum of Modern Art's Visual Thinking Curriculum: Final Report to the Museum of Modern Art*, Museum of Modern Art, New York, NY.

Vaughn, K. and E. Winner (2000), "SAT scores of students with four years of arts: What we can and cannot conclude about the association", *Journal of Aesthetic Education*, Vol. 34/3-4, pp. 77-89.

Walker, C.M., E. Winner, L. Hetland, S. Simmons and L. Goldsmith (2010), "Visualizing shape: Visual arts training is associated with skill in geometric reasoning", unpublished paper.

Winner, E. and M. Casey (1993), "Cognitive profiles of artists" in G. Cupchik and J. Laszlo (eds.), *Emerging Visions: Contemporary Approaches to the Aesthetic Process*, Cambridge University Press.

Winner, E., L. Goldsmith, L. Hetland, C. Hoyle and C. Brooks (2013), "Relationship between visual arts learning and understanding geometry", paper presented as part of symposium on "Evidence from music, fiction, and visual arts: Transfer of learning from the arts?" American Association for the Advancement of Science, Boston, February 17.

Wootton, M.L. (1968), *The Effect of Planned Experiences Followed by Art Expression and Discussion on Language Achievement of First Grade Pupils*, Doctoral Dissertation, Arizona State University.

第4章 視覚芸術教育の認知的成果

付録4.A1　附表

表4.A1.1　読解力に対する独立教科としての視覚芸術の指導効果を評価した研究を含む7つの準実験研究及び2つの実験研究

研究者（研究グループ）	N	R	Z (p)
Dewberry (1977)	22	-.22	-1.02 (p = .85)
Diamond (1969)	88	.10	.91 (p = .18)
Johnson (1976)*	42	.00	0.00 (p = .50)
Mills (1972)*	52	.54	3.92 (p = <.0001)
Schulte (1983)	34	-.30	-1.73 (p = .96)
Schulte (1983)	40	-.29	-1.84 (p = .97)
Schulte (1983)	39	.18	1.09 (p = .14)
Spangler (1974)	85	.21	1.91 (p = .03)
Wootton (1968)	93	.21	2.00 (p = .02)

注：N：人数。R：効果量。Z (p)：統計的有意性。コラム2.1参照。研究者の列の*は真の実験研究。
出典：Burger and Winner (2000).

表4.A1.2　視覚芸術と統合された読解指導の効果を評価した3つの準実験研究及び1つの実験研究

研究者（研究グループ）	N	R	Z (p)
Catchings (1981)	111	.15	1.60 (p = .06)
Lesgold et al. (1975)*	30	.00	0.00 (p = .50)
Shaw (1974)	43	.51	3.34 (p = .0004)
Wootton (1968)	93	.23	2.24 (p = .01)

注：N：人数。R：効果量。Z (p)：統計的有意性。コラム2.1参照。研究者の列の*は真の実験研究。
出典：Burger and Winner (2000).

第5章
演劇教育の認知的成果

　本章では、一般的な学力や言語能力といった認知的成果に対する演劇教育の効果に関する研究を検討する。授業で演劇の訓練をすることは、読解力や物語の理解といった幅広い言語能力を高めるという、明確な因果関係を示すエビデンスがある。

演劇の訓練には、台本のせりふを記憶することと、その台本を演じることが含まれる。舞台での演技、あるいは普段の授業の中で物語を演じることによって、言語能力やその他のアカデミックなスキルが高まるのかどうか、そしてテキストを演じることによって、生徒のテキスト理解が深まるのかどうかを検証した研究者は多い。芸術以外のアカデミックなスキルに対する演劇教育のインパクトに関する研究は、言語能力に焦点を当ててきた。言語能力の発達は数学や科学といったその他の教科における能力を高めるとしても、読み書き、あるいはテキストの理解が良くなれば、どの教科の助けにもなるというだけであって、演劇教育が計算や幾何の能力、あるいは科学的な能力を高めるであろうと考えるための理論的根拠にはなっていない。演劇における訓練によって学ばれるような「学びの技（habits of mind）」は、自分自身や他者の心を理解するスキルであり、自分の感情を調整するスキルであり、共感する傾向であると考えられるが、これらは認知的能力ではない。これらについては、社会的成果に関する第9章で言及する。

本章では、一般的な学力、そして読解力、語彙力、テキスト理解力といった言語能力に対する演劇教育のインパクトを探究した研究を検討する。

第1節　演劇教育と一般的な学力

演劇教育はほぼ間違いなく、一般的な学力を高める。その主なメカニズムは2つある。1つ目は、すべてのアカデミックな教科に波及する態度と「学びの技」を発達させること。2つ目は、他の教科やテストを受けることに応用できるような読解力と理解力を高めることである。

演劇教育と一般的な学力に関するREAP分析

ヴォーンとウィナー（Vaughn and Winner, 2000）は、「教育と芸術の検証プロジェクト（REAP: Reviewing Education and the Arts Project）」の一環として、ハイスクールで演劇の授業を取った生徒と取らなかった生徒のSAT（大学進学

適性試験）の得点を比較した。他の芸術分野と同様に、演劇の授業を取った生徒は、演劇の授業を取らなかった生徒よりも、SATの言語テスト及び数学のテストで得点が高かった（結果はむしろ、他の分野の芸術を取った生徒に似ていた）。演劇教育を受けた生徒と芸術を取らなかった生徒のSATの言語テストの違いは、他の芸術分野の場合よりも大きく（演技が64点以上、演劇鑑賞が53点）、SATの数学テストでは同じであった。演技の授業を取った生徒は、演劇鑑賞の訓練を受けた生徒よりも、言語テストと数学テストの得点が高かった。演劇のクラスを取った生徒と芸術のクラスを取らなかった生徒の10年間のSATの言語テストの結果について、t検定で比較したところ、統計的に高い有意性が示された。だが、これらの分析は相関データに基づいているため、演劇の授業のSATの得点に対する効果については、因果関係を導くことができない。

演劇教育と一般的な学力に関するREAP以後の準実験研究

我々は、一般的な学力に対する演劇の効果を検証したREAP以後の準実験研究を、3つ見つけた（表5.1）。2つの研究結果は正負入り混じり、結論に達していないが、1つの研究はプラスの効果を示している。

表5.1　演劇教育と一般的な学力を検証した3つの準実験研究

研究者（研究グループ）	プラスの結果	マイナスの結果／結果不明
Fleming, Merrell and Tymms（2004）		○
Rousseau *et al.*（2007）		○
Cokadar and Yilmaz（2010）	○	

フレミングら（Fleming *et al.*, 2004）は、書き方に統合された演劇の授業を取っている小学生を対象に、準実験研究を行った。介入の実施から1年後と2年後に、実験群の子供たちと合致する対照群の学校の子供たちとを、一定範囲のアカデミックな成果について比較した（Fleming *et al.*, 2004）。演劇群の子供たちは数学の能力が高まったが、言語能力あるいはパターン認識による非言語能力テストでは改善がみられならなかった。演劇がなぜ数学の能力を高めることに関係しているのかについては、説明や理論は提示されていない。こうし

た結果について妥当な仮説を立てるのが難しいからだと思われるが、特に、言語能力が高くならなかったことから、言語能力は改善の媒介者ではないとは言えるのかもしれない。このため、この結果は再検討する必要がある。

　ルソーら（Rousseau *et al.*, 2007）は、モントリオールのあるハイスクールの生徒のうち、演劇の授業を取っている移民や難民の生徒を対象に調査を行った。彼らは演劇の授業で、自分自身に起こったことを演技で表現することを学んでいた。これらの生徒たちが、この種の介入を受けない対照群と比較された。その結果、学力における全体的な改善はみられなかったが、実験群のうちの男子はフランス語と数学で得点が高くなった。こうした結果には一貫性がなく、演劇による介入が学力を高めるという仮説を裏付けるために用いることは難しい。だが、研究者たちは、芸術教育の効果において性差と社会的側面が重要であることを指摘し、その効果の原因は主に動機付けにあると考えている。

　3つ目の研究は、12～13歳の生徒を対象にトルコで行われたもので、科学の授業において「創作劇型」の指導方法で教えられた生徒と、伝統的な指導方法で教えられた生徒について、科学的理解が比較された（Cokadar and Yilmaz, 2010）。クラスは創作劇型授業を行うクラスと伝統的授業を行うクラスとに無作為に分けられ（生徒は無作為に分けられていない）、同じ科学の教師が教えた。生徒たちは、3週間にわたり、科学の授業を合計8コマ受けた（1コマ45分の授業を週当たり約3コマ）。両群とも、生態系と物質循環という同じトピックの授業を受けた。創作劇の生徒たちは、動きによって科学的概念を表現するよう言われた。伝統的授業は、講義と討議によって行われた。創作劇型指導群は対照群の生徒に比べて、科学的概念をよく理解していることがわかった。両群は、科学に対する態度に差はなかった。研究者たちは、創作劇型指導の方が恩恵が大きかったのは、伝統的な学習よりも受け身の部分が少なく、またおそらくはより楽しいものだったからではないかと考えた。我々が本章のこの節でこの研究を取り上げたのは、用いられた科学的理解の中に、言葉で示された教材の理解が含まれていたからである。

　我々は、演劇の訓練が学力を高めるという主張を裏付ける明確なエビデンスはまだないと結論付けた。演劇の授業とアカデミックな教科の高い得点とには、ある種の関連があるものの、それが必ずしも演劇教育によってもたらされたと

は言えない。したがって、学力の高い生徒は学力の低い生徒よりも演劇を学ぶ傾向にあるというのが、妥当な説明であろう。

第2節　演劇教育と言語能力

アカデミックな教科領域への芸術の転移を最もよく研究した文献に、言語能力に対する「演劇授業」の効果に焦点を当てたものがある。演劇授業とは、正規の学級カリキュラムにおいて、(劇を実際に作り上げるというよりも) 演技を用いることを指す。

カーダッシュとライト (Kardash and Wright, 1986) は、演劇授業に関する16の研究をメタ分析し、演劇と読解力、口頭言語の発達、自己効力感、道徳的推論と各種の演技スキルとの間に正の関係があることを明らかにした (平均効果量はr=0.32で、d=0.67に相当)。

2つ目のメタ分析はコナード (Conard, 1992) によって行われたもので、言語の到達度、自己概念及び創造性に対する演劇授業の効果が調べられた。この分析では20件の研究が組み合わされたが、そのうち6件については、カーダッシュとライトの分析でも用いられている。正の効果がみられ、平均効果量はr=0.23 (d=0.48相当) であった。

ただし、上述のメタ分析2件は、演劇授業において学力に影響を与えそうな要素を取り出したものではなかった。また、影響を受ける成果の種類を区別しなかったために、学力と言われるもののうち、どの領域が演劇授業と強く関係しているのかを明確にすることもできなかった。

言語能力に対する演劇教育の効果に関する準実験研究及び実験研究のREAPによるメタ分析

ポドロズニー (Podlozny, 2000) は、言語到達度に対する演劇授業の効果を評価した準実験研究及び実験研究、合計80件についてメタ分析を行った (表5.2参照)。その結果、準実験研究と実験研究との違いはみられなかった。こ

れらの研究は、言語能力の7つの側面に対する演劇の授業の効果を調べ、比較したものである。その7つの言語能力とは、1）物語の理解（口頭による測定）、2）物語の理解（筆記による測定）、3）読解の到達度、4）読解のレディネス、5）口頭言語の発達、6）語彙、7）書き方である。ポドロズニーはこれらの研究を、生徒たちが演劇の授業で実際に演じた教材を直接調べたのか（直接か）、あるいは完全に新しい教材を調べたのか（転移か）、という点から分類した。この分類によって、ある物語を演じることが子供たちの読みや理解、そして、彼らが演じたある特定の物語を思い出す助けになっただけなのかどうか、それとも、ある物語を演じるという経験が子供たちの言語能力をより包括的に高めることにつながったのかどうかを、確かめようとしたのである。

　口頭による測定で学習の成果をみた研究は17件であるが、物語を聞かせ、それを演じさせる方を演劇群とし、物語は聞かせたが演じさせなかった方を対照群とした。その上で、生徒たちは物語の理解と想起に関する口頭のテストを受けた。

　筆記による測定で学習の成果をみた研究は14件であるが、物語を読んでから演じさせる方を演劇群としたのに対して、対照群は物語を読んでから議論し、その物語の語彙について反復練習した。子供たちは物語の理解と想起に関する筆記型のテストを受けたが、教えられた物語だけから出題された。

　読解の到達度に関する研究は20件であり、演劇群がある物語あるいは戯曲を読んでからそれを演じたのに対して、対照群は引き続き正規の読解の授業を行った。両群に対して読解力に関する標準テストが実施されたが、これらの研究では、子供たちに対して必ず新しい教材が出題されており、示された効果は、読解力が新しい教材に転移したことを示していることになる。

　読解のレディネスに関する研究は18件である。演劇群は、ある物語を聞いた後にそれを演じる。これに対して対照群は、同じ物語を聞いて、それについて話し合うが、その物語は演じないで、実地見学やその他の経験（だから物語は聞いていない）から得られたテーマを再現したり、編集したり分類したりした（子供たちは物語を聞いたことも、演技したこともない）。この研究でも、テストでは子供たちに新しい教材から出題された。

　口語言語の発達に関する研究は20件である。演劇群の生徒が創作劇（読み

第5章　演劇教育の認知的成果

聞かせ、ロールプレイング、人形劇）と討議の両方に取り組むのに対して、対照群はフィルムストリップを見て、演劇以外の芸術に取り組む。その後、全員の口語言語能力が評価されたが、その際に新しい教材が取り上げられる場合もあるし、すでに演じたことのある物語が取り上げられる場合もあった。

　語彙の研究は10件である。演劇群の子供たちがロールプレイング、パントマイムや身振りを含む創作劇に取り組むとともに、即興で対話したりするのに対して、対照群は特段の処理は行わない。その後、全員に語彙のテストが行われるが、指導された物語に出てきた語彙が出題される場合もあれば、新しい語彙が出題される場合もある。うち8つの研究では書く能力を扱っており、書いたサンプルは、視聴者意識や物語の構成（発端、中盤、結末）、編成、精緻化といったスキルが評価された。演劇群の生徒はまず最初に書き方に関する討論に参加し、次に即興劇やパントマイム、身振りに取り組むとともに、物語のアイデアを出し合ったり、物語の場面を即興で作ったり、物語の原稿を書いたりする。対照群も書き方の討論に参加するが、その後は正規の国語科目のプログラムを継続し、最後に物語の原稿を書く。生徒たちが書いた物語は「物語書き方段階表」によって分析された。演じたテーマに関連した物語を子供が書く研究もあれば、新しい教材について物語を書く研究もあった。

　演劇の授業には、検証された7つの言語能力のうち6つについて、強いプラスの因果関係的な効果があった（図5.1）。最も大きな効果は、筆記テストで測定された物語の理解であった。重み付け後の平均効果量はr=0.47（d=1.0から1.1に相当）で、t検定の結果には高い有意性があり、この結果は、この問いについての新たな研究に一般化できることが示された。ただ単に物語を自分で読むよりもその物語を演じる方が、子供たちの物語に対する理解が深まると言える。

　口語に対する演劇の効果を評価した研究もまた、重み付け後の平均効果量は高く（r=0.15で、d=0.3から0.4に相当）、次いで口語で測定された物語の理解、読解のレディネス、書き方、読解の到達度と続く（それぞれr=0.27、0.24、0.29、0.19；d=0.56、0.5、0.6、0.4に相当）。これらの効果はすべて安定しており、t検定の値は結果が今後の研究に一般化できることを示すとともに、信頼区間にゼロが含まれなかった。語彙も改善はしたものの（重み付け後の平均r=0.14で、d=0.2〜0.3に相当）、他の6つの効果量とは異なり、統計的に有意ではな

203

かった。すなわち、t検定の結果は有意でなく、平均効果量の95％信頼区間にゼロが含まれていた。

図5.1　演劇教育を通じた言語能力の向上：明らかな関係

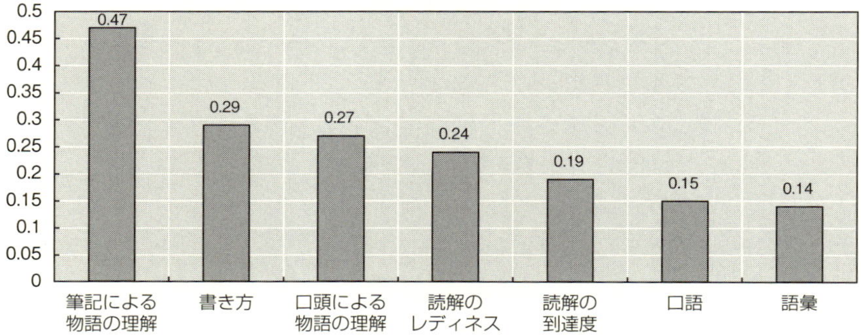

項目	効果量
筆記による物語の理解	0.47
書き方	0.29
口頭による物語の理解	0.27
読解のレディネス	0.24
読解の到達度	0.19
口語	0.15
語彙	0.14

StatLink：http://dx.doi.org/10.1787/888932833048

注：「語彙」を除くすべての結果が統計的に有意である。
出典：Podlozny（2000）．

　ポドロズニー（2000）が行った7つの分析では、直接学んだ教材の効果量は高いことが示されたが、同時に、学習者が演じていない新しいテキストを理解する上でも、演劇が役立つことが示された。第1章で述べたように、一般的に、ある分野から他の分野へのスキルの転移が自動的に起こるとは考えられていない。それは教えられなければならないのだ（Salomon and Perkins, 1989）。だが、演劇授業では、教師が転移を転移として示さなくても、転移はカリキュラムに必然的に設計されているようにみえる。演劇授業の教師が転移をもっと意図的に指導すれば、これらの効果はさらに強まるかもしれない。

　演劇授業と言語的成果に関するREAPのメタ分析が持つ説得力を考えれば、演劇と一般的な学力に関する節で取り上げたREAP以後の3つの研究のうち、2つで明確な結論を得ることができなかったものの、演劇授業での訓練は言語スキルを高めるという、明確な因果関係的エビデンスがあると言ってよいだろう。REAP以後の研究のうちヨーロッパ等で行われた1件では、生徒及び教師の回答から、言語スキルに対して演劇教育がプラスのインパクトを持つことが示されており、これはREAPの結果と一致するものである（DICE, 2010）（コラム9.3参照）。

第5章　演劇教育の認知的成果

表5.2　演劇教育と物語の理解：口頭による測定

研究者（研究グループ）	正の関係	複合的な関係／関係なし／負の関係
Aoki (1977)	○	
Dansky (1975/1980)	○	
Galda (1983)		○
Marbach and Yawkey (1980)		○
Milner (1982)	○	
Page (1983)		○
Parks and Rose (1997)	○	
Pellegrini (1984a)	○	
Pellegrini and Galda (1982)	○	
Rappoport (1989)	○	
Saltz, Dixon and Johnson (1977)		○
Weidner (1993)		○
Williamson and Silvern (1990)	○	
Williamson and Silvern (1992)	○	
Wright and Young (1986)		○
Yawkey (1980a)	○	
Yawkey and Yawkey (1979)		○

注：すべての結果は表5.A1.1に示す。
出典：Podlozny (2000).

表5.3　演劇教育と物語の理解：筆記による測定

研究者（研究グループ）	正の関係	複合的な関係／関係なし／負の関係
Byerly (1994)		○
Dupont (1992)	○	
Goodman (1991)		○
Gray (1987)	○	
Henderson and Shanker (1978)	○	
Page (1983)		○
Pellegrini (1984a)	○	
Pellegrini and Galda (1982)	○	
Ranger (1995)	○	
Rosen and Koziol (1990)		○
Silvern, Williamson and Waters (1983)		○
Smith (1993)		○
Steinly (1989)	○	
Williamson and Silvern (1992)		○

注：すべての結果は表5.A1.2に示す。
出典：Podlozny (2000).

表5.4　演劇教育と読解力

研究者（研究グループ）	正の関係	複合的な関係／関係なし／負の関係
Allen（1968）	○	
Aoki（1977）		○
Bennett（1982）		○
Blacharski（1985）	○	
Burke（1980）		○
Carlton（1963）	○	
Carlton and Moore（1966）	○	
Dupont（1992）		○
Gourgey, Bosseau and Delgado（1985）	○	
Jackson（1991）		○
Karafelis（1986）		○
Millin（1996）	○	
Myerson（1981a）		○
Myerson（1981b）		○
Pappas（1979）		○
Parks and Rose（1997）	○	
Pate（1977）	○	
Rappoport（1989）		○
Smith（1993）		○
Vogel（1975）		○

注：すべての結果は表5.A1.3に示す。
出典：Podlozny（2000）.

表5.5　演劇教育と口語

研究者（研究グループ）	正の関係	複合的な関係／関係なし／負の関係
Cullinan, Jaggar, Strickland（1974）		○
Dansky（1975/1980）		○
de la Cruz（1996）	○	
Dunn（1977）		○
Faires（1976）		○
Haley（1978）	○	
Levy, Wolfgang and Koorland（1992）		○
Lovinger（1974）	○	
Lunz（1974）	○	
McDonald（1993）		○
Millin（1996）		○
Niedermeyer and Oliver（1972）		○
Norton（1973）	○	
Parks and Rose（1997）		○
Snyder-Greco（1983）	○	
Stewig and McKee（1980）	○	
Stewig and Young（1978）	○	
Vitz（1984）	○	
Yawkey and Yawkey（1979）		○
Youngers（1977）		○

注：すべての結果は表5.A1.4に示す。
出典：Podlozny（2000）.

第5章 演劇教育の認知的成果

表5.6 演劇教育と語彙

研究者（研究グループ）	正の関係	複合的な関係／関係なし／負の関係
Allen (1968)		○
Bennett (1982)		○
Gourgey, Bosseau and Delgado (1985)	○	
Page (1983)		○
Page (1983)		○
Pappas (1979)		○
Pate (1977)	○	
Smith (1993)		○
Smith, Dalgleish and Herzmark (1981)		○
Tucker (1971)	○	

注：すべての結果は表5.A1.5に示す。
出典：Podlozny (2000).

表5.7 演劇教育と書く能力

研究者（研究グループ）	正の関係	複合的な関係／関係なし／負の関係
Carson (1991)	○	
Dunnagan (1990)		○
Knudson (1970)		○
Moore and Caldwell (1990)	○	
Moore and Caldwell (1993)	○	
Roubicek (1983)	○	
Wagner (1986)	○	
Wagner (1986)	○	

注：すべての結果は表5.A1.6に示す。
出典：Podlozny (2000).

表5.8 演劇教育と読解のレディネス

研究者（研究グループ）	正の関係	複合的な関係／関係なし／負の関係
Adamson (1981)	○	
Blank (1953)	○	
Brown (1990)	○	
Christie (1983)		○
Christie and Enz (1992)		○
Dever (1993)		○
Hensel (1973)	○	
Lawrence (1985)		○
Levy, Schaefer and Phelps (1986)		○
Milner (1982)		○
Saltz and Johnson (1977)	○	
Saltz, Dixon and Johnson (1974)		○
Smith and Syddall (1978)		○
Smith Dalgleish and Herzmark (1981)		○
Strickland (1973)	○	
Tucker (1971)		○
Wright and Young (1986)		○
Yawkey (1980b)	○	

注：すべての結果は表5.A1.7に示す。
出典：Podlozny (2000).

引用・参考文献

Adamson O'Toole, D. (1981), *Dramatization of Children's Literature and Visual Perceptual Kinesthetic Intervention for Disadvantaged Beginning Readers*, Doctoral Dissertation, Northwestern State University of Louisiana.

Allen Godwin, E. (1968), *An Investigation of Change in Reading Achievement, Self-Concept, and Creativity of Disadvantaged Elementary School children Experiencing Three Methods of Training*, Doctoral Dissertation, University of Southern Mississippi.

Aoki, E.M. (1977), "The effects of active student-initiated responses on literal and nonliteral reading comprehension and attitudes toward reading of third-grade students", University of Washington, ERIC, ED 172176.

Bennett, O.G. (1982), *An Investigation into the Effects of a Creative Dramatics in Developing Voice, Vocabulary, and Personality in the Primary Grades*, Doctoral Dissertation, Georgia State University.

Blacharski, C.S. (1985), *Improving Reading Comprehension of Basic Students by Orally Reading High Level Material*, [S.l.], Distributed by ERIC Clearinghouse.

Blank, W.E. (1953), *The Effectiveness of Creative Dramatics in Developing Voice, Vocabulary, and Personality in the Primary Grades*, Doctoral Dissertation, University of Denver, Colorado.

Brown, V.L. (1990), *Integrating Drama and Sign Language: A Multisensory Approach to Language Acquisition and Its Effects on Disadvantaged Preschool Children*, Doctoral Dissertation, New York University.

Burke, J.J. (1980), *The Effect of Creative Dramatics on the Attitudes and Reading Abilities of Seventh Grade Students*, Doctoral Dissertation, Michigan State University.

Byerly, S.L. (1994), "Generating greater learning gains through dramatization in the classroom", distributed by ERIC Clearinghouse, ED 372426.

Carlton, L. (1963), *A Report on Self-Directive Dramatization in the Regular Elementary Classroom and Relationships Discovered with Progress in Reading Achievement and Self-Concept Changes*, Doctoral Dissertation, University of Houston, Texas.

Carlton, L., R.H. Moore and Illinois State University (1965), *A study of the effects of self-directive dramatization on the progress in reading achievement and self-concept of culturally disadvantaged elementary school children*, Distributed by ERIC Clearinghouse.

Carson, S.A. (1991), *The Effect of Thematic Fantasy Play upon Development of the Concept of Beginning, Middle, and End as First-Graders Write in Response to Literature*, Doctoral Dissertation, The University of Oklahoma.

Christie James, F. (1983), "The effects of play tutoring on young children's cognitive performance", *Journal of Education Research*, Vol. 6/6, pp. 326-330.

Christie James, F. and B.J. Enz (1992), "The effects of literacy play interventions on preschoolers: Play patterns and literacy development", *Early Education and Development*, Vol. 3/3, pp. 205-20.

Cokadar, H. and G.C. Yilmaz (2010), "Teaching ecosystems and matter cycles with creative drama activities", *Journal of Science Education and Technology*, Vol. 19/1, pp. 80-89.

Conard, F. (1992), *The Arts in Education and a Meta-Analysis*, Doctoral Dissertation, Purdue University.

Cullinan, B.E., A.M. Jaggar and D. Strickland (1974), "Language expansion for black children in the primary grades: A research report", *Young Children*, Vol. 29/2, pp. 98-112.

Dansky, J.L. (1980), "Cognitive consequences of sociodramatic play and exploration training for economically disadvantaged preschoolers", *Journal of Child Psychology and Psychiatry and Allied Disciplines*, Vol. 21/1, pp. 47-58.

Deasy, R.J. (ed.) (2002), *Critical Links: Learning in the Arts and Student Academic and Social Development*, Arts Education Partnership, Washington, DC.

De la Cruz, R.E. (1993), *The Effects of Creative Drama on the Social and Oral Language Skills of Children with Learning Disabilities*, Doctoral Dissertation, University of North Colorado.

Dever, M.T. (1993), *Sociodramatic Play as a Context for Print Literacy Learning of Divergent Readers and Writer*, Doctoral Dissertation, University of North Colorado.

DICE Consortium (2010), *The DICE Has Been Cast. Research Findings and Recommendations on Educational Theatre and Drama*, Edited by A. Cziboly, www.dramanetwork.eu/file/Policy%20Paper%20long.pdf.

Dunn, J.A. (1977), *The Effect of Creative Dramatics on the Oral Language Abilities and Self-Esteem of Blacks, Chicanos, and Anglos in the Second and Fifth Grads*, Doctoral Dissertation, University of Colorado at Boulder.

Dunnagan, K.L. (1990), *Seventh-Grade Students' Audience Awareness in Writing Produced Within and Without the Dramatic Mode*, Doctoral Dissertation, The

Ohio State University.

DuPont, S. (1992), "The effectiveness of creative drama as an instructional strategy to enhance the reading comprehension skills of fifth-grade remedial readers", *Reading Research and Instruction*, Vol. 31/3, pp. 41-52.

Faires Myers, T. (1976), *The Effect of Creative Dramatics on Language Development and Treatment Progress of Children in a Psychotherapeutic Nursery*, Doctoral Dissertation, University of Houston.

Fleming, M., C. Merrell and P. Tymms (2004), "The impact of drama on pupils' language, mathematics, and attitude in two primary schools", *Research in Drama Education*, Vol. 9/2, pp. 177-197.

Galda, L. (1983), "The effect of dramatic play on the story retellings of second grade children", *Journal of Instruction Psychology*, Vol. 10/4, pp. 200-206.

Goodman, J.A. (Jr.) (1991), *A Naturalistic Investigation of the Relationship between Literacy Development and Dramatic Play in 5-year-old Children*, Doctoral Dissertation, Peabody College, Nashville, TN.

Gourgey, A.F., J.B. Bosseau and J.D. Delgado (1985), "The impact of an improvisational dramatics program on student attitudes and achievement", *Children's Theatre Review*, Vol. 34/3, pp. 9-14.

Gray, M.A. (1987), "A frill that works: Creative dramatics in the basal reading lesson", *Reading Horizon*, Vol. 28/1, pp. 5-11.

Haley, G.A.L. (1978), *Training Advantaged and Disadvantaged Black Kindergarteners in Socio-Drama: Effects on Creativity and Free Recall Variables of Oral Language*, Doctoral Dissertation, University of Georgia.

Henderson, L.C. and J.L. Shanker (1978), "The use of interpretive dramatics versus basal reader workbooks for developing comprehension skills", *Reading World*, Vol. 17/3, pp. 239-43.

Hensel, N.H. (1973), *The Development, Implementation, and Evaluation of Creative Dramatics Program for Kindergarten Children*, Doctoral Dissertation, University of Georgia.

Jackson, J.T. (1991), *The Effects of Creative Dramatics Participation on the Reading Achievement and Attitudes in Elementary Level Children with Behavioral Disorders*, Doctoral Dissertation, Southern Illinois University, Carbondale.

Karafelis, P. (1986), *The Effects of the Tri-Art Drama Curriculum on the Reading Comprehension of Students with Varying Levels of Cognitive Ability*, Doctoral Dissertation, University of Connecticut.

Kardash, C. and L. Wright (1986), "Does creative drama benefit elementary school students? A meta-analysis", *Youth Theatre Journal*, Vol. 1/3, pp. 11-18.

Knudson, R.L. (1970), *The Effect of Pupil-Prepared Videotaped Dramas upon the Language Development of Selected Rural Children*, Ed. Doctotral Dissertation, Boston University School of Education.

Lawrence, D. (1985), "Improving self-esteem and reading", *Educational Research*, Vol. 27/3, pp. 194-200.

Levy, A.K., L. Schaefer and P.C. Phelps (1986), "Increasing preschool effectiveness: Enhancing the language abilities of 3- and 4-year-old children through planned sociodramatic play", *Early Childhood Research Quarterly*, Vol. 1/2, pp. 133-140.

Lovinger, S.L. (1974), "Socio-dramatic play and language development in preschool disadvantaged children", *Psychology in the Schools*, Vol. 11/3, pp. 313-320.

Lunz, M.E. (1974), "Creative dramatics and communication effectiveness: The study of a process", *Children's Theatre Review*, Vol. 13/3, pp. 3-6.

Marbach, E.S. and T.D. Yawkey (1980), "The effect of imaginative play actions on language development in five-year-old children", *Psychology in the Schools*, Vol. 17/2, pp. 257-263.

McDonald, M.K. (1993), *Dramatization of Children's Original, Dictated Stories: The Effects upon Oral Fluency and Story Complexity*, Doctoral Dissertation, University of Connecticut.

Millin, S.K. (1996), *Effects of Readers Theatre on Oral Reading Ability and Reading Attitudes of Second-Grade Title I Students*, Doctoral Dissertation, West Virginia University.

Milner, S.C. (1982), *Effects of Curriculum Intervention Program Using Fairy tales on Preschool Children's Empathy level, Reading Readiness, Oral-Language Development, and Concept of a Story*, Doctoral Dissertation, University of Florida.

Moore, B.H. and H. Caldwell (1993), "Drama and drawing for narrative writing in primary grades", *Journal of Educational Research*, Vol. 87/2, pp. 100-110.

Moore, B.H. and H. Caldwell (1990), "The art of planning: Drama as Rrhearsal for writing in the primary grads", *Youth Theatre Journal*, Vol. 4/3, pp. 13-20.

Myerson, E.S. (1981), *Academic, Affective, and Aesthetic Outcomes of a Sixth Grade Creative Dramatics Program: A Quantitative and Qualitative Evaluation*, Doctoral Dissertation, Clark University.

Niedermeyer, F.C. and L. Oliver (1972), "The development of young children's dramatic and public speaking skills", *Elementary School Journal*, Vol. 73/2, pp. 95-100.

Norton, N.J. (1973), *Symbolic Arts: The Effect of Movement and Drama upon the Oral Communication of Children in Grade Two*, Ed. Doctoral Dissertation, Boston University School of Education.

Page, A. (1983), *Children's Story Comprehension as a Result of Storytelling and Story Dramatization: A Study of the Child as Spectator and as Participant*, Doctoral Dissertation, University of Massachusetts.

Pappas, H. (1979), *Effect of Drama-Related Activities on Reading Achievement and Attitudes of Elementary Children*, Doctoral Dissertation, Lehigh University.

Parks, M. and D. Rose (1997), *The Impact of Whirlwind's Reading Comprehension through Drama Program on 4th Grade Students' Reading Skills and Standardized Test Scores*, 3-D Group, Chicago.

Pate, T.L. (1977), *An Investigation of the Effects of Creative Drama upon Reading Ability, Verbal Growth, Vocabulary Development, and Self-Concept of Secondary School Students*, Doctoral Dissertation, East Texas State University.

Pellegrini, A.D. (1984a), "Identifying causal elements in the thematic-fantasy play paradigm", *American Educational Research Journal*, Vol. 21/3, pp. 691-701.

Pellegrini, A.D. (1984b), "The effect of dramatic play on children's generation of cohesive text", *Discourse Processes*, Vol. 7/1, pp. 56-67.

Podlozny, A. (2000), "Strengthening verbal skills through the use of classroom drama: A clear link", *Journal of Aesthetic Education*, Vol. 34/3-4, pp. 91-104.

Ranger, L. (1995), *Improving Reading Comprehension through a Multifaceted Approach Utilizing Drama*, MA Project, Kean College of New Jersey.

Rappoport, K.S. (1990), *The Effects of Creative Dramatics on Reading Comprehension and Language/Thought of Second-Grade Children*, Doctoral Dissertation, University of Kansas.

Rosen, R.S. and S.M. Koziol, Jr. (1990), "The relationship of oral reading, dramatic activities, and theatrical production to student communication skills, knowledge, comprehension, and attitudes", *Youth Theatre Journal*, Vol. 4/3, pp. 7-10.

Roubicek, H.L. (1983), *An Investigation of Story Dramatization as a Pre-Writing Activity*, Doctoral Dissertation, University of Maryland.

Rousseau, C., M. Benoit, M.F. Gauthier, L. Lacroix, N. Alain, M.V. Rojas, A. Moran and D. Bourassa (2007), "Classroom drama therapy program for immigrant and refugee adolescents: A pilot study", *Clinical Child Psychology and Psychiatry*,

Vol. 12/3, pp. 451-465.
Saltz, E. and J. Johnson (1974), "Training for thematic-fantasy play in culturally disadvantaged children: Preliminary results", *Journal of Educational Psychology*, Vol. 66/4, pp. 623-630.
Saltz, E., D. Dixon and J. Johnson (1977), "Training disadvantaged preschoolers no various fantasy activities: Effects on cognitive functioning and impulse control", *Child Development*, Vol. 48/2, pp. 367-380.
Silvern, S.G., P.A. Williamson and B. Waters (1983), "Play as a mediator of comprehension: An alternative to play training", *Educational Research Quarterly*, Vol. 7/3, pp. 16-21.
Smith, M.R.L. (1993), *Effects of Scripting Readers' Theater, Participatory Basal Activities, and Customary Pull-Out Instruction by Chapter I Students on Comprehension, Vocabulary, Participation, and Attitude*, Doctoral dissertation, Peabody College for Teachers of Vanderbilt University.
Smith, P.K. and S. Syddall (1978), "Play and nonplay tutoring in preschool children: Is it play or tutoring which matters?", *British Journal of Educational Psychology*, Vol. 48/3, pp. 315-325.
Smith, P.K., M. Dalgleish and G. Herzmark (1981), "A comparison of the effects of fantasy play tutoring and skills tutoring in nursery classes", *International Journal of Behavioral Development*, Vol. 4/4, pp. 421-441.
Snyder-Greco, T. (1983), "The effects of creative dramatic techniques on selected language functions of language-disordered children", *Children's Theater Review*, Vol. 32/2, pp. 9-13.
Steinly, K.D. (1989), *Story Dramatization: A Technique Designed to Increase Reading Comprehension and Enhance Attitude toward the Subject of Reading*, Doctoral Dissertation, University of Maryland, College Park.
Stewig, J.W. and J.A. McKee (1980), "Drama and language growth: A replication study", *Children's Theatre Review*, Vol. 29/3, pp. 1-14.
Stewig, J.W. and L. Young (1978), "An exploration of the relation between creative drama and language growth", *Children's Theatre Review*, Vol. 27/2, pp. 10-12.
Strickland, D.S. (1973), "A program for linguistically different, black children", *Research in the Teaching of English*, Vol. 7/1, pp. 79-86.
Tucker Klineman, J. (1971), *The Use of Creative Dramatics as an Aid in Developing Reading Readiness with Kindergarten Children*, Doctoral Dissertation, University of Wisconsin.

Vaughn, K. and E. Winner (2000), "SAT scores of students with four years of arts: What we can and cannot conclude about the association", *Journal of Aesthetic Education*, Vol. 34/3-4, pp. 77-89.

Vitz, K. (1984), "The effects of creative drama in English as a second language", *Children's Theatre Review*, Vol. 33/2, pp. 23-26.

Vogel, M.R. (1975), *The Effect of a Program of Creative Dramatics on Young Children with Specific Learning Disabilities*, Doctoral Dissertation, Fordham University.

Wagner, B.J. (1986), *The Effects of Role Playing n Written Persuasion: An Age and Channel Comparison of Fourth and Eighth Graders*, Doctoral Dissertation, University of Illinois at Chicago.

Weidner Fowler, D. (1993), The Effect of Creative Dramatics Activities on the Story Retellings of Kindergartners, Master's Thesis, University of North Texas.

Williamson, P.A. and S.B. Silvern (1992), " 'You can't- be grandma; You're a boy': Events within the thematic fantasy play context which contribute to story comprehension", *Early Childhood Research Quarterly*, Vol. 7/1, pp. 75-93.

Williamson, P.A. and S.B. Silvern (1990), "The effects of play training on the story comprehension of upper primary children", *Journal of Research of Childhood Education*, Vol. 4/2, pp. 130-34.

Wright, E.N. and R.E. Young (1986), *Arts in Education: The Use of Drama and Narrative: A Study of Outcomes*, Ontario Department of Education, Toronto, ERIC, ED 273545.

Yawkey, M.L. and T.D. Yawkey (1978), "An investigation of the effects of forms of imaginative play on language development and language comprehension in young children", paper presented at the NERA Meeting, Ellenville, NY, ERIC, ED 284226.

Yawkey, T.D. (1980a), "An investigation of imaginative play and aural language development in young children five, six, and seven" in P. Wilkinson (ed.), *Celebration of Play*, St. Martin's Press, New York, NY.

Yawkey, T.D. (1980b), "Effects of social relationships curricula and sex differences on reading and imaginativeness in young children", *Alberta Journal of Educational Research*, Vol. 26/3, pp. 159-168.

Youngers, J.S. (1977), *An Investigation of the Effects of experiences in Creative Dramatics on Creativity and Semantic Development in Children*, Doctoral Dissertation, University of Iowa.

付録5.A1　附表

表5.A1.1　演劇教育と物語の理解：口頭による測定

研究者（研究グループ）	N	R	Z (p)
Aoki (1977)	20	.39	2.44* (p = .007)
Dansky (1975/1980)	36	.46	2.76* (p = .003)
Galda (1983)	36	.00	.00 (p = .50)
Marbach and Yawkey (1980)	60	.07	.55 (p = .29)
Milner (1982)	56	.32	2.39* (p = .008)
Page (1983)	16	.11	.44 (p = .33)
Parks and Rose (1997)	179	.19	2.53* (p = .006)
Pellegrini (1984a)	192	.66	9.17* (p < .0001)
Pellegrini and Galda (1982)	108	.48	5.03* (p < .0001)
Rappoport (1989)	71	.07	2.27* (p = .02)
Saltz, Dixon and Johnson (1977)	54	.12	.90 (p = .18)
Weidner (1993)	30	.25	1.38 (p = .08)
Williamson and Silvern (1990)	75	.19	1.68* (p = .046)
Williamson and Silvern (1992)	120	.23	2.56* (p = .005)
Wright and Young (1986)	240	.10	1.58 (p = .057)
Yawkey (1980a)	240	.18	2.77* (p = .003)
Yawkey and Yawkey (1979)	160	.13	1.64 (p = .05)

注：N：人数。R：効果量。Z (p)：統計的有意性。*：p<0.05で有意。コラム2.1参照。
出典：Podlozny (2000).

表5.A1.2 演劇教育と物語の理解：筆記による測定

研究者（研究グループ）	N	R	Z (p)
Byerly（1994）	26	.27	1.39 (p = .08)
Dupont（1992）	51	.77	4.48* (p < .0001)
Goodman（1991）	102	.17	1.24 (p = .11)
Gray（1987）	21	.67	3.09* (p = .001)
Henderson and Shanker（1978）	28	.96	5.07* (p < .0001)
Page（1983）	16	.10	.40 (p = .34)
Pellegrini（1984a）	192	.68	9.36* (p < .0001)
Pellegrini and Galda（1982）	108	.74	7.64* (p < .0001)
Ranger（1995）	50	.52	3.68* (p < .0001)
Rosen and Koziol（1990）	101	.13	1.34 (p = .09)
Silvern, Williamson, Waters（1983）	102	.16	1.58 (p = .057)
Smith（1993）	97	.00	.00 (p = .50)
Steinly（1989）	39	.60	3.72* (p < .0001)
Williamson and Silvern（1992）	120	.11	1.22 (p = .11)

注：N：人数。R：効果量。Z (p)：統計的有意性。*：p<0.05で有意。コラム2.1参照。
出典：Podlozny（2000）．

表5.A1.3 演劇教育と読解力

研究者（研究グループ）	N	R	Z (p)
Allen（1968）	40	.12	.76* (p = .022)
Aoki（1977）	20	.11	.68 (p=.24)
Bennett（1982）	56	-.15	-.92 (p = .18)
Blacharski（1985）	15	.53	3.97* (p < .0001)
Burke（1980）	246	.07	.96 (p = .17)
Carlton（1963）	24	.56	3.52* (p < .0002)
Carlton and Moore（1966）	240	.48	3.02* (p = .001)
Dupont（1992）	51	.21	1.49 (p = .07)
Gourgey, Bosseau and Delgado（1985）	141	.27	4.08* (p < .0001)
Jackson（1991）	34	.27	1.60 (p = .05)
Karafelis（1986）	77	.13	1.14 (p = .13)
Millin（1996）	27	.52	4.02* (p < .0001)
Myerson（1981a）	39	-.01	-.07 (p = .47)
Myerson（1981b）	42	.05	1.12 (p = .13)
Pappas（1979）	237	.02	.37 (p = .36)
Parks and Rose（1997）	179	.19	2.55* (p = .005)
Pate（1977）	160	.25	3.11* (p = .0009)
Rappoport（1989）	71	.11	.92 (p = .18)
Smith（1993）	97	.00	.00 (p = .50)
Vogel（1975）	46	.00	.00 (p = .50)

注：N：人数。R：効果量。Z (p)：統計的有意性。*：p<0.05で有意。コラム2.1参照。
出典：Podlozny（2000）．

第5章 演劇教育の認知的成果

表5.A1.4 演劇教育と口語

研究者（研究グループ）	N	R	Z (p)
Cullinan, Jaggar, Strickland（1974）	249	-.04	-.30 (p = .38)
Dansky（1975/1980）	36	.25	1.49 (p = .07)
de la Cruz（1996）	35	.44	2.61* (p = .004)
Dunn（1977）	144	.05	.61 (p = .27)
Faires（1976）	16	-.03	-.13 (p = .45)
Haley（1978）	79	.35	2.51* (p = .006)
Levy, Wolfgang and Koorland（1992）	3	.44	.76 (p = .22)
Lovinger（1974）	38	.51	3.14* (p = .0008)
Lunz（1974）	39	.51	3.19* (p = .0007)
McDonald（1993）	32	.18	.99 (p = .16)
Millin（1996）	27	.31	1.63 (p = .05)
Niedermeyer and Oliver（1972）	196	.07	1.18 (p = .12)
Norton（1973）	94	.28	2.76* (p = .003)
Parks and Rose（1997）	179	.11	1.43 (p = .08)
Snyder-Greco（1983）	17	.58	2.39* (p = .008)
Stewig and McKee（1980）	21	.73	3.36* (p < .0005)
Stewig and Young（1978）	20	.43	1.93* (p = .03)
Vitz（1984）	32	.41	2.30* (p = .01)
Yawkey and Yawkey（1979）	160	.00	.00 (p = .50)
Youngers（1977）	259	.05	.77 (p = .22)

注：N：人数。R：効果量。Z（p）：統計的有意性。*：p<0.05で有意。コラム2.1参照。
出典：Podlozny（2000）.

表5.A1.5 演劇教育と語彙

研究者（研究グループ）	N	R	Z (p)
Allen（1968）	40	.04	.24 (p = .40)
Bennett（1982）	56	-.06	-.49 (p = .31)
Gourgey, Bosseau and Delgado（1985）	141	.37	5.55* (p < .0001)
Page（1983）	16	.05	.20 (p = .42)
Page（1983）	19	.09	.38 (p = .35)
Pappas（1979）	237	.02	.29 (p = .39)
Pate（1977）	160	.21	2.59* (p = .004)
Smith（1993）	97	-.20	-1.91* (p = .03)
Smith, Dalgleish and Herzmark（1981）	65	-.19	-1.07 (p = .14)
Tucker（1971）	132	.27	3.11* (p = .009)

注：N：人数。R：効果量。Z（p）：統計的有意性。*：p<0.05で有意。コラム2.1参照。
出典：Podlozny（2000）.

表5.A1.6　演劇教育と書く能力

研究者（研究グループ）	N	R	Z (p)
Carson (1991)	16	.51	2.03* (p = .02)
Dunnagan (1990)	47	-.23	-1.27 (p = .10)
Knudson (1970)	80	.17	1.54 (p = .06)
Moore and Caldwell (1990)	41	.40	2.57* (p = .005)
Moore and Caldwell (1993)	63	.31	2.48* (p = .006)
Roubicek (1983)	39	.59	5.23* (p < .0001)
Wagner (1986)	154	.30	3.78* (p < .0001)
Wagner (1986)	154	.19	2.32 (p = .01)

注：N：人数。R：効果量。Z (p)：統計的有意性。*：p<0.05で有意。コラム2.1参照。
出典：Podlozny (2000)。

表5.A1.7　演劇教育と読解のレディネス

研究者（研究グループ）	N	R	Z (p)
Adamson (1981)	40	.47	2.95* (p = .0001)
Blank (1953)	38	.66	4.06* (p < .001)
Brown (1990)	120	.49	5.32* (p < .001)
Christie (1983)	17	.07	.30 (p = .38)
Christie and Enz (1992)	32	.10	.54 (p = .29)
Dever (1993)	5	-.01	-.01 (p = .49)
Hensel (1973)	58	.46	3.55* (p < .002)
Lawrence (1985)	336	-.02	-.25 (p = .40)
Levy, Schaefer and Phelps (1986)	28	.16	1.17 (p = .12)
Milner (1982)	56	.15	.87 (p = .19)
Saltz and Johnson (1977)	34	.37	2.18* (p = .01)
Saltz, Dixon and Johnson (1974)	56	.21	1.60 (p = .05)
Smith and Syddall (1978)	14	-.03	-.12 (p = .55)
Smith Dalgleish and Herzmark (1981)	31	.13	.74 (p = .23)
Strickland (1973)	94	.59	5.69* (p < .0001)
Tucker (1971)	132	.11	1.28 (p = .10)
Wright and Young (1986)	240	.11	1.64 (p = .05)
Yawkey (1980b)	96	.22	2.16* (p = .02)

注：N：人数。R：効果量。Z (p)：統計的有意性。*：p<0.05で有意。コラム2.1参照。
出典：Podlozny (2000)。

第6章
ダンス教育の認知的成果

　本章では、一般的な学力、読解力及び視覚的・空間的能力といった認知的成果に対するダンス教育の効果に関する研究を検討する。ダンス教育が視覚的・空間的スキルを高めるというエビデンスは、多少はある。だが、ダンサーがこうした空間を把握する能力を持つことによって、ダンサー以外の人々よりも、幾何学や物理学といった空間的推論が重要なアカデミックな分野でも、良い成績を上げるかどうかを検証した研究はまだ行われていない。

我々が知っている、子供を対象とした最も印象的なダンスプログラムは、アメリカ・ナショナル・ダンス・インスティテュート（NDI: US National Dance Institute）のものであるが、これは、ニューヨーク・シティ・バレエ団のプリンシパルを務めたジャック・ダンボワーズ（Jacques d'Amboise）が1976年に創設した団体である。ダンボワーズは、ダンスには子供たちに物事に取り組む力や、誰よりも上手くなろうとする力を与えることができると考えていた。1984年の全米ネットの公共放送網（PBS）のドキュメンタリー、『He Makes Me Feel Like Dancin'』で、ダンボワーズと子供たちとの優れた活動が紹介された。教育者ハワード・ガードナー（Howard Gardner）の言葉によれば、「たった1時間、（ダンスの）ジグを教えただけで、年齢もばらばらの寄せ集めのような生徒たちに、ジャック・ダンボワーズは、規律、努力、美、苦闘、喜びといった、おおよそ良い教育が備えているエッセンスを解明してみせたのだ。その過程で彼は、参加したすべての子供の限りない可能性を開花させ、芸術における教育がすべての人間が生まれながらにして持つ権利でなければならないのは何故なのか、ということを明らかにした」[1]。

　これまで、ニューヨーク市の200万人以上の生徒が、このプログラムに参加した。授業は無料で、放課後にプロのダンサーに教えてもらえるため、プログラムに参加した子供たちの多くが、低所得家庭の子供だった。年間、30校がこの校内プログラムに参加した。これらのプログラムを通じてやる気と才能のある子供が選ばれ、放課後に上級ダンスでプログラムを受け、その年の終わりにはプロとして演技を披露することが目指された。現在では、NDIのアプローチを基にした多くのプログラムが、全米中で展開されている。他の国でも同様の例として、『Rhythm is it！』（ロイストン・マルドゥーム（Royston Maldoom）振付、ベルリン・フィルハーモニー管弦楽団伴奏による、ストラビンスキーの『春の祭典』の舞台のために、生徒たちがダンスを練習するもの）や、『Dancing Dreams』（2人のダンサーとともにピナ・バウシュが振付けた『コンタクトホーフ（Kontakthof）』を10代の生徒たちが練習するもの）といった映像記録がある。

　ナショナル・ダンス・インスティテュートについては、ホロウィッツ（Horowitz, 2003）によって、子供や学校、教師に対するそのプログラムの効

果が検証された。彼が証明したのは、そのプログラムが生徒に専念することや集中力を求めるものになっていることであり、また、生徒が複雑で連続したダンス・スキルをうまく学び、身のこなし、踊り、演出技法、そしてパフォーマンスにおけるスキルを発達させたことである。子供たちは、観客との目の合わせ方やプロジェクトに対する熱意の持ち方、他のダンサーと一緒に活動することを学んだ。

我々としては、これが優れた教育的価値のあるプログラムであることを十分に証明すべきであると考える。しかし、ダンスクラスで学ぶ規律と集中力といったものが、他の（認知的、社会的、脳などの）分野に転移するのかどうかについては、評価されていない。

本章で我々は、ダンス教育の認知的転移効果を検証した研究、すなわち、一般的な学力、読解力、視覚的・空間的スキルに焦点を当てた研究を検討する。その中の1つがナショナル・ダンス・インスティテュートのプログラムであるが、このナショナル・ダンス・インスティテュートのプログラムと同じくらい意欲的で集中的なダンス・プログラムは他にない。他の分野の芸術教育でみると、転移について間接的に説明し得るものはある。それは、動機付けが高まり、それが他の学校活動に拡大したという説明であり、さらに、ダンス教育によって「学びの技（habits of mind）」が育まれ、注意力や規律などが高まり、他のアカデミックな教科にも適用されたという説明である。ダンスが一種の視覚的・空間的な活動であるとすれば、ダンス教育は視覚的・空間的スキルを発達させ、それを空間的推論を必要とする他の教科にも展開することができるかもしれないという仮説は合理的である。それでもやはり空間的推論には多くの種類があり、ダンスに含まれる空間的想像力は、例えば、科学の授業で細胞を可視化する際に用いるような能力とは、かなり異なっていると考えられる。これは、研究を通じて明らかにしなければならない点である。

第1節　ダンス教育と一般的な学力

ダンス教育と一般的な学力に関するREAPの分析

相関研究

　ヴォーンとウィナー（Vaughn and Winner, 2000）は、「教育と芸術の検証プロジェクト（REAP: Reviewing Education and the Arts Project）」の一環として、ハイスクールでダンスの授業を取った生徒と取らなかった生徒のSAT（大学進学適性試験）の得点を比較した。他の分野の芸術でみたように、ダンスの授業を取った生徒は、ダンスの授業をほとんど、あるいはまったく取らなかった生徒よりも、SATの言語テスト及び数学のテストで得点が高かった。ダンスの授業を取った生徒と取らなかった生徒について、SATの言語テストの10年以上の平均得点をt検定で比較したところ、高い有意性が示された。だが、これらの分析は相関データに基づいているため、SATの得点に対するダンスの授業の効果について、因果的な関係を導くことはできない。

ダンス教育と一般的な学力に関するREAP以後の研究

相関研究

　表6.1に示したとおり、我々は、REAPがダンスと学力との関係を検証した後になされた、2つの相関研究を確認できた。

表6.1　ダンス教育と一般的な学力を評価したREAP以後の2つの相関研究

研究者（研究グループ）	プラスの結果	マイナスの結果／どちらでもない
Carter（2005）	○	
Compton（2008）		○

　コンプトン（Compton, 2008）の研究では、学校でダンス・プログラムを受けた生徒は受けなかった生徒に比べて、テストの得点が高いという証拠は見

第6章　ダンス教育の認知的成果

つけられなかった。もう1つの研究で、カーター（Carter, 2005）は、マグネットスクールでダンスを選択してプログラムを受けた生徒の成績（GPA）が、ダンスを学ばなかった生徒よりも高かったと報告している。

準実験研究

表6.2のとおり、我々は、ダンスの訓練がアカデミックなスキルを高めるという仮説を検証したREAP以後の準実験研究を2つ見つけた。

表6.2　学力に対するダンス教育の効果を評価したREAP以後の2つの準実験研究

研究者（研究グループ）	プラスの結果	マイナスの結果／どちらでもない
Dumais（2006）		○
Von Rossberg-Gempton（1998）	○	

まず、デュメー（Dumais, 2006）の準実験研究では、ダンスの授業を受けた子供が受けなかった子供よりも、数学のテストの得点が高いことを発見した。だが、フォン・ロースバーグ＝ゲンプトン（Von Rossberg-Genpton, 1998）による研究では、ダンスに取り組んだ子供が体育の授業を受けた子供よりも、認知的な獲得を示したわけではなかった。

以上のように、ダンス教育が学力を高めるという仮説を支持するエビデンスは、今までのところない。

第2節　ダンス教育と読解力

本節では、ダンス教育の読解に対するインパクト、あるいはダンス教育と読解の関係を評価する研究を検討する。読解力とダンスとの関係は自明のものとはなっていないが、ダンスを通じた読解の指導を目指すプログラムもある。

ダンス教育と読解力に関するREAPのメタ分析

準実験研究と実験研究

ケイナネンら（Keinanen *et al.*, 2000）は、ダンス指導と読解スキルとの関係を検証した2つの準実験研究と2つの真の実験研究を取り上げ、それらを1つのメタ分析として統合した（表6.3参照）。ただし、これらの研究は公開されていない（3つは博士論文で、1つはテクニカルレポートのため）。読解の標準テストを用いて、幼稚園と小学校でダンスの指導を受けた児童を、そうした指導を受けなかった児童と比較した。表6.A1.1に示されているとおり、負の効果量を報告した研究が1件、ゼロに近い効果量を報告した研究が1件、小から中程度のプラスの効果量を報告した研究が2件であった。

表6.3　読解力に対するダンスの効果に関する4つの準実験研究及び実験研究

研究者（研究グループ）	正の関係	複合的な関係／関係なし／負の関係
Heausler（1987）*		○
Rose（1999）	○	
Seham（1997）		○
Twillie（1980）*		○
重み付け後の平均値		○

注：すべての結果は表6.A1.1に示す。研究者の列の*は実験研究。
出典：Keinanen, Hetland and Winner（2000）.

メタ分析は重み付け後の平均効果量で0.21が得られた（d=0.4〜0.5に相当）。t検定では有意性がみられなかったため、この効果は、このテーマの新たな研究に一般化できるようなものではなかった。したがって、この研究では、ダンスが読解力に対して効果的な指導方法であるとするエビデンスはないと結論付けた。

これらの研究におけるダンス指導について、より詳しく見てみたい。これらのうち3つの研究は、ダンス指導がアカデミックなスキル指導に合うよう意識して作られたプログラムを検証したものである。これら3つの研究のうち、プラスの効果量が得られたのは1つだけであった（Rose, 1999）。この研究は、ダ

第6章　ダンス教育の認知的成果

ンスを通じて読解を指導するよう設計されたウィールウインド・プログラムを検証、評価したものである。読解を指導する際にダンスがどのように用いられるかを示す一例として、生徒に、自分の体でアルファベット文字をつくってみるように言うことなどが考えられる。当然のことながら、この生徒たちは単語を読み解くことについて、対照群よりも得点が高かった。このプログラムは単語の読解を指導する上で効果的である、と結論付けることができる。もっとも、生徒たちがやったのはダンスだとダンサーに言ったら、ぞっとすることだろう。

　残りのメタ分析では、ダンボワーズのアメリカ・ナショナル・ダンス・インスティテュートに参加した後の学習成果を分析し、プラスの効果を示した(Seham, 1997)。この研究におけるダンス指導は純粋なダンスで、アカデミックな成果を支援するためにつくられたものではなかった。セーハム(Seham)は、読解力ばかりでなく他の様々な認知テストでも、このプログラムに参加した子供たちの方が対照群よりも得点が高いことを示した。

　これらの結果について、我々はどのように考えたらよいのだろうか。ダンスの指導は、標準テストで測定されるような認知スキルを実際に教えていたのだろうか。ダンスの指導によって注意力が高まり、それがテストの成績の改善につながったのだろうか。動機付けに関する一般的な説明を強く支持するエビデンスの1つは、ダンス・プログラムに参加した子供が対照群に比べて、言語及び数の標準到達度テストのすべてで得点が高かったというものだ。この研究ではできれば、他のワクワクするような新しいプログラムに参加した子供と、ダンス群の子供を比較するべきである。それによって、子供が新しいプログラムに参加して得る動機付けと、ダンスを行うことで高められるであろう効果を、区別することができるだろう。

　我々は、ダンス教育と読解力との関係を検証したREAP以後の研究を見つけることができなかった。

　今までのところ、ダンスの訓練が読解力を高めるという仮説を支持するエビデンスはない。

第3節　ダンス教育と視覚的・空間的スキル

ダンス教育と視覚的・空間的スキルに関するREAPのメタ分析

　ケイナネンら（Keinanen et al., 2000）は、非言語動作性IQスケール（空間的推論を含むスキルを評価すると考えられているもの）と、筆記型の非言語空間推論テストに対するダンス指導の効果を評価した1つの実験研究、及び3つの準実験研究（表6.4に示す）を見つけた。重み付け後の平均効果量はr=0.17（d=0.35）で、t検定の結果は有意であり、これらの結果を新たな研究に一般化できることが示された。ダンスは視覚的・空間的スキルを高めると結論付けることができる。また、この結果は転移に近いものであるが、これはダンスそれ自体が一種の視覚的・空間的活動であるためで、驚くには値しない。しかし、この結果はわずかな研究を基に得たものである。

表6.4　視覚的・空間的スキルに対するダンス教育の効果に関する準実験研究及び実験研究

研究者（研究グループ）	正の関係	複合的な関係／関係なし／負の関係
Bilsky-Cohen and Melnik（1974）*		○
Kim（1998）	○	
Von Rossberg-Gempton（1998）		○
Von Rossberg-Gempton（1998）		○
重み付け後の平均値	○	

注：すべての結果は表6.A1.2に示す。研究者の列の*は実験研究。
出典：Keinanen, Hetland and Winner（2000）.

　我々は、視覚的・空間的スキルに対するダンスの効果を評価したREAP以後の研究を見つけることができなかった。
　今のところエビデンスは少ないが、ダンスの訓練が視覚的・空間的スキルを高めるという仮説は確かに支持されている。これは、視覚空間テストの成績を用いて証明されてきた。ただし、これらの空間的能力を持つことによって、空

間的推論が重要な教科分野において、ダンサーがそれ以外の者よりも成績が良いのかどうかを検証した研究はまだない。

第4節　ダンス教育、問題解決能力、批判的思考力

　問題解決型の指導方法を適用したダンス教育には、批判的思考を行う傾向と、問題解決能力における自己効力感に対するインパクトがあるかどうかを調べた、韓国の実験研究がある。前者は、「カリフォルニア批判的思考力インベントリテスト（California Critical Thinking Disposition Inventory test）」によって測定された（Park, 2007）。ソウル市のある学校の78名の生徒が無作為に2つのグループに分けられたが、1つは実験群で、8週間にわたり、創作ダンスにおける問題解決型の指導を受けた。もう1つのグループは対照群で、伝統的な体育の授業を受けた。この研究では、真理の探求、柔軟な態度、分析力、知的好奇心といった批判的思考力に対して、ダンスにおける問題解決型指導方法のプラスの効果がみられた。（全体的な）問題解決能力における自己効力感も高まった。韓国のもう1つの準実験研究では、ダンスにおける自律的な指導方法も問題解決能力における自己効力感を高めることがわかった。なお、この実験で対照群は伝統的なダンス指導を受けた（Kim, 2007）。

　これら2つの研究は問題解決における自己効力感へのインパクトを示したもので、問題解決能力そのものへのインパクトを示したわけではない。1つの分野における自己効力感と成果にはほぼ相関がみられはしたが、批判的思考力に対するプラスの効果は、ダンス教育そのものよりも問題解決型指導方法と関係がありそうである。体育で問題解決型指導方法を受ける実験群と比較すれば、その結果はダンス教育そのものに帰することができるかもしれないが、まだ一般的な結論を出すには至っていない。

　それでもなお、この結果は、スキルの発達において指導方法が持つ重要性に光を当てている。明確に問題解決型の学習に焦点付けられたダンスの授業が、問題を提起し、発見し、解決する生徒の能力をどうやら高められそうだというのは、説得力のある説明である。

注記
1. アメリカ・ナショナル・ダンス・インスティテュートのウェブサイト（*www.nationaldance.org/about_founder.htm*）を参照。

引用・参考文献
Bilsky-Cohen, R. and N. Melnik (1974), *The Use of Creative Movement for Promoting the Development of Concept Formation and Intellectual Ability in Young Culturally Disadvantaged Children*, Final report, Hebrew University of Jerusalem, Jerusalem.

Carter, C.S. (2005), "Effects of formal dance training and education on student performance, perceived wellness, and self-concept in high school students", *Dissertation Abstracts*, International Section A: Humanities and Social Sciences, Vol. 65/8-A, pp. 2906.

Compton, C. (2008) "Thank you, Miss Katherine", *Phi Delta Kappan*, Vol. 90/3, pp. 182-185.

Dumais, S.A. (2006), "Elementary school students' extracurricular activities: The effects of participation on achievement and teachers' evaluations", Sociological Spectrum, Vol. 26/2, pp. 117-147.

Heausler, N.L. (1987), *The Effects of Dance/Movement as Learning Medium on the Acquisition of Selected Word Analysis Concepts and the Development of Creativity of Kindergarten and Second Grade Children*, Doctoral Dissertation, University of New Orleans.

Horowitz, R. (2003), *Executive Summary: National Dance Institute's In-School Education Programs Evaluation*, www.nationaldance.org/NDI_Awards_Recognition.pdf.

Keinanen, M., L. Hetland and E. Winner (2000), "Teaching cognitive skills through dance: Evidence for near but not far transfer", *Journal of Aesthetic Education*, Vol. 3/3-4, pp. 295-306.

Kim, J. (1998), *The Effects of Creative Dance Instruction on Creative and Critical Thinking of Seventh Grade Female Students in Seoul*, unpublished Doctoral Dissertation, New York University, New York, NY.

Kim, Y.O. (2007), "Effects of self-directed dance learning on high school girl students' academic motivation and problem-solving ability", *Journal of Korean Physical Education Association for Women*, Vol. 21/6, pp. 99-111 [in Korean].

Park, J.G. (2007), "The effects of dance classes with problem based learning on middle school students' critical thinking and problem-solving ability", *Korean Journal of Sport Psychology*, Vol. 18/2, pp. 105-122 [in Korean].

Rose, D. (1999), *The Impact of Whilrwind Basic Reading through Dance Program on First Grade Students' Basic Reading Skills*, unpublished Evaluation Study, February 1999, 3-D Group, Berkeley, California, referenced and described in Deasy (2002).

Schellenberg, E.G. (2004), "Music lessons enhance IQ", *Psychological Science*, Vol. 15/8, pp. 511- 514.

Schellenberg, E.G. (2010), "Examining the association between music lessons and intelligence", *Bristish Journal of Psychology*, Vol. 102/3, pp. 283-302.

Seham, J. (1997), *The Effects on At-risk Children of an In-school Dance Program*, Doctoral Dissertation, Adelphi University.

Twillie, G.B. (1980), *The Effects of Creative Dance on the School Readiness of Five Year Old Children*, Doctoral Dissertation, Texas Women's University.

Vaughn, K. and E. Winner (2000), "SAT scores of students with four years of arts: What we can and cannot conclude about the association", *Journal of Aesthetic Education*, Vol. 34/3-4, pp. 77-89.

Von Rossberg-Gempton, I.E. (1998), *Creative Dance: Potentiality for Enhancing Psychomotor, Cognitive, and Social-Affective Functioning in Seniors and Young Children*, Doctoral Dissertation, Simon Fraser University.

付録6.A1　附表

表6.A1.1　読解力に対するダンスの効果に関する4つの準実験研究及び実験研究

研究者（研究グループ）	N	R	Z (p)
Heausler（1987）*	132	0.03	0.38 (p = .35)
Rose（1999）	281	0.34	5.64 (p < .0001)
Seham（1997）	79	0.16	1.45 (p=.07)
Twillie（1980）*	35	-.013	-.76 (p = .22)（この標準化得点は、予想された正の関係とは逆になっている）

注：N：人数。R：効果量。Z (p)：統計的有意性。*：p<0.05で有意。コラム2.1参照。研究者の列の*は実験研究。
出典：Keinanen, Hetland and Winner（2000）。

表6.A1.2　視覚的・空間的スキルに対するダンス教育の効果に関する準実験研究及び実験研究

研究者（研究グループ）	N	R	Z (p)
Bilsky-Cohen and Melnik（1974）*	62	0.07	.55 (p = .29)
Kim（1998）	78	0.20	1.78 (p = .04)
Von Rossberg-Gempton（1998）	16	0.12	.47 (p = .32)
Von Rossberg-Gempton（1998）	32	0.29	1.63 (p = .05)

注：N：人数。R：効果量。Z (p)：統計的有意性。*：p<0.05で有意。コラム2.1参照。研究者の列の*は実験研究。
出典：Keinanen, Hetland and Winner（2000）。

第7章
創造性に対する芸術教育の効果

　本章では、音楽、視覚芸術、演劇、ダンス、そして、マルチ・アートの教育の効果をそれぞれ検討しながら、芸術教育の創造性に対する効果について検討する。芸術教育は創造性を教えると一般には考えられているものの、マルチ・アートと視覚芸術の分野の教育において、この仮説を証明するエビデンスはほとんど見当たらなかった。だが、演劇とダンスについては、この仮説を裏付けるエビデンスを見つけることができた。この仮説の裏付けが十分でないのは、創造性を測る方法に限界があることや、研究自体が少ないこと、すべての芸術指導が創造的に考えるよう生徒を導いているわけではないことからくるのではないかと、我々は推察している。

芸術に創造性はつきものである。芸術家は我々にとって、創造性とイノベーションのための、最高の社会的ロールモデルである。たとえプロでなくても、芸術は演劇のような活動とみなすことができる。そこでは自分のイマジネーションを表現したり、自分自身を表現したり、そして「創造的」になることもできる。こうした前提があるから、芸術に基づく教育プログラムは生徒の創造性を高め、さらにはそれが、芸術以外のアカデミックな教科に転移するかもしれないと期待されるのである。

　では、なぜ芸術教育が創造性を生み出すのだろうか。ヘトランドら（Hetland et al., 2013）による視覚芸術の指導の分析から、1つの仮説が生まれてきた。コラム4.1にあるように、視覚芸術の教師たちは生徒に対して、リクスをとること、試してみること、新しいことに挑戦してみることを繰り返し求めていた。つまり、自分がそれまでにやったことのあることを乗り越えていくよう働きかけていたのである。ヘトランドらは、これを「自分の能力を最大限使って探究する」よう生徒に問いかけていると分類した。この種の発話があらゆる芸術の授業でみられるとすれば、芸術の授業は、生徒をより創造的になるよう訓練していると期待できるかもしれない。少なくともここで言及している芸術分野では、そう言えるだろう。ただし、こうした取り組みの姿勢が他の分野に転移するかどうかという問題は、未解決のままである。

　ここで我々は、「小文字のc」の創造性（creativity）と、「大文字のC」の創造性（Creativity）とを明確に区別している。大文字のCの創造性とは、ある分野を根本的に変えるような主要なイノベーションを指す。例えばアインシュタインの相対性理論やダーウィンの自然淘汰説、ピカソとブラックによるキュビスムの考案、マーサ・グレアムによるモダンダンスの開拓などである（Csikszentmihalyi, 1996）。これらは、その分野を根本から変えるイノベーションである。小文字のcの創造性とは、（解決方法が他の人によってすでに発見されていたとしても）独力で問題を解決する方法を見つける活動、もしくは一般にない方法で問題を解決する活動を指す。この種の行動には、新しい方法で物事を考える力が必要となるが、その分野での大きな変更をもたらすようなものではない。いきなり大文字のCの創造性を発揮できる子供はいない。ある分野を変える前に、まずは誰しもその分野をマスターしなければならないので

ある (Gardner, 1993; Winner, 1996)。

　心理学者や教育者が創造性を数量化しようとする場合、1966年にポール・トーランス (Paul Torrarence) が開発したトーランスの創造性検査を用いることが多い。この検査は創造的思考力に関する言語と図形（視覚）の2つの基準から成り、「発散的」思考における流暢さ、柔軟さ、オリジナリティ、精緻さという4つの側面から測定するものである。言語形式の問題例には、もっと楽しく遊ぶために、動物のぬいぐるみのおもちゃを改良する方法を考えることや、一瞬にしてある場所から別の場所へと移動する能力を身に付けた人のように、あり得ないことが起こるとどうなるかを考えたり、あるいはレンガのようなありきたりの物を独特な方法で用いることを考えたりすることが含まれている。図形（視覚）の問題例には、絵を描くことや、あるテーマが与えられて絵を描いたり、「これは何だろう」という問いに答えることで、ふつうにはないデザインに名前を付けることなどがある。

　こうしたテストは創造性の一般的な要因を評価するという意味において「一般領域的」であって、音楽や数学、視覚芸術などの特定分野における創造性のレベルを測定するものではない。このため、このテストの予測妥当性にはいくらか疑問が持たれてきた (Baer, 1993など)。だが、ミラー (Millar, 2002) は、このテストで高得点を上げた子供たちは得点が低かった子供よりも、大人になったとき、創造的な職業に就く可能性が高いことを証明した。つまり、起業家や発明家、著述業、ソフトウェア開発者になっており、創造性に対して贈られる賞を獲得したり、芸術に関わっている者が多かった。こうした創造的な大人たちは、大文字のCよりも小文字のcの創造性を持っていると考えられる。

　プラッカー (Plucker, 1999) は構造方程式モデルを用いてトーランスのデータを再分析し、成人による創造的な達成の分散のおよそ半分が、トーランス式発散的思考テストの得点によって説明されることを証明した。そして、それは知能検査によって説明される分散の3倍以上であった。創造的な能力は、ここでも大文字のCの創造性（この種の創造性は極めてまれなものである）ではないと考えられる。創造的な業績の測定は、テストに参加した人々に、最も創造的な達成物を3つ挙げさせて、それを創造性のレベルで順位を付けたり、発明や刊行された著作物、創造性に対する賞など、社会的に創造的な成果として認

められたものの数によって行われた。

　創造性の一般的要素をみようとする広領域筆記テストに対して多くの批判があるものの、実はこうした検査が、後々の創造的な能力を予測しているということが、プラッカー（Plucker, 1999）からわかってきた。

　知能検査の各世代の得点が、およそ10ポイントずつ上がってきた一方で（これはおそらく都市化が進み、社会が豊かになってきたためであろう）、1990年まで着実に上昇してきたアメリカ人の創造性テストの得点は、現在低下傾向にある（Kim, 2010）。これは、トーランス式創造性テストにおける子供と大人、合わせて約30万人分の得点を分析した結果である。特に、幼稚園から6年生までのアメリカの子供（つまり約5〜11歳児）の得点をみると、急激に低下している。

　視覚芸術の成人学生を対象とした研究において、ゲッツェルズとチクセントミハイ（Getzels and Csikszentmihalyi, 1976）は、大きく異なる創造性の測定方法を開発した。彼らは、真の創造性とは既知の問題を解くことにあるのではなく、解決すべき新たな問題を見いだそうとすることにあると主張した。これは視覚芸術の創造性を対象とする領域限定的な測定法であり、問題解決というよりもむしろ「問題発見」測定と呼ばれた。視覚芸術の学生が多種多様なオブジェクト（物体）を与えられ、このうちどれでもよいから好きなオブジェクトを組み込んだ絵を描くように言われる。問題発見は、そのオブジェクトを探究することに費やした時間や、描くのを「終える」までにその紙に描くことを試した時間を含め、複数の方法で測定された。芸術の他の分野では、創造性を測定するために問題発見を開発しようとする試みは見いだせない。

　学校が標準テストのための準備を改めて重視していることについては、創造性を高める方法ではないとして批判されている（Looney, 2009など）。学校カリキュラムから芸術をはずすことによって、より創造的になる1つの優れた道筋を子供たちから奪っているという事実を嘆く芸術家も多い。それはとりもなおさず、創造性が経済発展のためだけでなく、教育的な理由からも重要な目的と考えられているからである。

　だが、創造的思考力に関する標準テストの成績と、いずれかの分野の芸術教育との間には、確立した結び付きがあるのだろうか。芸術を学ぶことによって、

第7章 創造性に対する芸術教育の効果

芸術クラスの中だけでなく芸術以外でも、批判的思考力及び創造的思考力を高めることができるのだろうか。

芸術クラスにおいても、芸術における創造性を高めることができるかどうかを検証した研究はまだないものの、優れた芸術教師は間違いなく、彼らが指導している芸術分野において、生徒に創造的に活動したり考えたりするよう指導している。ヘトランドら（2013）は視覚芸術の教師たちが強調する作品制作の姿勢を分析し（コラム7.1参照）、「リラックスすることと探究すること」を勧めたり、生徒に通常の限界を超えて新しいことに挑戦するよう勧める様子を報告している。つまり教師は、生徒に創造的であれと指導しているのである。だが、こうした生徒たちに与えられた、芸術の創造性を測定する方法はないことを忘れてはいけない。この研究から得られる結論は、視覚芸術では教師が生徒に対して創造的に活動するよう働きかけているということであって、創造的な行為が実際に学ばれているということではないのである。しかしながら大いにあり得るのは、優れた教師のいる優れた芸術クラスでは、生徒がその芸術分野において創造的に取り組むことを確実に学んでいるということだ。

トーランス式創造性テストのような筆記型の創造性テストを用いて、芸術教育と創造性との関係を検証した研究は多い。以下のとおり、多くの研究書が両者の間には正の関係があると報告している。創造性とマルチ・アートの指導、視覚芸術、演劇及びダンスを検証した研究を見つけることができたが、音楽指導の観点からこの関係について検証した研究を見つけることはできなかった。

第1節　マルチ・アート教育と創造性

マルチ・アートの教育と創造性に関するREAPのメタ分析

マルチ・アートの指導が創造性を高めるとする主張は、その指導が言語テストや数学テストの得点を高めるとする主張よりは妥当性があると思われる。というのも、芸術は、生徒が創造的であるよう真に促される場だからである。

相関研究

「教育と芸術の検証プロジェクト（REAP: Reviewing Education and the Arts Project）の報告書の中に、芸術指導が創造性を高めるとする主張を検証した10件の相関研究をメタ分析したものがある（Moga et al., 2000）（表7.1）。これらの研究すべてが、教育成果を測定するものとして標準的な筆記型の創造性テストを用い、芸術コースを取った生徒と取らなかった生徒の得点を比較している。重み付けした平均効果量は$r=0.28$（$d=0.6$に相当）であり、t検定の結果は有意であり、この効果は新たな研究でも一般化できることがわかった。

表7.1　マルチ・アート教育と創造性との関係に関する10の相関研究

研究者（研究グループ）	正の関係	複合的な関係／関係なし／負の関係
Burgart（1961）	○	
Burton, Horowitz, and Abeles（2000）	○	
Hamann, Bourassa, and Aderman（1991）	○	
Howell（1990）		○
Even（1963）		○
Skipper（1969）		○
Skipper（1969）		○
Dillard（1982）	○	
Even（1963）		○
Luftig（1993）	○	
重み付け後の平均値	○	

注：すべての結果は表7.A1.1に示す。
出典：Moga et al.（2000）.

準実験研究または実験研究

モガら（Moga et al., 2000）は言語的な創造性に関する3つの研究をメタ分析した。これらの研究は準実験的なものか、あるいは真に実験的なものであった（ただし、報告書では研究をこの2つの種類には分けていない）。表7.2で取り上げたのが、言語的な創造性を明らかにした3つの研究である。重み付けされた平均効果量は$r=0.003$とわずかであったため、t検定の結果は有意ではなかった。

第7章　創造性に対する芸術教育の効果

表7.2　言語的創造性に対するマルチ・アート教育の効果に関する3つの準実験研究及び実験研究

研究者（研究グループ）	正の関係	複合的な関係／関係なし／負の関係
Even（1963）		○
Skipper（1969）（females）		○
Skipper（1969）（males）		○
重み付け後の平均値		○

注：すべての結果は表7.A1.2に示す。
出典：Moga et al.（2000）.

　モガら（2000）はまた、図形的創造性に関する3つの研究をメタ分析したが、これについてもまた、報告書では準実験研究と真に実験的な研究とには分けていない。表7.3で取り上げたのが、図形的創造性を明らかにした3つの研究である。重み付けされた平均効果量は$r=0.15$であったが、t検定の結果は有意ではなく、この結果を新たな研究に一般化することができない。

表7.3　図形的創造性に対するマルチ・アート教育の効果に関する3つの準実験研究及び実験研究

研究者（研究グループ）	正の関係	複合的な関係／関係なし／負の関係
Dillard（1982）	○	
Even（1963）		○
Luftig（1993）	○	
重み付け後の平均値		○

注：すべての結果は表7.A1.3に示す。
出典：Moga et al.（2000）.

コラム 7.1　マルチ・アート教育と創造性：それは芸術によるものなのか、それとも革新的な教師によるものなのか

　芸術と創造的思考力との間の関係を検証した研究の中に、バートンら（Burton et al., 2000）による研究がある。それは第4、5、8学年の生徒2,406名を対象とするもので、芸術が統合されたカリキュラムで学習する者と、独立教科として専門家から芸術を学ぶ者がいた。芸術のプログラムの量からみると、芸術に力を入れている学校もあれば、そうでない学校もあった。芸術が盛んな上位4分の1に位置

> する学校の子供たちを、芸術があまり盛んでない下位4分の1に含まれる学校の子供たちと比較すると、トーランス式図形創造性テストにおいて、（データは報告されていなかったが）前者の方が後者よりも得点が高かった。
> 　芸術の盛んな学校の教師は、（教師の自己評価によれば）より革新的であり、このことが、この研究の解釈を難しくしている。芸術が盛んな学校の教師が実際により革新的であるとすれば（教師の自己評価を基に言うことは難しいが）、教師のイノベーションが創造性をより高めるための要因となっている可能性もある。

　我々は、REAP以後に創造性に対するマルチ・アート教育の効果を探究した1つの準実験研究と2つの実験研究を見つけることができた（表7.4及び表7.5）。

表7.4　マルチ・アート教育と創造性に関する準実験研究（幼稚園対象）

研究者（研究グループ）	プラスの結果	マイナスの結果
Byun（2004）	○	

表7.5　マルチ・アート教育と創造性に関する2つの実験研究

研究者（研究グループ）	プラスの結果	マイナスの結果
Garaigordobil and Pérez（2001）	○	
Garaigordobil and Pérez（2002）	○	

　ビャン（Byun, 2004）は、韓国のソウルと京畿道に住み、同じような社会経済的背景を持つ5歳と6歳の児童111名を対象に、絵本を用いた芸術教育プログラム（AEPPB: Arts Educational Program with Picture Books）の創造性に対するインパクトを調査した。対照群が通常のプログラムを受けたのに対して、61名の実験群は絵本を用いた3種類の指導を受けた。その指導活動とは次のようなものである。最初に教師がその絵本について一斉学習の形式で読み聞かせした後、子供たちにその物語に関する絵を描いたり、その物語について感じたことを（タンバリンやカスタネットなどの）楽器で表現したり、物語の続きを考えてみたりするように言う。その後で、それぞれの作品について意見を出し合ったり、作品が物語とどのような関係があるかについて話し合ったりする。10週間にわたる実験では、幼児のための韓国総合創造性テスト（K-CCTYC:

第7章　創造性に対する芸術教育の効果

Korean Comprehensive Creativity Test for Young Children）を用いて言語、美術、身体表現における創造性が、そしてまた、音と音楽における創造性測定（MCSM: Measures in Creativity in Sound and Music）を用いて音楽における創造性が、それぞれ測定された。介入当初、この2つのテストとも対照群と実験群との間に違いはみられなかったが、子供たちがプログラムに参加した後は、いずれの創造性においても、実験群の方が有意に得点が高かった。

　ガラゴルドビルとペレズ（Garagordobil and Perez, 2002）は、6歳から7歳の（第1学年の）子供を対象に、言語及び図形の創造性に対するIkertzeの芸術プログラムのインパクトを評価した。介入は、無作為に実験群89名と対照群46名とに分けられた生徒を対象に行われた。実験群はIkertzeの芸術プログラムを行うが、そこでは視覚芸術、音楽、演劇に関連する概念を同時に探究する、協調的な指導方法が用いられる。例えば、視覚芸術では虚無感や充実感として探究されたものが、音楽では音や静寂に、さらに演劇では静と動に関するものとなる。対照群は、伝統的な芸術教育のカリキュラム（3つの分野の芸術をカバーする介入）を受けるが、実験群との特徴の違いはなく、それ以前の芸術教育についても相違はなかった。彼らは、トーランス式創造的思考力テストと「デ・ラ・トーレによる創造性評価のための解除反応テスト（Test de Abreaccion para Evaluar la Creatividad by De la Torre)」を用いて、言語及び図形の創造性に関するマルチ・アートプログラムの効果を測定し、プラスの効果があることを発見した。また、同様の介入による別の報告書では、ガラゴルドビルとペレズ（2001）は、別のトーランス創造性テストを用いて、運動創造性に対するそれらの介入によるプラスの効果を測定した。

　ある1つの教授法によるマルチ・アートプログラムに、創造性に対するプラスのインパクトが認められたからといって、他のマルチ・アート教育にも同種の効果があると結論付けることはできない。もちろん、一定の指導方法に基づく芸術教育が創造性のいくつかの側面を高めることははっきりしている。

　マルチ・アート教育と一般的な創造性との間には確かな相関関係、そして積極的な発見が数多くあるものの、マルチ・アート教育が筆記型の創造性テストにおける子供の成績を高めるという仮説を支持するだけの十分なエビデンスはない。これまでのところ実験研究は、一般化できるような結果を生み出すには

いたっていない。そして、プラスの効果を報告した場合でも、創造的スキルが高まり、生徒がそれを用いたとする研究報告は、これらの創造性テスト以外ではない。

　芸術教育のプログラムに参加することによって、ある学問分野における創造性が実際に影響を受けるかどうかについては、今後の研究を待たなければならない。今後の研究はまた、新たな課題を発見する能力（Getzels amd Csikszentmihalyi, 1976）、あるいは好奇心に満ち、独創的な問いを考え出す性向といった、より質的で創造的な思考力を検証することになるだろう。

　REAPの研究者は、特定の芸術分野を対象とした創造性を研究対象としなかった。個別の芸術分野における創造性の成果を評価する研究については、以下で検討することとしたい。

第2節　音楽教育と創造性

　我々は、音楽教育が領域間で汎用性のある子供の創造性を高めることができるかどうかを検証した研究を見つけることができなかった。準実験研究では、幼稚園において算数と音楽を統合した活動の効果を検証したものがあるが、リーとキム（Lee and Kim, 2006）によれば、その指導方法は音楽的創造性に対して何ら効果がなかった（音楽における記録能力発達テストを用いて測定）。これはおそらく、その指導方法が数学に焦点を当てたものであったためだと思われる（第3章コラム3.5参照）。我々はまた、発散的思考について音楽家と音楽家以外の人を比較した研究を見つけたが、これは音楽家が高い発散的思考力を持つことを証明したものであった（Gibson *et al.*, 2009）。

第3節　視覚芸術教育と創造性

大人を対象とした研究

　モリソン（Morrison, 2001）の相関研究では、心理学専攻の学生による視覚

芸術への取組み（学生の質問紙に対する回答結果）と、与えられた形から新しい形を創り出すという視覚創造性課題における成績とに関係がみられた。視覚芸術への関与によって、課題に対する解法をより革新的（発散的）に考えることができるようになったと考えられた。視覚芸術教育と子供の創造性について、わかっていることは何だろうか。

準実験研究

表7.6のように、視覚芸術教育と創造性の間の関係を評価した2つの準実験研究が見つかった。

表7.6　視覚芸術学習と創造性との関係を評価した2つの研究

研究者（研究グループ）	プラスの結果	マイナスの結果／結果不明
Korn（2010）		○
Catterall and Peppler（2007）	○	

コーン（Korn, 2010）は、ニューヨークのグッゲンハイム美術館において、生徒が視覚芸術プロジェクトをつくる「芸術を通じた学び（LTA: Learning Through Art）」と呼ばれるプログラムを検証した。プログラムを指導している芸術家は問題解決能力にたびたび着目し、生徒に目的を持って考え、よく考えた上で選択するよう指導した。我々は、問題解決の成果を、本研究で取り上げている創造性とかなりよく似ていると捉えている（課題に対して革新的な答えを得ようとしているからである）。コーンの研究の目的は、LTAが生徒の問題解決能力に対して明確な効果を持つかどうかを明らかにすることであった。研究は、6校の第5学年の児童418名を対象に行われたが、うち3校はLTAプログラムを受講し、3校は受講していなかった。実験では、児童は様々な材料（フェルト、のり、紙、はさみなど）が入ったかばんを渡され、その中から少なくとも3つの材料を使って、15分以内にミニチュアのイスをデザインするという課題に取り組んだ。この芸術的な課題に対して、どのような問題解決的な方略を持って取り組んだかということについて測定がなされた。作業中の児童の様子も課題を終えるまで観察され、終了後は課題を解決する過程について面接が行われた。3つの質的測定において、LTAを受講した児童は対照群よ

りも良い結果を示した。すなわち、LTAを受講した児童は目的を持って選択し、問題が発生したときのフラストレーションが低かった。さらに、他に使ったかもしれない材料はどれかと尋ねられると、LTAを受講した児童は、実際には利用できなかったものでも、その材料の名前を挙げることができた。ただし、LTAを受講した児童でも対照群の児童よりも得点が低い側面があり、それは彼らが使った材料の特性をどの程度試しているか（実験という尺度）である。他の側面（イメージすること、他の実験方法、リソースの認識、目的と目標とを結び付けること）では、両群に違いはみられなかった。

　カテラルとペプラー（Catterall and Peppler, 2007）は、都市部にある複数の学校の第3学年の児童を2つのグループに分け、比較した。1つは、20〜30週間にわたるコースで質の高い視覚芸術の指導を受けたグループ、もう1つは、同じ学校の児童で特別な視覚芸術の指導を受けなかったグループである。視覚芸術の指導を受けた子供たちは、視覚芸術の指導を受けなかった子供たちに比べ、測定の基準の1つであるオリジナリティの点で、自己評価が統計的に有意に高かった。オリジナリティは、新しいおもちゃを考案するにあたって自分がどれだけうまく考えたかを児童に質問して測定された。自己評価による測定方法のため、児童のオリジナリティが実際に高いのかどうかは本当のところよくわからない。ただ、子供たちは自分たちにオリジナリティがあると信じていたのは確かである。

　視覚芸術教育が、創造性を高めることを示すエビデンスは少ない。3つの研究のうち2つについてはプラスの効果が報告されているものの、いずれも自己評価によるものである。

第4節　演劇教育と創造性

相関研究

　表7.7に示すとおり、演劇教育と創造性との関係を評価した相関研究が1つ見つかった。イェ（Yeh, 2008）は、演技指導への参加の程度と創造性のレベルとの間に関連があると報告している。実験では、就学前の子供が受けている

第7章　創造性に対する芸術教育の効果

演技指導の頻度（量）に応じて、多い、中程度、少ないの3つのグループに子供たちを分け、就学前創造性テスト（Preschoolers Creativity Test）で測定した。演技指導を最も多く受けているグループが創造性において最も得点が高く、続いて中程度のグループ、最も少ないグループが最も得点が低いという結果となった。

表7.7　演劇学習と創造性との関係を評価した相関研究

研究者（研究グループ）	プラスの結果	マイナスの結果／結果不明
Yeh（2008）	○	

実験研究

我々は、演劇教育または演技指導と、創造性または問題解決能力との関係を検証した2つの実験研究を見つけた（表7.8を参照）。

表7.8　演劇学習と創造性との関係を評価した2つの実験研究

研究者（研究グループ）	プラスの結果	マイナスの結果／結果不明
Warger and Kleman（1986）	○	
Hui（2006）	○	

ワーガーとクレマン（Warger and Kleman, 1986）の実験研究では、6歳から10歳の児童を対象に、創造性に対する演劇の効果を評価した。子供たちは、1）行動障害があり、施設で教育を受けている子供、2）行動障害がなく、施設で教育を受けていない子供、3）障害がなく、施設で教育を受けている子供、4）障害がなく、施設で教育を受けていない子供の4グループに分けられた。それぞれのグループにおいて、子供たちは2週間にわたり1日当たり30～45分間の創造的な演技指導を受ける場合と、創造的な演技指導を受けない対照群とに無作為に割り当てられた。円滑さ、オリジナリティ、イマジネーションに関するトーランスの創造性検査において、演技指導を受けたことのある4つのグループすべてが、統制群よりも得点が高かった。

フーイ（Hui, 2006）による2つ目の研究は、演劇指導は創造性、表現豊かなコミュニケーション能力及び創造的描画能力を高めたことを報告している。第

1学年と第4学年の児童126名が無作為に選ばれ、演技指導を受けた。対照群は、無作為に選ばれた69名の児童から成り、スポーツなどの他の指導を受けた。実験の参加者全員がワラック゠コーガン創造性テスト（Wallach-Kogan creativity tests）の他、創造的に考えて絵を描くテスト（tests for creative thinking-drawing production）と物語を語るテスト（a story-telling test）を受けた。物語を語るテストは実験者が作り、採点を行った。このプロジェクトで演技指導を受けた子供は、演技指導を受けなかった子供に比べ、より創造的な応答を創り出し、より創造的に絵を描こうとする傾向をみせ、より表現豊かに、より面白い物語を考えようとした。

このように、これら2つの実験研究はいずれも、演劇学習（創造的な演技指導）が子供の創造性テストの得点を高めるという仮説を裏付けるエビデンスを与えてくれた。

なぜ演劇の訓練が視覚芸術の訓練よりも創造性に対してより強い効果を持っているのか、その理由はまだわかっていない。だが先にみたとおり、演劇の訓練が話すスキルに対して強い効果があるために、言語的創造性テストの得点を高めたということも1つの可能性としてあり得る。

第5節　ダンス教育と創造性

大人のダンサー

大人を対象とした、ダンス教育と創造性または問題解決能力との関係を評価した相関研究を、1つ確認できた。ブレナン（Brennan, 1982）は、大学生のダンサーにおけるダンスの創造性とギルフォードの創造性検査（Guilford's measures of creativity）との間に相関はみられないことを発見した。ダンスを専攻した卒業生と大学生、計61名を対象に、ダンスにおける創造性を評価するとともに、ギルフォード検査の「物語のタイトル」「他の方法」「物作り」及び「スケッチ課題」を用いて、彼らの一般的な創造性を検査した。その結果、ダンスにおける創造性と一般的な創造性との間に相関はみられなかった。このことから、創造性の分野一般的測定は、ある特定の芸術分野における創造性を

第7章　創造性に対する芸術教育の効果

測定するには適していないと考えられる。

準実験研究

我々は、ダンス教育と創造性または問題解決能力との関係を評価した準実験研究を2つ見つけた（表7.9参照）。これらの研究は、一般の教育課程に統合されたダンスというよりもむしろ、独立教科として指導されるダンスを評価したものである。

表7.9　創造性に対するダンス教育の効果を評価した2つの準実験研究

研究者（研究グループ）	プラスの結果	マイナスの結果／結果不明
Kim（1998）	○	
Minton（2000）	○	

キム（Kim, 1998）は第7学年の少女を対象に、創造的なダンス指導のプログラムと伝統的なダンス指導のプログラムを15回、8週間にわたって行い、創造的思考力に対する効果を比較した。この準実験研究は、ケイネナンら（Keinenan et al., 2000）のREAPのメタ分析に含まれるものだが、そのメタ分析で用いられた教育効果は非言語的推論である。ここでは、研究結果を創造性の観点から検討する。また、創造的思考力は、創造的思考力に関するトーランスのテストのうち、図形を用いたテストによって測定された。創造的なダンス指導プログラムに参加した子供たちは、創造的思考力が有意に高いことを示した。これに対して、非言語的推論のテスト（レーブン色彩マトリックス検査）においては、創造的なダンス指導の効果はみられなかった。この研究は、創造的ダンスという1つのダンス指導形態が、創造的思考力を選択的に高めているとは考えられるものの、非創造的で論理的な形態の推論には影響しないことを証明した。

ミントン（Minton, 2000）は、15歳児を対象に、1学期間ダンスの訓練を受けた場合とそうでない場合について、トーランス式創造的思考力テストの図形テストを用いて創造的思考力に対する効果を測定し、比較した。ダンスの訓練を受けた者の得点は受けなかった者に比べ、有意に上がった。

実験研究

我々は、ダンス教育と創造性または問題解決能力との関係を検証した実験研究を2つ見つけた（表7.10参照）。これらの研究もまた、通常のカリキュラムに統合されたダンスというよりもむしろ、独立教科として指導されるダンスを対象としたものである。

表7.10　創造性に対するダンス教育の効果を評価した2つの実験研究

研究者（研究グループ）	プラスの結果	マイナスの結果／結果不明
Caf *et al.* (1997)	○	
Reber and Sherrill (1981)	○	

キャフら（Caf *et al.*, 1997）は、ダンスの授業が活動性低下（hypoactive）の子供の創造的思考力を発達させることに気付いた。学習障害や活動性低下と診断された7歳から10歳の16人を対象に行われた実験では、ダンスの訓練を行うグループとダンスの訓練を行わないグループに無作為に分けた。ダンスの訓練を受けた子供たちは受けなかった子供たちに比べ、トーランス式創造的思考力テストの図形を用いたテストにおいて、創造的思考力の得点が有意に高かった。ただし、（教師が測定した）身体イメージまたは機能低下行動（hypoactive behaviour）では、そのような結果は得られなかった。

もう1つの研究であるレバーとシェリル（Reber and Sherrill, 1981）は、聴覚障害を持つ生徒に教師が創造的スキルを指導するのに、ダンスを用いることができることを示した。聴覚に障害を持つ20名の子供たちが、トーランスの図形を用いた創造性テストを受けた。うち10名は10週間にわたりダンスの訓練を受け、残る10名はダンスの訓練を受けなかった。ダンス指導を受けた生徒はダンス指導を受けなかった生徒に比べ、創造的思考力の3つのテストすべてにおいて、より大きな改善がみられた。

このように、2つの準実験的研究及び2つの実験研究はいずれも、ダンスの学習が子供の創造性の得点を高めるという仮説を裏付けるエビデンスを示したのである。

第7章　創造性に対する芸術教育の効果

第6節　創造性の成果：結論

　芸術教育が子供の創造性を育むという主張は、自明のことかもしれない。結局のところ、芸術は本質的に創造的な活動なのである。だが、驚くべきことに、マルチ・アートと視覚芸術の教育の分野では、この仮説を裏付けるエビデンスをほとんど見つけることができなかった。だが、演劇とダンスの分野では、この仮説を裏付ける研究を見つけることができた。

　芸術教育は創造性を高めるということを明確に示すものが、圧倒的に不足している。その理由の1つが、創造性を測定する方法がもっぱら筆記型テストであるということだ。おそらく、これらは創造性を測るためには十分な測定方法ではない。加えて、子供が真に探究したり、考案したりするような方法で芸術が教えられなければ、芸術教育が子供たちをより創造的にすると考えることはできない。多くの芸術クラスでは、合唱したり、学校の廊下に飾るクリスマスのデコレーションをつくったりといったルーティン以上のことを、子供に求めている。また、他の教科と同様に、熟達することが求められる芸術に対して独創的にアプローチできるようになるためには、一定レベルの習熟や習得が求められる。そうした創造性を他の教科や分野に転移させるには、なおさらそうである。しかしながら、創造性は分野ごとに大きな違いがあり、ある分野の芸術から他の芸術分野へと転移できる創造性はあまりなく、この点、アカデミックな教科への転移はなおさら難しいであろう。

注記

1. *www.newsweek.com/2010/07/10/the-creativity-crisis.html*.

引用・参考文献

Baer. J.（1994）, "Why you shouldn't trust creativity tests", *Educational Leadership*,

Vol. 51/4, pp. 80-83.

Brennan, M.A. (1981), "Relationship between creative ability in dance and selected creative attributes", *Perceptual and Motor Skills*, Vol. 55/1, pp. 47-56.

Burgart, H. (1961), "Art in higher education: The relationship of art experience to personality, general creativity, and aesthetic performance", *Studies in Art Education*, Vol. 2/2, pp. 14-33.

Burton, J., R. Horotowitz and H. Abeles (2000), "Learning in and through the arts: The question of transfer", *Studies in Art Education*, Vol. 41/3, pp. 228-257.

Byun, Y.H. (2004), *The Effects of Arts Educational Program with Picture-Books on Creativity and Designing Rubrics for Assessing Young Children's Creativity*, Doctoral Dissertation, Sungyunkwan University [in Korean].

Caf, B., B. Kroflic and S. Tancig (1997), "Activation of hypoactive children with creative movement and dance in primary school", *The Arts in Psychotherapy*, Vol. 24/4, pp. 355-365.

Catterall, J.S. and K.A. Peppler (2007), "Learning in the visual arts and the worldviews of young children", *Cambridge Journal of Education*, Vol. 37/4, pp. 543-560.

Csikszentmihalyi, M. (1996), *Creativity: Flow and the Psychology of Discovery and Invention*, Harper Collins, New York, NY.

Dillard, G. (1982), *The Effect of a Fine Arts Program on Intelligence, Achievement, Creativity, and Personality Test Scores of Young Gifted and Talented Students*, Doctoral Dissertation, East Tennessee State University.

Even, R. (1963), *An Experimental Study of the Comparative Effect of Selected Art Experiences on the Creative Performance and Attitudes of Academically Superior Students*, Doctoral Dissertation, University of Minnesota.

Garaigordobil, M., J.I. y Perez (2001), "Impacto de un programa de arte en la creatividad motriz, la percepcion y el autoconcepto en ninos de 6-7 anos", *Boletin de Psicologia*, Vol. 71, pp. 45-62.

Garaigordobil, M, J.I. y Perez (2002), "Efectos de la participacion en el programa de arte Ikertze sobrela creatividad verbal y grafica", *Anales de Psicologia*, Vol. 18/1, pp. 95-110.

Gardner, H. (1993), *Creating Minds: An Anatomy of Creativity Seen Through the Lives of Freud, Einstein, Picasso, Stravinsky, Eliot, Graham and Gandhi*, BasicBooks, New York, NY.

Getzels, J. and M. Csikszentmihalyi (1976), *The Creative Vision: A Longitudinal*

Study, Wiley, New York, NY.

Gibson, C., B.S. Folley and S. Park (2009), "Enhanced divergent thinking and creativity in musicians: A behavioral and near-infrared spectroscopy study", *Brain and Cognition*, Vol. 69/1, pp. 162-169.

Hamann, D., R. Bourassa and M. Aderman (1991), "Arts experience and creativity scores of high school students", *Contributors to Music Education*, Vol. 18, pp. 36-47.

Hetland, L., E. Winner, S. Veenema and K. Sheridan (2013), *Studio Thinking2: The Real Benefits of Visual Arts Education*, 2nd edition, Teachers College Press, New York, NY. First edition: 2007.

Howell, C. (1990), *The Relationship between Arts Education and Creativity among High School Students*, Doctoral Dissertation, University of Northern Colorado.

Hui, A. and S. Lau (2006), "Drama education: A touch of the creative mind and communicative-expressive ability of elementary school children in Hong Kong", Thinking Skills and Creativity, Vol. 1/1, pp. 34-40.

Keinanen, M., L. Hetland and E. Winner (2000), "Teaching cognitive skills through dance: Evidence for near but not far transfer", *Journal of Aesthetic Education*, Vol. 34/3-4, pp. 295-306.

Kim, J. (1998), *The Effects of Creative Dance Instruction on Creative and Critical Thinking of Seventh Grade Female Students in Seoul*, unpublished Doctoral Dissertation, New York University, New York, NY.

Kim, K.H. (2010), as reported in P. Bronson and A. Merryman (2010), "The creativity crisis", *Newsweek*, July 10, www.newsweek.com/2010/07/10/the-creativity-crisis.pring.html.

Korn, R. and Associates, Inc. (2007), *Educational Research: The Art of Problem Solving*, Solomon R. Guggenheim Museum, New York, NY.

Luftig, R. (1993), *The Schooled Mind: Do the Arts Make a Difference? An Empirical Evaluation of the Hamilton Fairfield SPECTRA+ Program, 1993-1994*, Hamilton, Ohio.

Millar, G.W. (2002), *The Torrance Kids at Mid-Life*, Ablex, Westport, CT.

Minton, S. (2003), "Assessment of high school students' creative thinking skills: A comparison of dance and nondance classes", *Research in Dance Education*, Vol. 4/1, pp. 31-49.

Moga, E., K. Burger and E. Winner (2000), "Does studying the arts engender creative thinking? Evidence for near but not far transfer", *Journal of Aesthetic*

Education, Vol. 34/3-4, pp. 91-104.

Morrison, R.G. and B. Wallace (2001), "Imagery vividness, creativity and the visual arts", *Journal of Mental Imagery*, Vol. 25/3-4, pp. 135-152.

Plucker, J.A. (1999), "Is the proof in the pudding? Reanalyses of Torrance's (1958 to present) longitudinal data", *Creativity Research Journal*, Vol. 12/2, pp. 103-114.

Reber, R. and C. Sherrill (1981), "Creative thinking and dance/movement skills of hearing-impaired youth: An experimental study", *American Annals of the Deaf*, Vol. 126/9, pp. 1004-1009.

Skipper, C. (1969), *A Study of the Development of Creative Abilities in Adolescence*, The Living Arts Program, Title III, E.S.E.A, Dayton, Ohio.

Warger, C.L. and D. Kleman (1986), "Developing positive self-concepts in institutionalized children with severe behavior disorders", *Child Welfare*, Vol. 65/2, pp. 165-176.

Winner, E. (1996a), *Gifted Children: Myths and Realities*, BasicBooks, New York, NY.（『才能を開花させる子供たち』エレン・ウィナー著、片山陽子訳、日本放送出版協会、1998年）

Yeh, Y-C. and M-L. Li (2008), "Age, emotion regulation strategies, temperament, creative drama, and preschoolers' creativity", *The Journal of Creative Behavior*, Vol. 42/2, pp. 131-148.

付録7.A1　附表

表7.A1.1　マルチ・アート教育と創造性との関係に関する10の相関研究

研究者（研究グループ）	N	R	Z (p)
Burgart (1961)	100	.43	4.25*
Burton, Horowitz, and Abeles (2000)	1202	.29	10.20*
Hamann, Bourassa, and Aderman (1991)	76	.27	2.34 (p=.01)
Howell (1990)	135	.09	1.03 (p=.15)
Even (1963)	37	.16	0.95 (p=.17)
Skipper (1969)	157	-.05	-0.68 (p=.25)
Skipper (1969)	55	.05	0.33 (p=.37)
Dillard (1982)	97	.30	2.95 (p=.002)
Even (1963)	37	.15	0.90 (p=.18)
Luftig (1993)	412	.12	2.33 (p=.01)

注：N：人数。R：効果量。Z (p)：統計的有意性。*：p<0.001で有意。コラム2.1参照。
出典：Moga et al. (2000).

表7.A1.2　言語的創造性に対するマルチ・アート教育の効果に関する3つの準実験研究及び実験研究

研究者（研究グループ）	N	R	Z (p)
Even (1963)	37	.16	0.95 (p=.17)
Skipper (1969)（女子）	157	-.05	-.068 (p=.25)
Skipper (1969)（男子）	55	.05	0.33 (p=.37)

注：N：人数。R：効果量。Z (p)：統計的有意性。*：p<0.001で有意。コラム2.1参照。
出典：Moga et al. (2000).

表7.A1.3　図形的創造性に対するマルチ・アート教育の効果に関する3つの準実験研究及び実験研究

研究者（研究グループ）	N	R	Z (p)
Dillard (1982)	97	.30	2.95 (p=.002)
Even (1963)	37	.15	0.90 (p=.18)
Luftig (1993)	412	.12	2.33 (p=.01)

注：N：人数。R：効果量。Z (p)：統計的有意性。*：p<0.001で有意。コラム2.1参照。
出典：Moga et al. (2000).

第8章
学業への動機付けに対する芸術教育の効果

　本章では、アカデミックな教科の学習への動機付けに対する芸術教育の効果を検討する。芸術教育が生徒のアカデミックな学習への動機付けを高めるという考え方は、広く知られた1つの仮説である。我々は、生徒が芸術クラスで高い動機付けを示した研究や、芸術を学ぶ生徒がそうでない生徒よりも、アカデミックな教科の学習に強い意欲をみせる傾向があることを示した研究を検討した。だが、これらは相関的な結果であり、芸術の訓練がアカデミックな教科への意欲を高める要因になっていると結論付けることはできない。意欲の高い生徒が芸術の学習を選択した可能性も、同じくらいあり得るからだ。この疑問を明らかにする実験研究が求められる。

教育者は、生徒が学習したいと思うような方法を常に探し求めている。学習する上で動機付けが鍵となるからだ。生徒は、学習への意欲がなければ、学習しようとはしない。このことはイノベーションが原動力となる社会ではさらに一層重要であり、そこでは「創造的な破壊」によって、生涯にわたる様々な形の学習に取り組むことが、人々に求められる。粘り強さ、自分の社会経済的背景をはねのける力（resilience）、そして行動力といったものが、人々の持続的な成功に関係する重要な行動スキルとしてますます認識されている（Tough, 2012）。芸術教育と学力との因果関係の根底にあるであろう間接的なメカニズムを介して、芸術の本質的な魅力によって、学習への動機付けが高められるのかもしれない。たぶん、芸術を学ぶ生徒は初めての学習にワクワクするのだろう。その結果、アカデミックな教科の授業で好奇心が高まったり、熱心に取り組んだり、動機付けが高まったりするかもしれない。もちろん、こうした仮説が成り立つのは、芸術クラスで生徒が実際にワクワクしたり、熱心に取り組んだりすることができての話であり、その上で、そのワクワク感が他の教科の授業にも広がる必要があると思われる。

　ヘトランドら（Hetland *et al.*, 2013）は視覚芸術の教師の発話を分析し（コラム 4.1 参照）、これらの教師たちが、長時間継続して生徒に課題をやらせ続けたことを報告した。彼らは、教師たちのこの種の発話を、生徒に「粘り強く取り組ませる」ものとコード化した。この種の発話が芸術クラスで一般的に行われているとすれば、芸術の学習機能として内部志向に集中し、それを展開させることを生徒が学ぶと考えることができるかもしれない。そしてこの種のスキルは確かに、アカデミックな学習の動機付けにも関係している。

　芸術における学習が学校での頑張りの動機付けを高め、アカデミックな教科の学習への取組みを改善するという仮説について、そのエビデンスはどんな状況にあるのだろうか。

第8章　学業への動機付けに対する芸術教育の効果

第1節　マルチ・アート教育とアカデミックな学習の動機付け

マルチ・アート教育とアカデミックな学習の動機付け研究に関するREAPのメタ分析

　ウィナーとクーパー（Winner and Cooper, 2000）は、芸術教育における、アカデミックな動機付けと関連する成果について、生徒をくまなく比較して、23の結果を示した多数の相関研究を見つけた。アカデミックな動機付けによる成果とは、アカデミックな教科に対する自己概念、授業の出席状況、意欲、取組みである（表8.1）。これらの概念は次のような動機付けに関連している。すなわち、アカデミックな教科における自己概念が高いことが、アカデミックな動機付けの前提条件にも、あるいはまた結果にもなり得る。さらに、学校の出席状況、なりたいものになろうという大望、そして学校での取組みといったものすべてが学業への動機付けになる。

　典型的な相関研究では、これらの動機付けの成果の1つに着目して、芸術クラスに参加している生徒とそうでない生徒を比較している。我々が見つけた数少ない準実験研究のうち、1つの研究では、学校で芸術教育を行う前と行った後を比較する方法がとられていた。これらの研究はいずれも実験研究ではなかったため、因果関係を結論として導くことはできない。これらの研究のうちの1つについて、コラム8.1に紹介する。

　これらの研究のほとんどがメタ分析を可能にする十分な定量的情報量を持たなかったため、これらに対してメタ分析を行うことはできなかった。表8.1に示すとおり、確認できた23の研究のうち21の研究において正の関係がみられ、残る2つの研究では関係がみられなかった。そのうちの1つが出席状況に関するもので、もう1つが大学の中退に関するものである。すなわち、アカデミックな教科に対する芸術教育の間接的な効果の相関を検証した研究のほとんどで、正の関係がみられた。残念なことにアカデミックな成果を検証しておらず、これらの動機付けの成果と学力の向上との因果関係を証明するものにはなっていない。

コラム 8.1 芸術教育はハイスクール中退を食い止めることができるのか：エビデンスはまだない

芸術に参加することによって、ハイスクールの中退率を低下させることができるのだろうか。マホニーとケアンズ（Mahoney and Cairns, 1997）は、392名の生徒が第7学年から第12学年になるまでの間、課外活動について毎年インタビューを行った。生徒は、芸術活動、スポーツ、あるいは職業関係の課外活動のいずれかに参加した者と、いずれの活動にも参加しなかった者とに分類された。そして、11年生を終了できなかった者を中退とした。

61名の生徒（全体の16％）が中退したが、これらの生徒は他の生徒に比べ、すべての学年において課外活動への参加が有意に少なかった。ミドルスクール段階でみると、中退者と中退しなかった者との違いはスポーツへの参加状況にだけ現れ、中退しなかった生徒は中退者に比ベスポーツに有意に参加していた。つまり、芸術への参加については、ミドルスクール段階では中退との関係がみられなかった。

ハイスクール段階では、芸術にある程度参加した生徒で中退した者はわずか7％であったのに対し、芸術にまったく参加していない生徒は27％が中退した。だがその違いは、統計的に有意な差（p=0.08）に届く程度でしかない。スポーツや職業分野に参加した生徒の中退は、ハイスクール段階ではいずれも統計的に有意に低かった。

いずれかの課外活動に参加していて、中退の可能性が高い生徒は少なく、芸術活動への参加者と芸術以外の課外活動への参加者との予測中退の差は、芸術活動に参加している生徒で中退した1名の生徒だけで、他のスポーツや職業分野に参加した生徒で中退した生徒はいなかった。

研究者たちは賢明にも、中退が複数の原因と関係しており、1つの原因では説明がつかないと結論付けている。彼らはまた、彼らの研究結果がすべて相関的なものであることを認めている。課外活動が中退を防ぐのかどうか、あるいはまた、こうした課外活動はもともと中退のリスクが低い生徒に訴えるものがあるのかどうか、結論を出すことはできない。

訳注：アメリカの学校制度では、ミドルスクールは小学校卒業後3～4年の課程で、通常11（10）～13歳が学ぶ。ハイスクールは小学校またはミドルスクール卒業後、通常3年／4年／6年の課程で12～17歳が学ぶ。

第8章　学業への動機付けに対する芸術教育の効果

表8.1 [1/3]　芸術と学力の動機付け指標との関係を評価した相関研究

研究者（研究グループ）	動機付け指標	正の関係	関係なし	交絡／制約	掲載先
Burton, Horowitz and Abeles (2000)	アカデミックな教科に対する自己概念	芸術に対する取組みの高い生徒の41%が、アカデミックな教科に対する自己概念が高い上位4分の1に位置する得点を取っている。芸術に対する取組みの低い生徒の場合は18%であるが、有意確率は報告されていない。		自らの選択による標本（例えば、生徒が芸術を選択）、自己評価による回答。	テクニカル・レポート
Heath (1998a,b)	アカデミックな教科に対する自己概念	芸術に対する取組みの高い生徒は、全国調査の標本の生徒より、他人と同じくらいにできると感じる傾向が高い（前者が89%であるのに対して後者は76%）。		自らの選択による標本。	査読のない学術雑誌
Aschbacher and Herman (1991)	出席状況	（アメリカで行われたアマニタス・プログラムにおける、社会科・文学・芸術とリンクした教科横断的カリキュラムにおいて）芸術に取り組んでいる生徒は、対照群よりも出席状況が良い。P=0.07。			博士論文
Glissman (1967)	出席状況		第9学年の学習進度の遅い生徒に芸術の授業を受けさせても、出席状況は改善しなかった。ただし有意ではない。		
Fowler (1979b)	出席状況	学校の授業に芸術を統合した結果、カリフォルニア州オークランドのMosswood Mini Schoolで、生徒の出席状況が向上した。		自らの選択による標本、自己評価による回答。	二次資料
Heath (1998a,b)	出席状況	芸術に対する取組みの高い生徒は、全国調査の標本に比べ、出席状況に関する賞を取る可能性が3倍高い。		データなし	査読のない学術雑誌
Kantrowitz (1997)	出席状況	学校の授業に芸術を統合した結果、Charle R. Bugg Elementary Schoolで生徒の出席状況が向上した。		データなし	二次資料
Murfee (1993)	出席状況	学校の授業に芸術を統合した結果、シカゴのGuggenheim Elementary Schoolで生徒の出席状況が向上した。		データなし	二次資料
Spike (1991)	出席状況	学校の授業に芸術を統合した結果、ミルウォーキーのRoosevelt Middle School for the Artsで生徒の出席状況が向上した。		自らの選択による標本、自己評価による回答。	二次資料
Aschbacher and Herman (1991)	期待	アマニタス・プログラムで学ぶ生徒は統制群の生徒に比べ、4年制大学に進学しようと考えている割合が高い（前者が55%、後者が17%）。また、2年制大学に進学しようと考えている割合（前者が25%、後者が16%）は低く、p<0.05である。		自らの選択による標本、自己評価による回答。	テクニカル・レポート
Heath (1998a,b)	期待	放課後に芸術関係の教育機関で学んでいる生徒は、全国調査の標本に比べ、大学進学を考えている割合が高い（前者が86%、後者が65%）。			査読のない学術雑誌

表 8.1 [2/3] 芸術と学力の動機付けとの関係を評価した相関研究

研究者（研究グループ）	動機付け指標	正の関係	関係なし	文脈／制約	掲載先
Spady (1971)	期待	ハイスクールで芸術を学ぶ男子生徒は、学んでいない男子生徒に比べ、大学進学を希望する割合が9.4ポイント高い。		自らの選択による標本、自己評価による回答。芸術群の生徒は、新聞や生徒年鑑にも関わる。芸術群の利点は、出版に関わることによるのかもしれない。	査読付き学術雑誌
Catterall (1998)	取組み	芸術に対する取組みが低いある いはほぼないと答えている第8学年の生徒の48.9%が、学校の授業時間の半分以上をその時間を退屈と答えており、それに対して芸術に対する取組みが高い第8学年の生徒では42.2%となっている。このうち社会経済的背景の低い生徒で芸術に対する取組みが低い生徒で46%、芸術に対する取組みが高い生徒で41%が、退屈と答えている。		自らの選択による標本、自己評価による回答。	査読のない学術雑誌
Catterall (1998)	取組み	第10学年全体では、ほとんど地域の奉仕活動を行っていない生徒が、芸術への取り組みが高い場合は86%となっている。取り組みが高い第8学年では、65.2%となっている。社会経済的背景が下位の第8学年では、ほとんどか、まったく奉仕活動を行っていない生徒が、芸術への取り組みが低い場合は83.2%なのに対して、取り組みが高い場合は74.5%となっている。社会経済的背景が下位層の第10学年では、ほとんど奉仕活動を行っていない生徒が、芸術への取り組みが低い場合は86%なのに対して、取り組みが高い場合は65.2%となっている。		自らの選択による標本、自己評価による回答。	査読のない学術雑誌
Heath (1998a,b)	取組み	放課後に芸術関係の教育機関で学んでいる生徒は、全国調査の標本に比べ、地域の奉仕活動を行う割合が高い（前者が30%、後者が6%）。		自主的に芸術を選択した生徒の中から抽出。自己評価による回答。芸術への取組みが高い生徒全員が、放課後に、地域サービスを重視する芸術関係の教育機関に通っている。	査読のない学術雑誌
Aschbacher and Herman (1991)	取組み	プラマータス・プログラムで学ぶ、学力に問題のある生徒は、それを学ばない生徒に比べ、中退する割合が低く、前者が1%であるのに対して後者は7%である。p<0.05となっている。		自らの選択による標本。	テクニカル・レポート
Center for Music Research, Florida Dept. of Education (1990)	取組み	学力に問題のある生徒36名中30名が、芸術の授業を受けることによって（中退しないで）学校に留まろうと決めた、と回答した。			テクニカル・レポート

258

第8章　学業への動機付けに対する芸術教育の効果

表8.1 [3/3] 芸術と学力の動機付け指標との関係を評価した相関研究

研究者（研究グループ）	動機付け指標	正の関係	関係なし	文脈／制約	掲載先
Mahoney and Cairns (1997)	取組み	学力に問題があって、社会経済的背景が下位の中等学校の生徒は、芸術を学ばない場合、中退する割合が高くなる（芸術を学ばない場合40%、芸術を学んだ場合35%であるが、p>0.10で有意差がない）。学力に問題があって、社会経済的背景が下位のハイスクールの生徒は、芸術を学ばない場合、中退する割合が高い（芸術を学ばない場合27%、芸術を学んだ場合7%で、p=0.08となっている）。		自らの選択による標本。スポーツや職業訓練に取り組んでいる生徒よりも、芸術に取り組んでいる生徒よりも、中退する可能性がはるかに高い。	査読付き学術雑誌
Spady (1971)	取組み		ハイスクールで芸術を学んだことのある平均的な大学生の9%が、学ばなかった学生よりも1年以上に残る可能性が高い。大学への進学志望を統制した場合、前者の4.8%が、学ばなかった学生よりも1年以上長く大学に残る可能性がある。	自らの選択による標本、自己評価による回答。	査読付き学術雑誌
Heath (1998a,b)	取組み	放課後に芸術関係の教育機関で学んでいる生徒は、全国調査の標本よりも、学級委員に選ばれる可能性が3倍高い。		自らの選択による標本、自己評価による回答。	査読のない学術雑誌
Heath (1998a,b)	取組み	放課後に芸術関係の教育機関で学んでいる生徒は、全国調査の標本に比べ、数学フェアや科学フェアに参加する可能性が4倍高い。		自らの選択による標本、自己評価による回答。	査読のない学術雑誌
Heath (1998a,b)	取組み	放課後に芸術関係の教育機関で学んでいる生徒は、全国調査の標本に比べ、楽しみとして読書する割合が高い（前者が57%、後者が35%）。		自らの選択による標本、自己評価による回答。	査読のない学術雑誌
Catterall (1998)	取組み	第10学年で、芸術に対する取組みの高い生徒の28.2%が、テレビの視聴時間が1日当たり1時間以下であるのに対して、芸術に対する取組みの低い生徒の場合は15.5%である。視聴時間が長い。第10学年の社会経済的背景の下位層では、芸術に対する取組みの高い生徒の16.4%が、1日当たりのテレビ視聴時間が1時間以下であるのに対して、芸術に対する取組みの低い生徒の場合、13.3%であった。		自らの選択による標本、自己評価による回答。	査読のない学術雑誌

芸術教育と学業の動機付けに関するREAP以後の研究：相関研究と準実験研究との組み合わせ

芸術教育とアカデミックな動機付けとの関係を検証したREAP以後の研究成果13件（うち2件は同じ研究）について、表8.2に整理した。ここでは、マルチ・アート教育を検証した研究と、ある分野の芸術を検証した研究を合わせている。これらの研究のうち9つについてはプラスの効果が得られ、4つについては効果はみられなかった。

表8.2　マルチ・アート学習と学業への動機付けを検証したREAP以後の13の相関研究及び準実験研究

研究者（研究グループ）	成果	正の関係	負の関係／関係不明
Barry, Taylor and Walls（1990）	取組み	○	
Baum and Owen（1997）	取組み	○	
Csikszentmihalyi, Rathunde and Whalen（1993）	取組み	○	
Csikszentmihalyi and Schneider（2000）	取組み	○	
Scott（1992）*	粘り強さ	○	
Cokadar and Yilmaz（2010）	態度		○
Fleming, Merrell and Tymms（2004）*	態度		○
Herber, Astleiter and Faulhammer（1999）	態度	○	
Kim（2007）*	態度	○	
Smithrim and Upitis（2005）*	態度		○
Werner（2001）	態度		○
Barry, Taylor and Walls（1990）	中退	○	
Catterall, Chapleau and Iwanaga（1999）	中退	○	

注：研究者の列の*は準実験研究。

取組み

我々は、芸術教育が芸術クラスでの生徒の取組みを高めることと関連しているかどうかを評価した4つの相関研究を見つけた。

バリーら（Barry et al., 1990）は中退のリスクがある生徒11名を対象に、芸術クラスとアカデミックな教科の授業を観察した。彼らが報告した相関結果によれば、これらの生徒たちが芸術クラスで課題に取り組んでいたのは授業時間の84％であったが、アカデミックな教科の授業ではその割合は73％にとどま

った。この研究の対象者は極めて少なく、統計的な検定も用いられていない。したがってこの研究によって、生徒は一般に、アカデミックな教科の授業よりも芸術の授業で積極的に取り組むと言えるのかどうかを結論付けることはできない。

　ボームとオーエン（Baum and Owen, 1997）は、芸術が統合された授業において、自己規制的な行動をより多く観察した（注意を払うことや、粘り強く取り組むこと、問題を解決すること、主体的に始めること、問いを発すること、リスクをとること、協力すること、振り返ること、準備することといった側面について測定）。

　チクセントミハイら（Csikszentmihalyi et al., 1993）は、芸術（音楽または視覚芸術）、スポーツ、科学において才能のある若者を対象に研究を行い、これらの学生が彼らの才能に関係する分野で授業を受けた場合にどう感じるかを調べた。次のような相関的な結論が報告されている。すなわち、音楽あるいは視覚芸術に才能を持つ若者は、芸術クラスにおいて、科学に才能を持つ学生が科学の授業で感じるよりも、より開放的で活発に参加していることがわかった。

　もう1つのチクセントミハイとシュナイダー（Csilszentmihalyi and Schneider, 2000）による相関研究では、生徒が、アカデミックな教科の授業よりも芸術クラスの方で高い精神のフロー（取組みと最適経験の一形態で、スキルの水準と難度とのバランスがとれているため、楽しいと感じることができる状態）を感じると回答したことを明らかにした。

　上述の4つの研究は、生徒が、芸術以外の授業よりも芸術クラスで高い取組みを示すとしているが、いずれも芸術からアカデミックな教科への取組みの転移を証明してはいない。たとえ実際に生徒が芸術クラスでより高い取組みを示すとしても、この取組みが「学びの技（habits of mind）」となって身に付き、アカデミックな教科の授業にもつながるかどうかを明らかにすることが課題として残されている。

粘り強さ

　我々は、芸術教育が生徒の粘り強さを高めることに関係しているとする準実験研究を1つ見つけた。スコット（Schott, 1992）は、音楽のレッスンを受け

ている就学前の子供は、創造的運動のレッスンを受けている就学前の子供に比べ、用心深さを必要とする注意力テストにおいて成績が高いことを明らかにした。音楽の訓練を受けている子供はより粘り強く、課題をまねたブロックデザインテストに長時間取り組むことができた。このことは、音楽の訓練を受けることによって、子供が音楽以外の課題に長時間取り組めるようになるということを、わずかながらも示すエビデンスである。

学業に向かう態度

我々は、芸術が統合された教科の授業を受けている生徒が、芸術なしの同じ教科を受けた生徒よりも、指導されるアカデミックな教科に対してより積極的な態度を持つかどうか、あるいは、概して学校に関わろうとする態度が積極的かどうかを検証した相関研究と準実験研究をそれぞれ3つずつ見つけた。

ウェルナー（Werner, 2001）は、小学校の児童が算数に向かう態度について、ダンスと算数が統合された授業を受けた児童と、伝統的な算数の授業を受けた児童とで比較した。ダンスと算数の統合授業において、ダンスは特に算数の概念の獲得を支援するために用いられた。ダンスが統合された授業を受けた児童は、伝統的な授業を受けた児童よりも、算数に向かう態度の点でいくらか得点が高かったが、その差は統計的に有意なものではなかった。

トルコで行われた研究では、コカダーとイェルマズ（Cokadar and Yilmaz, 2010）は、ダンスが統合された科学の授業を受けた（科学の概念を理解するのにその動きを用いた）場合と、科学の授業のみを受けた場合とで、12歳から13歳児の科学に向かう態度がどのように違うかを比べた。ここでもまた、ダンスが統合された科学から態度への効用はみられなかった。

ハーバーら（Herber et al., 1999）は、学校外で音楽のレッスンを週3時間受けているオーストリアの9歳から13歳の子供66名について、「達成欲求」を評価し、そうしたレッスンを受けていない子供70名と比較した。音楽のレッスンを受けているグループの方が、達成欲求の点で統計的に有意に得点が高かった。

フレミングら（Fleming et al., 2004）は、小学校の児童を対象に、書き方と統合した演劇授業を受けると、学校での取組みの態度が良くなるかどうかを、準実験研究によって評価した。しかし、学校に対する態度の点で統合授業の効

果はみられなかった。

　スミスリムとアプリティス（Smithrim and Upritis, 2005）によれば、カナダ芸術統合プログラム（芸術を通じた学習）に参加した第6学年の児童（10歳から12歳）を対象とする準実験研究において、他の学校の児童よりも喜んで通学すると答えた児童が有意に多かった。こうした相違は、プログラム（芸術を通じた学習）に参加する3年前に、対照群と比べたときにはみられなかった。ただし、注意点として、この結果は男子にはみられなかったほか、他の5つの年齢グループの子供にもみられなかった。

　もう1つの準実験研究として、キム（Kim, 2007）が、高校の女子生徒の学業への動機付けに対するダンスの2つの指導方法のインパクトを調べている。ダンスにおける自律的な指導方法を用いた実験群は、伝統的な教師主導型のダンス指導を受けた対照群よりも、学業に対する動機付けも高く、学校を続けようとする動機付けも改善したと回答した。この研究では、アカデミックな教科に対するダンス教育のインパクトについては何ら語っていないものの、芸術教育における異なる教授法が異なる効果をもたらすという事実に光を当てている。

中退

　我々は、芸術指導と中退との関係を評価した相関研究を2つ確認した。

　テイラーとウォールズ（Taylor and Walls, 1990）は、中退のリスクがあるハイスクールの生徒40名に対して、中退しない理由を尋ねた。中退について考えたことがあると回答した生徒22名中、6名（27％）は学校で学ぶ芸術や音楽が好きだから中退しない、3名（14％）は芸術分野に進みたいから中退しないと回答した。つまり、22名中9名（41％）は、彼らが学校を中退しない理由として、芸術に関連することを挙げたのである。そこで、学校を中退しないと決めたのは、芸術コースに参加したためかどうか、直接尋ねたところ、36名中30名（83％）が「その通りだ」と回答した。また、芸術コースが彼らにどのような影響を与えているかを尋ねたところ、30名中7名（23％）が「将来の職業につながる」と回答した。この研究は実際のところ中退率を対象としたものと言うよりも、むしろ中退しない理由を生徒に尋ねた調査であった。さらに言えば、研究は対象者が少なく、集団を代表するようになものではなかった。

カテラルら（Catterall *et al.*, 1999）は、ハイスクールの生徒について、第10学年までに中退する確率は、芸術の授業を受けている生徒の方が芸術の授業を受けていない生徒よりも少ないと報告している（それぞれ1.4％、3.7％）。また、社会経済的背景の下位層の生徒について見てみると、芸術の授業を受けている生徒の中退率が3.5％であるのに対して、芸術の授業を受けていない生徒の中退率は6.5％であった。

第2節　学業への動機付けの成果：結論

　芸術クラスにおいて生徒が平均以上の取組みや動機付けを示すことを明らかにしたり、芸術学習がアカデミックな教科の学習への高い意欲に関係していることを示す、相関研究のエビデンスは少ないながらある。これらは実験研究ではないため、因果関係を結論として導くことができない。こうした問いに関する実験研究が求められる。また、このような研究は、動機付けが高まれば高まるほど成果が高くなるという仮説を検証するために、学業への動機付けと同時に学力についても測定するべきである。

引用・参考文献
Aschbacher, P. and J. Herman (1991), *The Humanitas Program Evaluation 1990-1991*, Center for Study of Evaluation, UCLA Graduate School of Education and Information Studies.
Barry, N., J. Taylor and K. Walls (1990), "The role of the find and performing arts in high school dropout prevention", Center for Music Research, Florida State University, Tallahassee, FL, summarised in Deasy (2002), pp. 74-75.
Baum, S.M. and S.V. Owen (1997), "Using art processes to enhance academic self-regulation", paper presented at ArtsConnection National Symposium on Learning and the Arts: New Strategies for Promoting Student Success, New York, February 22, summarised in Deasy (2002), pp. 64-65.

Burton, J., R. Horotowitz and H. Abeles (2000), "Learning in and through the arts: The question of transfer", *Studies in Art Education*, Vol. 41/3, pp. 228-257.

Catterall, J.S. (1998), "Involvement in the arts and success in secondary school", *Americans for the Arts Monographs*, Vol. 1/9, pp. 1-10.

Center for Music Research (1990), *The Role of the Fine and Performing Arts in High School Drop-out Prevention*, Florida Department of Education, Division of Public Schools.

Cokadar, H., G.C. Yilmaz (2010), "Teaching ecosystems and matter cycles with creative drama activities", *Journal of Science Education and Technology*, Vol. 19/1, pp. 80-89.

Csikszenthmihalyi, M., K. Rathunde and S. Whalen (1993), *Talented Teenagers: The Roots of Success and Failure*, Cambridge University Press, New York, NY.

Csikszenthmihalyi, M. and B. Schneider (2000), *Becoming Adult: How Teenagers Prepare for the World of Work*, BasicBooks, New York, NY.

Deasy, R.J. (ed.) (2002), *Critical Links: Learning in the Arts and Student Academic and Social Development*, Arts Education Partnership, Washington, DC.

Fleming, M., C. Merrell and P. Tymms (2004), "The impact of drama on pupils' language, mathematics, and attitude in two primary schools", *Research in Drama Education*, Vol. 9/2, pp. 177-197.

Fowler, C. (1979), *Try a New Face*, Office of Education, Washington, DC.

Glismann, L. (1967), *The Effects of Special Arts and Crafts Activities on Attitudes, Attendance, Citizenship, and Academic Achievement of Slow Learning Ninth Grade Pupils*, Doctoral Dissertation, Utah State University.

Heath, S. (1998a), "Living the arts through language and learning: A report on community-based youth organizations", *Americans for the Arts Monographs*, Vol. 2/7, pp. 1-20.

Heath, S. (1998b), "Youth development and the arts in nonschool hours", *Grantmakers in the Arts*, Vol. 9/1, www.giarts.org/article/youth-development-and-arts-nonschool-hours.

Herber, H.-J., H. Astleitner and E. Faulhammer (1999), "Musikunterricht und Leistungsmotivation", *Salzburger Beitrage zur Erziehungswissenschaft*, Vol. 3, pp. 41-67.

Hetland, L., E. Winner, S. Veenema and K. Sheridan (2013), *Studio Thinking2: The Real Benefits of Visual Arts Education*, 2nd Teachers College Press, New York City. First edition: 2007.

Kantrowiz, B. (1997), "Readin', writin', rhythm: Music and art returning to public schools", *Newsweek*, Vol. 129/15, pp. 71.

Kim, Y-O. (2007), "Effects of self-directed dance learning on high school girl students' academic motivation and problem-solving ability", *Journal of Korean Physical Education Association for Women*, Vol. 21/6, pp. 99-111 [in Korean].

Mahoney, J.L. and R.B. Cairns (1997), "Do extracurricular activities protect against early school dropout?", *Developmental Psychology*, Vol. 33/2, pp. 241-253.

Murfee, E. (1993), *The Value of the Arts*, President's Committee on the Arts and the Humanities, National Endowment for the arts, Washington, DC.

Scott, L. (1992), "Attention and perseverance behaviors of preschool children enrolled in Suzuki violin lessons and other activities", *Journal of Research in Music Education*, Vol. 40/5, pp. 225-235.

Smithrim, K. and R. Upitis (2005), "Learning through the arts: Lessons of engagement", *Canadian Journal of Education*, Vol. 28/1-2, pp. 109-127.

Spady, W.G. (1971), "Status, achievement, and motivation in the American high school", *School Review*, Vol. 79/3, pp. 379-403.

Spilke, G., with C. Fowler and G. McMullen (1991), *Understanding How the Arts Contribute to Excellent Education. Study Summary*. National Endowment for the Arts, Philadelphia.

Tough, P. (2012), *How Children Succeed: Grit, Curiosity, and the Hidden Power of Character*, Houghton Mifflin Harcourt. (『成功する子 失敗する子：何が「その後の人生」を決めるのか』ポール・タフ著、高山真由美訳、英治出版、2013年)

Werner, L. (2001), Arts for Academic Achievement. Changing Student Attitudes Toward Math: Using Dance to Teach Math, The Center for Applied Research and Educational Improvement.

Winner, E. and M. Cooper (2000), "Mute those claims: No evidence (yet) for a causal link between arts study and academic achievement", *Journal of Aesthetic Education*, Vol. 34/3-4, pp. 11-75.

第9章
社会的スキルに対する芸術教育の効果

　本章では、マルチ・アート教育やある特定の芸術分野が社会的スキルに与えるインパクトについて検討する。社会的スキルとは、自己概念、包括的な自尊心、社会的行動、他者への共感、感情の調整、及び他者の視点に立つこと（他者の視点を得ること）である。芸術教育がある形態の社会的行動／社会的理解を高める点を証明しているのは、今のところ、演劇分野のみである。一部の準実験研究は、演劇教育が共感性を向上させること、他者の視点に立てるようにすること、感情の調整を促すことを証明している。演劇教育では、生徒に他の人の立場になって考えるよう言い、すると彼らがどう感じるか、彼らの心理的な状況を理解してみるよう指導が行われている事実を押さえると、こうした結果にもうなずける。さらに、演劇教育は子供に感情表現を教える。演劇がこうした非常に重要な社会的スキルに大きなインパクトを与える力を持つということについて、より確実な結論を導き出すためには、さらならる研究が必要である。

芸術の擁護者がよく主張するのが、子供、特に、標準的なクラスでうまく学習できない子供や、自尊心の低い子供、学校を中退する可能性の高い子供など、困難を抱えた子供を「救ってくれる」という理由から、芸術が重要だというものである。芸術がそうした子供たちに目的や自尊心、社会的能力を与えるということを耳にすることもある。また、芸術は他者に対する理解だけでなく、他者への共感を高めることができる、ということも耳にする（我々がここで念頭においているのは他者の視点に立つ能力で、心理学の論文でしばしば取り上げられる、「心の理論（theory of mind）」を持つことを指している）。

　社会的スキルは幸せに暮らす上で重要であるが、労働市場での成功にとっても重要である。社会的スキルには、チームワークや良好なコミュニケーションが求められ、説得的な方法でアイデアを提示する能力や、他者の考え方や感情を理解し、それに合わせることができる能力が求められる。例えば、典型的な起業家のスキルとは、他者を説得してプロジェクトを支援させ、彼らの力を動員し、ニーズを理解させるといった確固とした社会的スキルを指す。

　ある芸術分野において能力を得ることが、なぜ、往々にしてアカデミックな教科における学力を獲得する以上に社会的恩恵を得られるのか。それを示す理論的根拠の研究は、まだこれからである。芸術が、社会的スキルを促す上で独自の強みがあることを示すエビデンスは、あるのだろうか。

　本章では、芸術教育の社会的成果についてわかっていることについて検討する。我々は、生徒の自己概念、感情を調整する能力、他者の視点に立つ能力、他者に対する共感、及び社会的能力に対する芸術の効果を検証した研究を取り上げる。

第1節　マルチ・アートとアカデミックな教科に対する自己概念

相関研究

　表9.1に示したとおり、マルチ・アート教育とアカデミックな教科に対する自己概念との関係を検証した相関研究を3つ見つけた。

第9章 社会的スキルに対する芸術教育の効果

表9.1 マルチ・アート教育が自己概念を高めるかどうかを評価した
3つの相関研究

研究者（研究グループ）	プラスの結果	マイナスの結果／結果不明
Burton, Horotwitz and Abeles（2000）	○	
Catterall（1998）	○	
Catterall, Chapleau and Iwanaga（1999）		○

　ブルートンら（Bruton et al., 2000）の研究で、（統合された場合であれ、独立教科としてであれ）芸術を学習している子供が芸術を学習しない子供よりも、アカデミックな教科に対する自己概念の下位尺度のいくつかにおいて、得点が高かった。彼らは自己概念について、子供たちが自分自身や自分の能力、学力をどの程度評価しているのかという問いの形で測定した。

　カテラル（Catterall, 1998）は、1988年の全米教育追跡研究により、芸術に深く関わっている子供ほど、アカデミックな教科に対してより積極的な自己概念を持っていることを突き止めた。この研究は第8学年の代表サンプルを、長期間継続的に追跡したものである。

　カテラルら（Catterall et al., 1999）が第12学年の生徒を対象に行ったテストでは、音楽もしくは演劇に関わっている生徒と、そのいずれにも関わっていない生徒とを比べ、アカデミックな教科に対する自己概念に違いはみられなかった。

　今までのところ、マルチ・アート教育が、アカデミックな教科に対する生徒の自己概念に影響を与えていることを示す、確実で明確な一貫性のあるエビデンスは得られていない。もっとも、この問いを検証した研究は限られている。

第2節　社会的スキルに対する音楽教育の効果

　音楽、中でもオーケストラや合唱団といった集団で行う音楽は、社会的スキルを発達させる手段とみなされることが多い。これはバンドあるいはグループを形成したり、音楽的な感情に関してコミュニケーションを図ったり、人前で演奏を行ったり、賞賛に値する作品に接する機会を持つことから得られるスキ

ルということだろう。生徒個人レベルでみると、曲を学び舞台での緊張を克服したりするプロセスを通じて、自信を得たり、自分の感情をコントロールしたりすることができるようになることもあり得る。

　我々が把握している中で最も集中的な音楽教育プログラムは、1975年にベネズエラの音楽家で経済学者のホセ・アントニオ・アブレウ（Jose Antonio Abreu）が行ったものである。それは「エル・システマ（El Sistema）」と呼ばれるもので、ベネズエラ政府が資金を提供し、社会プログラムとして構想された[1]。というのも、その目的が貧困の中で生活している子供の人生を変えることだったからである。子供たちは週に6回、午後に最長4時間、音楽を勉強し、プログラム開始直後からオーケストラで演奏することも勉強した。オーケストラが、地域社会を活性化する方法と考えられたのである。

　エル・システマではこれまでベネズエラの子供40万人が学んだが、そのうち貧困層は70％であり、彼らを音楽に熱中させた。このプログラムの卒業者の1人が才能溢れる若手指揮者グスターボ・ドゥダメル（Gustavo Dudamel）であり、現在ロサンゼルス交響楽団を指揮している。世界中の音楽教育者がエル・システマ・メソッドを取り入れようとしている（コラム9.1）[2]。

コラム 9.1　創設者が語るエル・システマ

アブレウはTEDトーク（2009年）で次のように述べている。

　エル・システマは、コミュニティや地域の特徴に応じて、新しくかつ柔軟な運営ができる仕組みになっていて、今日ではベネズエラ中の下層から中流階級まで30万人の子供たちが参加しています。これは、社会的救済プログラムであるとともに、ベネズエラ全体をいかなる区別もしない社会にすることをねらった文化変容プログラムなのです。そこでは、社会的弱者や危険にさらされた人々がまず大切にされます。

アブレウは、子供に対するこのプログラムの効果をどう考えているかについて、次のように述べている。

第9章　社会的スキルに対する芸術教育の効果

　エル・システマの効果は、個人的／親睦的な集まり、家族、そして地域社会という3つの領域において感じることができます。個人的／親睦的集まりの中で、オーケストラや合唱団に参加している子供は、自分たちの知的な側面、感情的な側面を発達させます。音楽は人間的な側面を発達させる源となり、人間の精神を高揚させ、人を人格の完成に導くのです。感情的及び知的利益は大きく、リーダーシップや、指導と訓練の原理の獲得、責任感や義務感、他者に対する寛容さと献身、集団の大きな目標に向かって個々人が貢献することなどが挙げられます。これらすべてが自尊心や自信を高めてくれる。そして、オーケストラや合唱団での成長を通じて、子供は高いアイデンティティを得ることができるし、家庭や地域社会のお手本となることもできるのです。また、責任感や粘り強さ、時間厳守の気持ちを抱かせるようになりますが、これらは学校で役立つので、彼らはより良い生徒になります。

　家族の中では、親の支援に制限はありません。そうした子供は親にとってもお手本となりますが、特に、貧しい家庭の子供にとってとても重要なことです。一旦、自分が家族にとって重要であることに気付くと、子供は自分をより良くするための新しい方法を探し始めますし、自分にとってそして地域社会にとってより良いものを望むようになります。また、自分の家族のために社会的経済的改善を望むようになります。こうしたことすべてが、建設的で前向きな社会的活力を生み出すのです。すでに述べたように、我々の子供たちの大多数がベネズエラの最貧困層に属しています。音楽が提供する様々な機会を通じて、子供たちは新しい夢や新しい目標を持ったり、前進したりするよう励まされるのです。

　最後に、地域社会において、オーケストラは文化の創造的空間であり、交流と新たな意義付けの源であることがわかっています。音楽の持つ自発性は、音楽を贅沢品とはせずに、社会が受け継ぐべき遺産としているのです。それは父親が大工であっても、その子供は家でバイオリンを弾くことができるのです。また、母親が主婦であっても、幼い少女が家でクラリネットを吹くことを可能にします。つまり、子供が所属するオーケストラや合唱団の活動にプライドと喜びを持って家族が参加することになるのです。音楽それ自体が生み出し、そしてまた音楽自体の中に存在する大きな精神世界は、最後には物的な貧困を克服します。楽器の演奏の仕方を教えてもらうその瞬間から、子供はもはや貧しくは

ないのです。子供は専門家のレベルを目指してがんばるようになり、ひいては完璧な市民になれるのです。言うまでもなく、音楽は堕落や暴力、悪習、そして子供の人生を悪い方向に導くすべてのことに対し、一番の防止策なのです。

出典：http://blog.ted.com/2009/02_weve_transcrib.php; www.ted.com/talks/jose_abreu_on_kids_transformed_by_music.html.

音楽教育と自己概念

上述のように、エル・システマ音楽プログラムは、子供たちの自己概念を根本的に変えることを目的としたものだが、このプログラムあるいは他の類似のプログラムを評価した研究はない。

相関研究

自尊心と音楽教育との関係を検証した相関研究を1つ確認した（表9.2）。リンチ（Linch, 1994）の研究で、楽器音楽プログラムに参加しているハイスクールの生徒と参加していない生徒の自尊心には、差がないことが報告されている。

表9.2 音楽教育と自尊心との関係を検証した相関研究

研究者（研究グループ）	プラスの結果	マイナスの結果／結果不明
Linch（1994）		○

実験研究

表9.3に示したとおり、音楽指導が自己概念に与える効果について調べた実験研究を1つ確認した。

表9.3 自尊心に対する音楽教育の効果を評価した実験研究

研究者（研究グループ）	プラスの結果	マイナスの結果／結果不明
Kennedy（1998）	○	

第9章　社会的スキルに対する芸術教育の効果

　ケネディ（Kennedy, 1998）は、非行や虐待などのリスクにさらされている青少年を守るためのハウスや少年拘置所で生活している8歳から19歳の男子45名を対象に、週に30分のギターの指導が与える効果を検証した。中には警察沙汰を起こした者もいたが、全員、毎週ギターの指導を受けた。うち2つのグループはさらに30分間のレッスンを受け、演奏中の不安にどう対処するのかといった精神面の指導も含む演奏法を学び、仲間の前でソロ演奏をすることも許された。また、別のグループにも同様の指導が行われたが、ソロ演奏の機会は与えられなかった。さらにもう1つのグループには特別な演奏指導は行われなかったが、その代わり、30分間他の人の演奏を聴いて、その演奏について議論した。参加者は、ローゼンバーグ自尊感情尺度（Rosenberg Self-Esteem Scale）を用いた事前テストと事後テストによって、自尊心を測定された。このテストで生徒は、「（私は）あまり自信がないと感じている」「全体的に見て自分に満足している」などの選択文が示され、それぞれについてそう思うかどうか尋ねられた。音楽の演奏指導を受けてきた生徒で、ソロ演奏の経験がある生徒は、自尊心が有意に改善した。ソロ演奏の練習の機会が与えられなかった生徒の場合、改善はみられなかった。この研究は、演奏経験を繰り返すギターの訓練が自尊心を高めることを示した。だが、ここで示された効果はギターの指導ならではのものではなく、生徒がスキルを獲得して、他の人の前で何らかのパフォーマンスをするような芸術以外の分野も含め、そうした種類の訓練にも拡張できると考えるのが合理的であろう。

　子供の自己概念に対して音楽が与える効果という問いについては、エビデンスがあまりにも少なく、いかなる結論を導くこともできない。

　だが我々は、音楽から得られる効果は、達成感の高まりや公衆の面前でパフォーマンスすることからくる自信によるのではないかと推測している。前者は能力（コンピテンス）の獲得を目的とする訓練からもたらされるものであり、後者は芸術分野に限らず、人前で何かパフォーマンスをすることを指導の一環としている訓練から得られるものである。

音楽教育と共感性

準実験研究

音楽と共感性に関する研究を見つけることができなかったが、表9.4のとおり、共感性に関連していると思われる社会的成果と音楽教育を評価した2つの準実験研究を見つけることができた。

表9.4　共感に類似する特性に対する音楽指導の効果を評価した2つの準実験研究

研究者（研究グループ）	プラスの結果	マイナスの結果／結果不明
Bastian（2000, 2008）	○	
Weber, Spychiger and Patry（1993）	○	

　第3章で取り上げたバスティアン（Bastian, 2000, 2008）の研究は、音楽の（発展的な内容の）指導を学校で週に2回、6年間受けたドイツ人の子供を、そうした指導を受けなかった子供と比較したものである。それによれば、音楽指導を受けた子供は音楽指導を受けなかった子供に比べ、社会的に孤立することが少なかった。さらに社会的側面の測定も行われ、生徒は、クラスメイトについてどう感じているか、投票するよう求められた。音楽の発展的な内容の指導を受けた生徒は、そうした指導を受けなかった子供よりも、他者に対して好意的に投票をしたり、望ましい評価を受けたりした。バスティアンは、音楽教育がクラスの社会的雰囲気を高めると結論付けた。この研究は共感性について直接測定したものではないが、これらの研究成果は、我々がここで取り上げている共感性に十分関連している。

　ウェバーら（Weber *et al.*, 1993）は、音楽の集中指導を受けたスイス人の子供を対照群と比較する研究を行った。それによると、社会的集団としてまとまっているかどうかを（ソシオグラムにより）調べたところ、音楽指導を受けたクラスの方で得点が高かった。音楽指導を受けたクラスの子供は社会的な相互関係が良好であり、競争的な関係はあまりなかった。さらに、音楽の学習を始めたばかりの頃はよそ者扱いを受けていた子供も、3年間の学習を通して、ク

ラスにより馴染んできたことがわかった。また、二度目の評価の後、音楽指導を受けたクラスは「団結心」が高まっていた。

このトピックに関する研究はわずか2つしかなく、しかもいずれも共感を直接評価したものではないことから、我々は、音楽教育が共感性を高めるという結論を裏付ける十分なエビデンスはないと考える。研究はまだこれからといったトピックである。

第3節　視覚芸術教育と社会的スキル

視覚芸術教育と自己概念

準実験研究

表9.5のとおり、我々は、視覚芸術の学習が自己概念の様々な側面を高めるかどうかを検証した準実験研究を1つ見つけた。

表9.5　視覚芸術の学習が自己概念を改善するかどうかを評価した準実験研究

研究者（研究グループ）	プラスの結果	マイナスの結果／結果不明
Catterall and Peppler（2007）		○

この研究では、ロサンゼルスとセント・ルイスの中心部に位置する学校の第3学年の生徒を対象に、質の高い視覚芸術の指導を20週から30週にわたり受けた生徒と、同じ学校の第3学年の生徒で視覚芸術の指導を受けなかった子供を対象に、自己概念、自己効力感、そして成功のための内的・外的属性が比較された（Catterall and Peppler, 2007）。用いられた包括的な自己概念尺度（global self-concept scale）は13項目で、「私は、他の人と同じくらい上手にできる」などの文章が含まれていた。自己効力感尺度（self-efficacy scale）は7項目で、「計画を立てると、自分はそれを実行できると思う」「先に進もうとするとき、誰かがそれを止める」「自分の将来は自分で決められる」といった文章が含まれている。帰属尺度（attribution scale）は2項目から成り、「幸運は猛勉強よ

り大切だ」などの文章が含まれている。自己効力感尺度において、視覚芸術の学習を受けた生徒群の方が比較群の生徒よりも、得点の上昇を示す者が多かった。一般的な自己概念尺度と成功への内的帰属尺度においては、視覚芸術を受けた生徒群も受けなかった生徒群も上昇しており、視覚芸術を受けた生徒群の方が有利というわけではなかった。

我々は、視覚芸術教育が自己概念を高めるのかどうかについて検証した研究を1つ見つけたが、その研究は矛盾した効果を報告しているため、今までのところ、これに関してはエビデンスはないと結論付けるほかない。

視覚芸術と感情の調整

健全な感情の調整——感情を意識することができる能力、また、感情がいつどのように活動するかということとは関係なしに、感情を作り出し、統制し、用いることができる能力——は、望ましい心的機能にとって重要である（Cole et al., 2004; Gross, 1998, 2002; John and Gross, 2004; Ochsner and Gross, 2005; Saarni, 1999）。感情が適切でない場合、我々は自分の感情を調整したり、変えたりしなければならない。感情を切り替えるために、再評価をするかもしれない。すなわち、状況がもたらす感情へのインパクトを変えるために、その状態の捉え方を変えるのである（Gross, 2002）。あるいは、表現を抑制する、すなわちある感情を表に出さないようにすることもある。感情の調整は、否定的な感情を減らし、肯定的な感情を増やすために用いられることが多いが、道具的に言えば、感情の調整は、肯定的な感情と否定的な感情の両者を増やしたり、減らしたりするために用いることができる（Gross, 1999）。

大人を対象とした相関研究

表9.6に示したとおり、視覚芸術の学習が大人の感情調整のスキルを高めることができるかどうかを検証する相関研究を1つ見つけた。この研究は、演劇の学生と視覚芸術の学習を受けた学生を比較したもので（この場合、視覚芸術の学生が対照群である）、視覚芸術を学習した学生は、抑制という不健全な感情調整の方略を多用していることがわかった。詳細については、コラム9.2の

第9章　社会的スキルに対する芸術教育の効果

最初の研究を参照していただきたい。

表9.6　視覚芸術教育と感情の調整との関係を評価した相関研究

研究者（研究グループ）	プラスの結果	マイナスの結果／結果不明／結果が一致しない
Goldstein, Tamir and Winner（2012），研究その1		○

大人を対象とした準実験研究

　我々は、感情の調整に関する視覚芸術と演劇の1年間の訓練の効果を比較した準実験研究を見つけた（表9.7）。このゴールドスタインら（Goldstein et al., 2012）による研究は、演劇群に対する対照群として視覚芸術群を用い、演劇を学ぶことは望ましい感情調整方略を育むという仮説を検証した。この研究はコラム9.2に示された二番目の研究であり、仮定されたように、1年間の演劇教育を受けた青年の健全な感情の調整が高まることを明らかにした。だがまたこれも仮定されたように、視覚芸術教育は感情の調整に対して何の効果もなかった。演劇群の生徒は1年間の訓練の後に感情表現の抑制が少なくなったが、視覚芸術群の生徒にはそうした傾向がみられなかった。この研究については、演劇に関する節でもう一度触れる。

　視覚芸術教育が感情調整のスキルを高めるというエビデンスも得られなかった。

表9.7　視覚芸術教育と感情の調整との関係を評価した準実験研究

研究者（研究グループ）	プラスの結果	マイナスの結果／結果不明／結果が一致しない
Goldstein, Tamir and Winner（2012），研究その2		○

コラム 9.2　演劇学習は、視覚芸術とは違って、望ましい感情の調整を促す：感情を抑制しないようにする方法を学習する俳優たち

　ゴールドスタインら（Goldstein et al., 2012）による相関研究では、演技の訓練を受けている若者が用いる感情の調整方略は、他の芸術分野で訓練を受けている同年代の若者が用いるものと異なるのかどうかを検証している。俳優は自分の

感情を表現することが必要であり、感情を隠さず表現する訓練を受けている。彼らは、俳優は他の分野の芸術に関わっている人々よりも、自分の感情を抑制しないという仮説を立てた。研究の参加者は、芸術を専攻できるボストン地域の2つの学校のうちの1校で、第9学年の生徒である。俳優群が演劇を専攻する28人の若者から成るのに対して、非俳優群は視覚芸術か音楽のいずれかを専攻する、13歳から16歳の若者25名から成る。対象者全員がその分野の芸術の訓練を受けたことがあるか、もしくは経験がある。実験の参加者は、様々な成果に対する演劇の訓練の効果を検証する大規模な研究にとって、不可欠な要素だった（演劇に関する節で後述）。俳優群と非俳優群は、社会経済的背景と年齢が同じになるようにした。

また、抑制と認知的再評価という2つの感情調整方略を評価する感情調整質問紙（Gross and John, 2003）に参加者が回答する形で、実験が行われた。抑制については、「私は自分の感情を隠す方だ」「肯定的な気持ちを感じたら、それを外に出さないよう気を付ける」「私は感情を外に出さないようにコントロールしている」といった文章が示され、そのとおりだと思うかどうかで評価する。認知的再評価については、「より肯定的な気持ち（喜びや楽しみなど）を感じたいと思ったとき、私は今の考えを改める」といった文章が示され、そのとおりだと思うかどうかで評価する。参加者はそれぞれの下位尺度（質問）に7段階で回答した。演劇を学んでいる生徒は視覚芸術の生徒に比べ、抑制に関する得点が有意に低かった（3.12点と3.93点）。認知的再評価方略をどの程度用いるかに関しては、両群に違いはなかった。

これは相関研究であるため、選択要因——自ら演技することを求める（選択する）人は、もともと感情表現の抑制が低いこと——から説明することもできるし、あるいはまた訓練効果——演劇の訓練が感情表現の抑制傾向を下げる——から説明することもできる。

これら2つの解釈を区別するために、同じ研究者達が次に行った研究は、準実験研究として設計された。彼らは、子供の感情表現の抑制を、演劇または他の芸術の訓練を1年間行う前と後とで比較した。感情表現の抑制を低めることが、演劇の訓練の作用であるとすれば、演技者の感情表現の抑制得点が低いのは訓練を受けた場合であると予想された。

実験に参加した子供たちは放課後と土曜日の演劇クラスか、または視覚芸術ク

第9章　社会的スキルに対する芸術教育の効果

ラスのどちらかに出席した。演劇群は8歳から10歳の児童35名から成り、週に1回、放課後に演劇クラスに出席し、最終的に31人の子供が修了した。視覚芸術群は年齢幅と社会経済的背景が演劇群と同じ児童40名から成り、週に1回、放課後に視覚芸術クラスに出席し、最終的に37人の子供が修了した。演劇を学ぶ子供たちは週に1回、60分間プロの俳優による指導を3セッション受けた（1セッションは9週間）。視覚芸術を学ぶ子供たちは週に1回、90分間プロの芸術家から指導を受けたが、それは10週間を1セッションとして3セッション続けられた。生徒全員が実験に参加する代わりに、無料で授業を受けた。最初の研究と同様、参加者は、社会認知的成果に対する演技の訓練の効果を検証する大規模調査にとって、不可欠な要素だった。

　対処戦略に関する面接調査（Coping Strategies Interviews）（Saarni, 1997）では、それぞれの子供に、10の物語の中から5つを無作為に選んで示した。どの物語も、主人公がストレスの多い状況に耐えるというものであった（遊び場で主人公のズボンが裂けてしまい、それを見た人々が笑うといった状況など）。次に子供たちに、主人公ができることは何かに関し、7つの選択肢が提示された。すなわち、1）助けを求めること（先生に助けを求めることなど）、2）自分の力で問題を解決すること（自分のトレーナーを下に引き伸ばして、遺失物取扱所に行って新しいズボンを探すなど）、3）距離を置くこと（笑っている人たちを無視して、自分のトレーナーを下に引き伸ばすなど）、4）内面化すること（取り乱して家に走って戻るなど）、5）外面化すること（子供たちに「だまれ！」と叫び、彼らのボールをフェンスの向こう側に投げるなど）である。さらに、最初の研究の選択肢に合わせるために、6）認知的再評価の選択肢（ズボンが裂けたことを、おもしろいジョークと考える）と、7）感情の抑制（主人公が、恥ずかしくて顔が真っ赤になっているのを、両手で顔を覆って隠す）の選択肢を、それぞれの問いに加えた。子供たちは主人公にとって一番良い選択肢、二番目に良い選択肢、最も良くない選択肢をあげるよう求められた。子供たちは演技のレッスンを開始する前と、10か月が経過した後の二回、このテストを受けた。

　演劇群については、不健全な抑制方略の得点が訓練の前と後で有意に下がったが、視覚芸術群の生徒の得点に変化はなかった。これらの結果は、演技者が感情表現をあまり抑制しないのは、演技の訓練によるものであることを示している。しかしながら、視覚芸術群については、感情の調整に対する効果はみられなかった。

視覚芸術教育と共感

　明確な理由もないまま、視覚芸術が共感性を高るということが、これまでしばしば言われてきた。ただし、視覚芸術において自分の感情を表現することを学ぶ中で、他者の作品の中に作者の感情を感じ取ることを学ぶことにもなるという推測はできる。感情を感じ取るためのこの種の実践は、共感性を高めることにつながるかもしれない。だが、このような推論には無理があることを認めなければならない。

準実験研究

　我々は、表9.8のとおり、視覚芸術の学習が共感性を高めるかどうかを検証した準実験研究を1つ確認した。実験では、8〜10歳児と13〜15歳児、両群の共感のレベルについて、10か月間の視覚芸術の訓練を受ける前と後とで比較した（これは、共感性に対する演劇の効果を検証した研究の対照群に当たる）。標準的で広く使われている、質問紙に回答する形で共感を測定する自記式尺度が用いられた。

表9.8　視覚芸術の学習が共感性を高めるかどうかを評価した準実験研究

研究者（研究グループ）	プラスの結果	マイナスの結果／結果不明／結果が一致しない
Goldstein and Winner（2012）		○

　視覚芸術教育が共感性を高めるというエビデンスはなかった。

第4節　演劇教育と社会的成果

　2010年7月、世界経済フォーラムのフェロー50名がニューヨーク州立コロンビア大学に集い、演劇がいかに国やビジネスのリーダーになるための助けとなるかについて学んだ[3]。このプログラムの目的は、俳優が聴衆の注意を引き、

心をつかむのに用いるテクニックを学ぶことにあった。またその目標は、フェローたちが自分を表現するのに、言葉よりもむしろ体を使えるようになることであった。これら将来のリーダーたちが与えられた練習の1つが、虐げられた人々や逆に迫害者の役を演じ、即興で対話してみるというものだった。授業の後、フェローの1人は、練習を通じて「自分自身の中で、他者の意図について考えることが少しできるようになった」「他者の動機付けについて考えたりするようになった」と述べた。さらに彼は続けて、これは「私たち自身について理解することであり、自分の考えを表現すること」であると述べた。

新たにわかったこととして、演劇指導は、子供や青少年が自分の感情を調整し、より望ましい自己概念を発達させ、その痛みを感じることで他者に共感し、他者の視点から物事を考えることを促す可能性を持っている。これらは、演劇教育の分野において探究されてきた4つの社会的認知領域である。演劇の訓練が自己表現や他者に影響を及ぼす力を高めるかどうかを問うた研究を見つけることはできなかったが、コロンビア大学のプログラムのきっかけとなったものは2つあり、これらの領域では研究の機が熟している。こうした状況にはあるが、演劇の訓練が、コミュニケーション能力やプレゼンテーション能力を高めるということは、十分推論できる。

演劇分野は、これら社会的認知スキル、感情的スキルを学ぶ豊かな方法を提供することができる。だが、演劇の心理的要素や影響を研究している心理学者はほとんどいない。演技の心理に関して行われてきた研究は、すでにみたとおり、主に言語記憶と識字スキルに対する効果に焦点を当てたものであった（Noice and Noice, 2006; Podzlony, 2000）。

演劇の訓練が、ある種の社会的認知スキルを高めると期待してよい、理論的な根拠がある。演じる上で登場人物の分析が求められるため、演劇の訓練によって生徒は心理的に一層鋭い分析ができるようになったり、他者の気持ちを一層理解できるようになる可能性がある。演技ではまた、感情を創造し、コントロールし、表現することが求められるため、生徒は、より良い感情の調整方略を発達させ、感情を抑えるよりも、むしろ表現することができるようになるかもしれない。さらに演技では、演じる登場人物の感情をつかむことが求められるため、生徒は一層共感性を増すようになるかもしれない。演劇が社会的認知

スキルに影響を与える理論的根拠を検討したり、この分野で行われてきた研究を検討するには、ゴールドスタインとウィナー（2010）の研究を参照してほしい。

演劇教育と社会的行動

準実験研究と実験研究

演劇の訓練によって生徒が自分自身をより一層理解できるようになる（コロンビア大学プログラムの目標の1つ）のかどうかを調べた研究は、確認できなかった。だが、演劇に関わることによって社会的行動を高めることができるかどうかを検証した準実験研究と実験研究の5つを見つけることができた（表9.9）。

表9.9 演劇の学習が社会的スキルを高めるかどうかを評価した5つの準実験研究及び実験研究

研究者（研究グループ）	プラスの結果	マイナスの結果／結果不明／結果が一致しない
Chandler（1973）	○	
Chandler, Greenspan and Barenboim（1973）	○	
DICE Consortium（2010）	○	
Schellenberg（2004）*	○	
Freeman, Sullivan, Fulton and Ray（2003）*		○

注：研究者の列の*は実験研究。

チャンドラー（Chandler, 1973）は、情緒障害や非行少年の社会的スキルに対するロール・プレイの効果を検証した。この研究で少年たちは、寸劇（ビデオテープに録画）で異なる登場人物を演じるか、あるいは（対照群として）対象伝達スキルの指導を受けた。当初すべての少年の社会的能力は低かったが、10週間後、ロール・プレイを経験した少年に非行行動の低下がみられた。

チャンドラーら（Chandler *et al.*, 1973）は、別の非行少年たちに同様のロール・プレイの課題を与えた。少年たちは自分たちで寸劇を創作し、様々な役柄を演じ、ビデオテープに録画した。その結果、同じ状況でも異なる視点を受け入れるようになった。これらの少年たちを、ビデオを撮影したが自分では演じなかった群と比較したところ、こうした非社会的な子供たちは、自分の視点か

第9章　社会的スキルに対する芸術教育の効果

ら外に踏み出したり、他者の視点に立ったりするのが得意ではなかった。だが12か月後、登場人物を演じ、ビデオに録画された子供たちは、ビデオを録画したものの自ら演じなかった子供たちよりも、非行の割合が減っていた。

　音楽教育と知能指数の節で取り上げた実験研究において、我々は、演劇クラスに参加する子供を対照群とするシェレンバーグ（Schellenberg, 2004）の研究を報告した。子供たちは適用性のある社会的スキルがどの程度かについて評価されたものの、この研究の焦点は知能指数に対する音楽の効果にあったので、おそらくそれは1つの対照尺度であったと考えられる。保護者の回答によれば、演劇クラスを1年間受けた生徒は、音楽クラスに1年間出席した子供よりも、その社会的スキルのレベルが有意に向上した。

　フリーマンら（Freeman et al., 2003）が行った実験研究では、毎週40分間の演劇指導を18週間行った場合の効果を評価した。生徒は無作為に演劇指導群と対照群に分けられたが、問題行動及び社会的スキルにおいて、両群に違いはみられなかった。

　国際的な準実験研究としては、演劇教育がコミュニケーション能力など多くの社会的・行動的成果を高めたとするものがある。この研究についてはコラム9.3で取り上げた。

　これらの研究は矛盾した結果も示しているが、その大部分（実験として設計されたすべての研究）は、演劇教育が社会的スキル、すなわち社会的規範に即した適切な行動をとるスキルを高めることができることを示唆している。

コラム 9.3　欧州委員会による生涯学習のためのキー・コンピテンシーの中のいくつかの要素に対する演劇教育の効果に関する準実験研究

DICE（Drama Improves Lisbon Key Competences in Education）プロジェクトは、演劇教育が、生涯学習のためのキー・コンピテンシーに関する欧州議会及び欧州理事会の2006年勧告（2006年12月18日）において定義付けられた8つのキー・コンピテンシーのうちの5つに対して、プラスの効果を持つのかどうかを検証したものである。これら5つのキー・コンピテンシーとは、1）母語によるコミュニケーション、2）学習のための学び、3）対人関係能力、異文化間

能力、社会的能力、市民としての能力、4）起業家精神、5）文化的表現である。このプロジェクトの成果の概要は、2つの報告書にまとめられている（DICE Consortium, 2010）。

　研究チームは、チェコ共和国、ハンガリー、オランダ、ノルウェー、パレスチナ、ポーランド、ポルトガル、ルーマニア、セルビア、スロベニア、スウェーデン、イギリスにおいて、全111の異なる教育演劇プログラムに参加した、13歳から16歳の生徒、約5,000人を対象として追跡調査を行っている。プロジェクトは準実験研究の設計を採用し、2つの実験群（短いもしくは長い演劇プログラム）と1つの対照群、そしてこれらのスキルについて事前と事後でテストした。これまでの報告書では、生徒たちをどのように異なる群に分けたかについては説明がないが、無作為ではなかったと思われる。対照群の生徒（演劇教育を受けなかった生徒）は実験群の生徒（演劇教育を受けた生徒）と同様であるよう意図されていたが、DICEを受ける前に定期的に演劇活動をしていた生徒がほぼ20％含まれており、対照群と実験群の組み合わせを適切なものにしていない可能性があると、報告書は付記している。

　演劇プログラムに参加した生徒は、そうしたプログラムに参加しなかった生徒よりも、コミュニケーション能力（自分の考えを表現する能力）、ユーモア、創造性、学校が楽しい、他者の視点に立つ能力、問題解決能力、ストレス・コントロール、マイノリティや外国人に対する寛容さ、市民参加への関心、起業家精神といった能力とともに、言語能力においても自己評価による得点が高かった。こうした生徒の認識は、教師によっても裏付けられた。教師は、介入の前後でこれらすべての能力を測定し、演劇教育を受けた群の方が受けなかった群よりも、得点の改善幅が大きいことを指摘した。

　これらの結果の中には、本書で検討した他の研究結果と一致しているものもある。ただし、これらの結果のすべてが自己評価によるものである。これは、自己効力感や自己概念といった成果を測定する場合によく用いられる方法ではあるが、いくつかについては、より客観的に測定することができたであろう（言語能力、問題解決能力、創造性など）。このため、この研究から得られたエビデンスは示唆に富むものではあるが、確証とは言えない。

演劇教育と自己概念

我々は、演劇教育が自己概念に与える効果を評価した、4つの準実験研究と実験研究を確認できた（表9.10）。

準実験研究としては、カテラル（Catterall, 2007）がロサンゼルス市内のミドル・スクールの生徒を対象に行った研究がある。生徒たちは、24週にわたり放課後のドラマプログラムに参加し、協力して舞台演技に取り組んだ。そしてそのプログラムに参加しなかった対照群と比較された。この研究の課題は、演劇を学んだ生徒が対照群の生徒よりも、自尊心、及び葛藤の解決行動を含む社会的相互関係を高めているのかどうかであった。演劇を学んだ生徒は対照群の生徒よりも、自己効力感が有意に高かった。それは「自分のことは自分で決める」「将来も自分の人生をコントロールできると思う」「自分が欲しいものを手に入れるためには我慢することができる」といった問いによって測定された。彼らはまた、対照群よりも、問題解決能力でも改善がみられたが、それは「問題に対処する新しい方法を見つけてきた」「自分の問題を解決する方法を考えるのが得意だ」といった問いによって測定された。

表9.10　演劇の学習が自己概念を高めるかどうかを評価した4つの準実験研究及び実験研究

研究者（研究グループ）	プラスの結果	マイナスの結果／結果不明／結果が一致しない
Catterall（2007）	○	
Warger and Kleman（1986）*		○
Beales and Zemel（1990）*		?
Freeman, Sullivan, Fulton and Ray（2003）*		○

注：研究者の列の*は実験研究。

実験研究としては、ワーガーとクレマン（Warger and Kleman, 1986）が典型集団と非典型集団を対象に、自己概念に対する演劇教育のプラスの効果を評価したものがある。対象は6歳から10歳までで、典型的な子供、行動障害があり施設に入っている子供、行動障害があり施設に入っていない子供、行動障害はないが施設に入っている子供（施設に入ることによって、不安定な家庭環境

から隔離されている）の4グループであった。それぞれのグループは無作為に、2週間、毎日30分から45分、創作ドラマの訓練を受ける群か、もしくは創作ドラマの訓練を受けない対照群に分けられた。創作ドラマとは、ある決まった演技を創り出すことを目指さないで、物語を即興的に演じる活動を指す。測定に用いた尺度はピエール・ハリス自己概念尺度（Piers-Harris Children's Self Concept Scale）であり、子供が自分自身の幸せ、適応、不安、学校に対する感情などについて自己採点した。その結果、最もリスクの高いグループ（行動障害があり施設に入っている子供）のほとんどにおいて、演劇の訓練が自己概念の獲得に結び付いていた。他のグループでは、自己概念に対するドラマの訓練の影響は特になかった。

　我々が実験研究と考えたものとしては（その方法論は示されていないが）、ビールズとゼメル（Beales and Zemel, 1990）がハイスクールの生徒を対象に、ドラマを学ぶ群か視覚芸術を学ぶ群のいずれかに分けて行ったものがある。ドラマを学ぶ群は、ロール・プレイやアドリブを含むドラマの授業を70時間受けたが、視覚芸術を学ぶ群に関しては説明がなかった。プログラムを受けた後で、自尊心に関して両群の違いはみられなかった。残念ながら、両群の生徒は自尊心が維持されていたのか、それとも高まったのかについては報告がない。このため我々は、どちらのクラスが自尊心を高めなかったと言うことも、逆に、どちらの芸術も同じように自尊心を高めたと言うこともできない。

　社会的行動に関する節で述べた実験研究では、フリーマンら（Freeman *et al.*, 2003）が、毎週40分、18週間のドラマ指導を行うことによる自己概念への効果を評価したが、自己概念に対する演劇教育の効果はみられなかった。

　この問いに関する3つの実験研究では、効果は報告されていない。結論として我々は、演劇における学習が生徒の自己概念及び社会的スキルを高める確証は、今までのところないと考える。

演劇教育と感情の調整

　演技者は舞台で登場人物の感情を表現するために、自らの感情について知らなければならないし、それをコントロールしなければならない。舞台では、演

第9章　社会的スキルに対する芸術教育の効果

技者自身の感情を人に見せてはならないし、自身の感情を登場人物の感情に置き換えるか、あるいは一体化しなければならないため、演技者は感情調整方略を必ず用いることになる。

　欧米の現代演劇理論は主に2つある。1つは「テクニック」演技法で、演技者が感情を感じることなしに感情を表現するよう教えるもの。もう1つは、ロシアのスタニスラフスキー（Stanislavski, 1950）が考案した「メソッド」演技法で、演技者に役柄の感情を追体験するよう求めるものである。この2つの方法は、感情の調整（と共感）においてかなり違う効果を持つと考えられる（Goldstein and Winner, 2010）。メソッド法による演技者はテクニック法による演技者よりも、自分自身の中に感情を作り出すのに、より多くの時間を費やすが、メソッド法であれテクニック法であれ、演技者は、演じない者には求められない方法で感情を捉え、理解しなければならない。だが、テクニック法、メソッド法のいずれによって訓練を受けるかによって、用いる方略も異なろう。

　テクニック法による演技者は、個人的な感情を隠すために感情調整を用いなければならない。テクニック法による演技者は舞台で感情を作り出す必要がないため、個人的な感情が生起しても、それは役立たなかったり、あるいはその役柄の感情と一致しなかったりすることになる。テクニック法による演技者は、自分の中で感情を「すり抜け」させることができなければならないし（Mamet, 1997）、感情のいかなる表出をも抑えることができなければならない。さらに、演技者は、自らを抑制することによって役柄を演じ続けることができるようになる。

　メソッド法による演技者は役柄の感情を経験するよう訓練されるが、それによって、自分自身の感情を失い、役柄の感情のみを感じるようになる。すなわち、役柄の感情が演技者の感情と区別できなくなる。メソッド法による演技者の多くは、1つの場面で適切な感情を提示するために、以前に感じた感情を思い出したり、追体験したりする中で、記憶力の訓練に取り組む（Hagen and Frankel, 1973）。この方略は、心理学者が注意の方向付け（注意配置）と呼ぶ、感情調整のテクニックと同じものであり、人は、自分の感情をコントロールするために注意を集中すべきものを選択する（Gross, 1998）。

　いくつかの研究では演技者を「専門家」集団として扱い、演技者がちょうど

良いタイミングで作り出すいかなる感情も、自然に起こる感情と同じであると仮定している。これらの研究者は、感情のプロセスにおける顔の要素（Ekman et al., 1983）、生理的要素（Futterman et al., 1994）、神経的要素（Pelletier et al., 2003）を研究するために、特定の感情を「作り演じる」よう演技者に求めた。

我々は、ある芝居に参加した若者たちの感情の発達を検証した研究を、1つ見つけることができた（Larson and Brown 2007）。この研究でラルソンとブラウンは、演技の中で感情を経験することは、若者が広く感情を調整したり、理解したりすることを学ぶ助けになると報告している。しかし、対照群による比較は行われておらず（このためこの研究は表9.11には含めていない）、結果をもたらしたのは、グループリーダーの感情に対する寛容さであった。彼らは、ある演技を創造するプロセスや、この劇を演じることが、どのように感情的発達をもたらすかについては検証しなかった。

先のコラム9.2に示したとおり、ゴールドスタインら（2012）は、演劇を学ぶことがプラスの感情調整と結び付くかどうかを検証する相関研究と、準実験研究を実施した。表9.11に示したとおり、この研究は2つとも、演劇の訓練とプラスの感情調整との間に正の関連がある。

コラム9.3で取り上げたDICE研究においても、演劇教育を受けた生徒は対照群の生徒に比べ、ストレスのコントロールが上手いことが示された。

演劇教育がプラスの感情調整を育むということを示す、準実験的なエビデンスはあるが、これはこのわずか2つの研究に基づくものであり、一層の研究が求められている。

表9.11　演劇の学習が感情調整を高めるかどうかを評価した3つの研究

研究者（研究グループ）	プラスの結果	マイナスの結果／結果不明／結果が一致しない
DICE Consortium（2010）*	○	
Goldstein, Tamir and Winner（2012）, 研究その1	○	
Goldstein, Tamir and Winner（2012）, 研究その2*	○	

注：研究者の列の*は実験研究。「研究その1」は相関研究。

第9章　社会的スキルに対する芸術教育の効果

演劇教育と共感

　共感は、他者の視点に立つこととは区別されるべきものである。他者の視点に立つとは、他者が考えたり感じたりすることを理解することを指すのに対して、共感とは、他者の喜びを喜びとして、また他者の痛みを痛みとして感じるといったように、他者の感情の獲得を伴う。先に述べたとおり、共感は、人々の間の理解を可能にする人間の能力の中でも特に重要なものである。

大人の演技者

　多くの研究者が、演劇の訓練は共感性を高めるということを示唆しているが（Levy, 1997; Metcalf, 1931; Verducci, 2000）、この問いに対する実証的なアプローチはほとんどない。大人の演技者を対象とした研究が2つあり、演技者は演技者でない人に比べて共感のレベルが高いことを示している。出版されていないある学位論文では、演劇に取り組んでいる大人が高いレベルの共感を持っているかどうかを検証している（Collum, 1976）。論文ではホーガンの共感尺度（Hogan Empathy Scale）で共感性を評価したが、それは自己評価による測定であり、共感を、他者の感情を経験することなしにその人の気持ちを知的に理解することと定義付けた（Hogan, 1969）（我々の考えでは、これは間違いである）。この尺度には、共感をはるかに超えた測定項目が含まれている。すなわち、社会的自信（例えば、「私はいつもパーティの催し物に積極的に参加する」）、感情調整（例えば、「私はいつも落ち着いていて、簡単に怒ったりしない」）、感情の鋭敏さ（例えば、「私は作詩をしてみることがある」）、同調しないこと（例えば、「善かれ悪しかれ、国を支持することは市民としての義務である」）のほか、通常、共感とみなされるもの（例えば、「私は人に対してすぐに我慢できなくなる」）、などである。プロの俳優、フロリダ大学の美術学修士で演劇をやっている者、そして演劇専攻の学部学生の計83名が、フロリダ大学で演劇を専攻していない24名の学生から成る群と比較された。

　演技者は、演技者ではない者よりも、この測定において有意に得点が高かった。しかし、共感の得点は、プロの演技者でも年齢とともに低下した。特に、

調査の前年のほとんどを俳優として活動した人々は、俳優集団の中で共感のレベルが全体的に最も低かった。前年の収入の100％が俳優としての演技である場合、共感の得点と負の相関があった。これについてコラム (Collum, 1976) は、もともと共感のレベルが高いから、俳優は演技することに惹き付けられているのだとする仮説を立てた。とはいえ、俳優がプロとして仕事をするようになればなるほど、演劇で生計を立てるには厳しい面もあるため、共感のレベルが低下するのかもしれない。

つい最近、ネトル (Nettle, 2006) が、バロン＝コーエンとウィルライトの共感指数 (EQ: Empathising Quotient) (Baron-Cohen and Wheelwright, 2004) を用いて、プロの演技者は対照群よりも共感性の得点が高いことを発見した。ネトルは、演技経験の機能として共感の発達が促されるというよりも、むしろもともと高い共感性を持っている人々が演劇に惹き付けられているのではないか、という仮説を立てた。

相関研究と準実験研究

我々は、子供と若者に対する演技の訓練の効果を検証する研究を2つ確認した。表9.12に示すとおり、1つは相関研究でもう1つは準実験研究である。

表9.12 演劇の学習が共感性を高めるかどうかを評価した2つの研究

研究者（研究グループ）	プラスの結果	マイナスの結果／結果不明／結果が一致しない
Goldstein, Wu and Winner (2009-2010)		○
Goldstein and Winner (2012)*	○	

注：研究者の列の*は準実験研究。もう1つは相関研究。

ゴールドスタインら (Goldstein et al., 2009-2010) は、ハイスクールで演技を学ぶ生徒たちは演技を専攻していない生徒よりも、自己評価による標準共感尺度において得点が高いことを発見した。しかし、相関は必ずしも高くはなかった。二つ目の研究では、演技専攻の学生が心理学専攻の学生と同程度の共感性を示したことが報告された。

先に取り上げた追跡研究によれば、ゴールドスタインとウィナー (2010) が訓練の1年後に調べたところ、演劇クラスの子供や若者の両方とも、演劇以外

の芸術クラスに参加した子供や若者に比べ、共感性が高まっていた。

さらなる研究が必要であるが、ここで我々は、演劇の訓練が共感を高めるという仮説を裏付けるエビデンスは少ないながらあると結論付けたい。

演劇教育と他者の視点に立つ能力

演技者は、舞台やスクリーン上で複雑な人間をリアルに描写するために、登場人物の意図や願い、動機、信念、感情といった微妙な側面を捉えられなければならない。登場人物の心理状態に対するこの「冷めた客観的」理解は、その俳優が登場人物の視点に立って、登場人物の目を通して世界を見つめることを可能にする。我々が「冷めた客観的」という言葉を用いるのは、人が他の人の、感情を含む心理状態を、他者の感情を経験することなしに理解できるようにするためである。心理学の文献では、これは「心の理論」（Wellman *et al.*, 2001 参照）、「メンタライジング（mentalising）」（Morton *et al.*, 1991)、「読心術」（Whiten, 1991)、あるいは「社会的知性」（Baron-Cohen *et al.*, 1997）を持つことを指すが、これらはすべて我々が以下で「心の理論」という包括的な用語で示しているものである。良き心の理論を持つことは、様々な職業においては決定的に重要である。そこでは、他者を理解したり、その行動を予測したりすることができるようになればそれだけ良い結果をもたらす。例えば、臨床心理学者や教師、弁護士やリーダーは、優れた心の理論を身に付ければ、もっと成功することができよう。

表9.13　演劇の学習が他者の視点に立つ能力を高めるかどうかについて評価した6つの研究

研究者（研究グループ）	プラスの結果	マイナスの結果／結果不明／結果が一致しない
Chandler（1973）**	○	
Chandler, Greenspan and Barenboim（1974）**	○	
DICE Consortium*	○	
Goldstein, Wu and Winner（2009-2010）	○	
Goldstein and Winner（2012）：青少年*	○	
Goldstein and Winner（2012）：児童*		○

注：研究者の列の**は実験研究、*は準実験研究。もう1つは相関研究。

我々は、表9.13に示したとおり、演劇で学ぶことと、他者の視点に立つ能力との間に関係があるかどうかを検証する研究を5つ見つけた。

　演劇教育と社会的行動を扱った節で述べた、チャンドラー及びチャンドラーらによる2つの研究（Chandler, 1973; Chandler *et al.*, 1974）では、ロール・プレイを通して問題行動が改善されるだけでなく、より他者の視点に立つことが可能であることが示された。

　ゴールドスタインら（2009-2010）は、14歳から17歳の若者を2つのグループに分け、目から相手の心を読むテスト（Reading the Mind in the Eyes Test）を実施した。1つのグループには、独立芸術ハイスクールで集中して演技指導を受ける生徒、もしくは公立ハイスクールで課外活動として演劇を学ぶ生徒が含まれた。この演劇群は、演劇に参加しない若者のグループと比較された。目から相手の心を読むテストは、他者の視点に立つ能力を測定する（心の理論課題と呼ばれる）ものである（Baron-Cohen *et al.*, 2001）。参加者は、図9.1の例題のような、目だけが映った顔写真を示され、この人の気持ちについて述べた4つの語句のうち、最も適切と思われるものを選ぶよう言われる。このテストは難しく、青年期を通じて得点は高まるものの、大人ですら完璧に答えることはできない。アスペルガー症候群や自閉症の人はこのテストではあまり得点が

図9.1　目から相手の心を読むテストの問題例

申し訳なさそうな気持ち　　　　　　　　友好的な気持ち

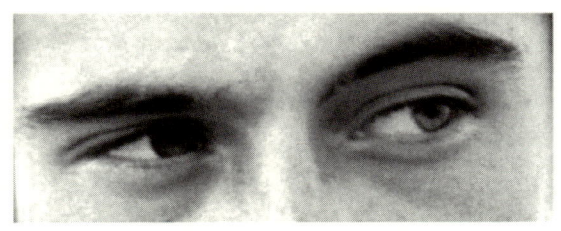

不安な気持ち*　　　　　　　　　　　がっかりした気持ち

注：*が正答。
出典：Baron-Cohen *et al.*（2001）.

高くないが、それは彼らが他者理解に困難を持っているからである。また、精神的に不安定な若者は、そうでない若者よりも高い得点を示した（Harkness et al., 2005）。うつ病の人で知覚的な心の理論が高いレベルにあるのは、その考え込みやすい内省的な性質によるものと考えられ、そのためにしばしばうつ状態が引き起こされるのである（Nolen-Hoeksema et al., 1993）。さらに、ノンフィクションを好む大人よりも、フィクションを読む大人の方が、得点が高い（Mar et al., 2006）。それは、フィクションを読み込んだときに起こる、ある種の登場人物との相互作用やその人物に対する読み込みに起因していよう。生徒はまた、演技経験を連想しないようにした、視覚的記憶に関する対照試験を受けた。

　仮定したように、演劇に参加した若者は、目から相手の心を読むテストにおいて得点が高かったが、視覚的記憶においてはそうではなかった。このスキルは、これらの生徒が受けた訓練によって発達したとも考えられる。例えば、アメリカで演技を学ぶ生徒は、登場人物の心理状態を深く考えたり、表情によって認知や感情の状態をどのように伝えるかを考えるよう指導される。感情を理解し、そしてそれを示すという経験は、感情を認識する能力につながるのだろう。ゴールドスタインら（2009-2010）は次に、大学で演劇を学んでいる学生のグループを対象に、社会的認知測定の映画（Movie for the Assessment of Social Cognition）というテストを行った。これは一連の短い場面からなるもので、参加者は、各場面における登場人物の行動の背後にある心理状態を判断しなければならない。3人は、演劇を学ぶ学生の方が心理学を学ぶ学生よりも、得点が高いことを発見した。

　ゴールドスタインら（2009-2010）による研究は相関研究であり、心の理論におけるスキルが、学生を演技に惹き付けるもともとの能力なのかどうかについては何も語っていないし、また、演技指導がこのスキルを実際に発達させるのかどうかについて何も語っていない。因果関係に関するこの問いに答えるために、ゴールドスタインとウィナー（2012）は準実験的な追跡研究を行い、1年間演技に参加した子供を2つの年齢層で比較した。1つは、放課後に演技クラスに参加した8歳から10歳のグループと、同じ年齢層で図画のレッスンに参加したグループを比較し、もう1つは、芸術ハイスクールで演劇を専攻する13歳から16歳のグループと、同じ年齢層で他の分野の芸術を専攻するグルー

プを比較した。演劇／その他の芸術を指導する前と1年間指導した後で、様々な方法により心の理論が測定された。8歳から10歳のグループには目から相手の心を読むテストが実施され、物語の登場人物の動機付けの理解をみる2つの課題を行った。この子供たちには、共感の正確さパラダイム（Empathic Accuracy Paradigm）（Ickes, 2001）も実施された。そこでは、参加者にある映画を見せ、その間何か所かで画面を止め、それぞれの場面で映画に出ている登場人物の心理状態を当てさせるというものである。このテストでは、ある人間が他者とやりとりをする中で、その時々の場面からその人物の心理状態を推察する能力を評価する。目から相手の心を読むテストとは異なり、この方法は動的な合図を処理する能力を測定するもので、心の理論を測定する上で環境的に妥当性が高く、自然な方法である。最も印象的な結果が共感の正確さパラダイムによって示されており、10か月後にこの方法で測定した結果、演劇の訓練を受けた若者たちは対照群よりも有意に得点が高くなった。心の理論の測定に関しては、年齢の低い層（8歳から10歳）で改善はみられず、また、他の測定に関しては、年齢の高い層（13歳から16歳）で改善がみられなかった。それにもかかわらず、他者を理解する能力について最も生態的に妥当な測定方法は、演技指導の効果を敏感に感知できることが証明された。年齢の低い層（8歳から10歳）で改善がみられなかったのは、彼らが受けた演技指導が、年齢層の高い層（13歳から16歳）が受けた演技指導よりも、かなり緩いものだったからだと考えることもできる。加えて、それぞれの年齢層に対して行われた指導について質的分析を行ったところ、他者の視点に立つことについて、年齢の高い層（13歳から16歳）でより意識された指導が行われていたことが明らかになった。他者の視点に立つ能力は、音楽や視覚芸術の訓練を受けた対照群では、上昇しなかったことにも留意したい。

　コラム9.3に示されたDICE研究もまた、演劇プログラムに参加した生徒は演劇を学ばなかった生徒よりも、他者の視点に立つ能力が、より改善したことが明らかになっている（DICE Consortium, 2010）。

　演劇を学ぶことによって、子供たちは、他者の視点に立つことができるようになり、ひいては他者の心理状態について一層理解できるようになるというエビデンスが増えている。

第9章　社会的スキルに対する芸術教育の効果

第5節　ダンス教育と社会的成果

ダンス教育と自己概念

大人のダンサー

　大人のダンサーを対象とする2つの相関研究があるが、これらは、自己概念とダンスの関係について矛盾した結果を示している。カーター（Carter, 2005）は、ダンサーが他の人よりも、自己概念のレベルが高いと報告している。ベトル（Bettle, 2001）は、ダンサーが他の人よりも、身体的自尊心のレベルが低いと報告している。ダンスに参加している子供について、わかったことは何だろうか。

準実験研究と実験研究

　ダンスに参加することによって、自己概念や自己効力感が高まるかどうかを検証した準実験研究1つと実験研究2つを確認できた（表9.14）。

表9.14　自己概念に対するダンス教育の効果を評価した
3つの準実験研究及び実験研究

研究者（研究グループ）	プラスの結果	マイナスの結果／結果不明／結果が一致しない
Lee（2006）*	○	
Lee（2007）*	○	
Seham（1997）		○

注：研究者の列の*は実験研究。

　セハム（Seham, 1997）は、ダンスに参加することと自己評価の能力との間には、何の関係性もみられないと報告した。その研究では、行動や情緒、学習面でリスクの高いアメリカの子供87名が対象とされた。ほぼ全員が人種的マイノリティ出身の第4学年及び5学年（9歳及び10歳）であり、ダンスを学ぶ群か介入のない群のいずれかに分けられた。生徒たちは自分自身の能力について評価を行ったが、ダンス訓練のコースを受けた期間を通して、ダンス群と非

ダンス群に違いはなかった。

韓国では、リー（Lee, 2007）が2つの中学校の1年生の女子生徒87名を、ダンスを学ぶクラスとダンスを学ばないクラスの2つに無作為に分け、研究を行った。自己評価による教育的自己効力感について、ダンス群の生徒は非ダンス群の生徒よりも、有意に得点が高かった。教科に対する関心に違いはなかったものの、ダンス群は非ダンス群よりも、自信及び自己統制において改善がみられた。韓国・水原市にある高校1年生の女子200名を対象とした別の実験では、生徒たちが無作為に2つの群、すなわち創作ダンスプログラムと伝統的な体育に分けられた（Lee, 2006）。ダンス群は自己評価による自己概念（一般的、社会的及び感情的自己概念）において得点が高かったが、事前テストは実施しておらず、両群の成長の違いをみることは困難である。

ダンス教育と自己概念との間の関係を示すエビデンスは乏しく、矛盾している面もあり、いかなる結論を出すこともできない。

ダンス教育と社会的スキル

準実験研究

表9.15に示すように、我々は、社会的能力に対するダンス教育の効果を評価する準実験研究を3つ見つけたが、これらはいずれも、母集団を代表しない対象についてプラスの効果を報告している。

表9.15　ダンスの学習が社会的能力を高めるかどうかを評価した3つの準実験研究

研究者（研究グループ）	プラスの結果	マイナスの結果／結果不明／結果が一致しない
Greer-Paglia（2006）	○	
Kim（2001）	○	
Koshland *et al.*（2006）	○	

グリー＝パグリア（Greer-Paglia, 2006）は、ダンス教育によって、無発語自閉症の子供の社会的能力を改善できることを示した。ダンスクラスに参加している自閉症の子供を、社会的能力の改善を目的とした活動、すなわち「サー

クルの時間」に参加している子供たちと比較した。発話自閉症の生徒は、最初、サークルの時間という条件で高いレベルの社会的能力を示したが、創作ダンスの条件の方が平均して若干早く得点が上昇した。他方、無発話自閉症の生徒は、最初、それぞれの条件で同様の得点だったが、平均するとダンスの条件でより早く得点が上昇した。発話と無発語の自閉症の生徒の社会的能力の得点差をみると、創作ダンスの条件の方が、サークルの時間の条件よりも差が小さかった。

コシュランドら（Koshland *et al*., 2004）は、ダンス教育が、アメリカの公立学校に通う社会経済的地位の低い子供（主としてヒスパニック系）の攻撃的な行動を緩和できることを示した。第1、2、3学年の児童が12週間連続してダンス教育を受けたが、これを、ダンスの訓練も受けなかった年長（第4、5、6学年）の児童と比較した。観察から、年齢の低いダンス群で攻撃的な行動が減ったが、それに応じた向社会的行動の増加はみられなかった。この攻撃性の減少が、対照群においてみられた攻撃性の若干の減少より、有意に大きいと言えるかどうかについては、明確に報告されていない。

キム（Kim, 2001）は、初等学校の児童60名を、何もしない対照群と「創作ダンス学習プログラム」を指導される実験群とに分け、6週間で184時間の授業を行った。ダンス群は自己評価で粘り強さ、注意力、望ましい態度と協調性において大きな改善を示した。これらの能力は第1学年の児童にとって、社会性を支える主要なスキルと考えられているものである。

実験研究

表9.16に示したように、社会的能力に対するダンス教育の効果を評価した実験研究2つを確認した。

表9.16　ダンスの学習が社会的能力を高めるかどうかを評価した2つの実験研究

研究者（研究グループ）	プラスの結果	マイナスの結果／結果不明／結果が一致しない
Lee（2007）	○	
Lobo（2006）	○	

ロボ（Lobo, 2006）は、ダンス教育が、社会経済的に恵まれない就学前の子供（ヘッドスタートプログラムに参加している子供）の社会的スキルを改善したことを示した。これは、3歳3か月から5歳2か月までの子供を、対照群かダンス群のいずれかに無作為に分け、事前のテストと事後8週間のテストを行ったものである。
　リー（Lee, 2007）はまた、ダンス教育が韓国の中学校第1学年の女子生徒の社会的スキルを高めたこと、すなわち、協同的な能力、思いやりの気持ち、自己概念及び忍耐力のレベルが向上したことを示した。
　社会的スキルに対するダンスの効果を検証した少数の研究は、小学校、中等学校の生徒にプラスの効果があることを示唆している。言語能力のない自閉症の生徒や、社会経済的地位が低い生徒についても、下位集団が異なればインパクトも異なる可能性があることも指摘されている。しかし、こうした研究には、他の介入とダンスの効果を比較したものはほとんどない。効果は、新しい特別なプログラムだからではなくて、むしろダンス教育によるものだと考える前に、社会的スキルに対するダンスと他の芸術及び芸術以外の、介入の効果の違いを比較する研究がもっと必要である。また、比較可能性の高い研究がもっと必要である。とはいえ、上で報告された効果は有望なものである。

第6節　芸術教育の社会的スキルの成果：結論

　どの分野の芸術教育も子供の社会的スキルを高めることを示すエビデンスは乏しい。我々がここで、子供たちの社会的スキルあるいは社会的成果としているものは、自尊心、他者とうまくコミュニケーションを図る能力、他者への共感、他者が何を考え、感じているかを見定める力（他者の視点に立つこと）、感情を抑えるのではなくて、むしろ自分自身を表現することによって感情を調整する能力を指している。
　演劇は、今後、最も期待される領域である。演劇教育が共感性や他者の視点を持つこと、そして感情の調整を高めることについては、基礎的なエビデンスがある。演劇教育が子供たちに対して、人の立場になったり、人の気持ちを考

第9章　社会的スキルに対する芸術教育の効果

えたり、人の心理状態を理解するよう求めるものであるから、この点は十分に妥当な研究結果である。さらに、演劇教育は子供に感情表現を教える。ある意味これは、転移に近いものと考えられる。だが、演劇がこれら非常に重要な社会的スキルに対して影響があることについて確実な結論を導き出すまでは、一層の研究が求められる。

　今後さらに探究が必要なのは、自閉症児に対する効果を調べた研究のように、異なる生徒集団を対象として、異なるタイプの訓練または芸術分野が、異なるインパクトを持つかどうかを研究することである。

注記

1. *www.boston.com/ae/music/articles/2010/07/11there_is_magic_in_the_music/.*
2. *www.boston.com/lifestyle/family/articles/2010/07/18/inspired/by_a_venezuelan_music_program_two_prepare_to_bring_its_benefits_to_boston_kids/.*
3. *www.nytimes.com/2010/07/10/theatre/10acting.html?_r=1andscp=3andsq=training%20for%20leadership%20roles%20patricia%20cohenandst=cse.*

引用・参考文献

Bastian, H.G. (2000), *Musik (erziehung) und ihre Wirkung. Eine langzeitstudie an Berliner Grundschulen*, Schott Musik International, Mainz.

Bastian, H.G. (2008), *Nach langem Schweigen: zur Kritik an der Langzeitstudie 'Musikerziehung und ihre Wirkung' (2000)*, www.musikpaedagogikonline.de/unterricht/netzspezial/reflexion/bastian/show,17683.html.

Beales, J.N. and B. Zemel (1990), "The effects of high school drama on social maturity", *School Counselor*, Vol. 38/1, pp. 46-51.

Bettle, N., O. Bettle, U. Neumarker and K. Neumarker (2001), "Body image and self-esteem in adolescent ballet dancers", *Perceptual and Motor Skills*, Vol 93/1, pp. 297-309.

Burton, J., R. Horotowitz and H. Abeles (2000), "Learning in and through the arts: The question of transfer", *Studies in Art Education*, Vol. 41/3, pp. 228-257.

Carter, C.S. (2005), "Effects of formal dance training and education on student performance, perceived wellness, and self-concept in high school students",

Dissertation Abstracts International, Vol. 65/8-A, p. 2906.

Catterall, J.S. (1998), "Involvement in the arts and success in secondary school", *Americans for the Arts Monographs*, Vol. 1/9, pp. 1-10.

Catterall, J.S. (2007), "Enhancing peer conflict resolution skills through drama: An experimental study", *Research in Drama Education*, Vol. 12/2, pp. 163-178.

Catterall, J., R. Chapleau and J. Iwanaga (1999), "Involvement in the arts and human development: General involvement and intensive involvement in music and theatre arts" in E. Fiske (ed.), *Champions of Change: The Impact of the Arts on Learning*, The Arts Education Partnership and The President's Committee on the Arts and the Humanities, pp. 1-18.

Catterall, J.S. and K.A. Peppler (2007), "Learning in the visual arts and the worldviews of young children", *Cambridge Journal of Education*, Vol. 37/4, pp. 543-560.

Chandler, M.J. (1973), "Egocentrism and antisocial behavior: The assessment and training of social perspective-taking skills", *Developmental Psychology*, Vol. 9/3, pp. 326-332.

Chandler, M.J., S. Greenspan and C. Barenboim (1974), "Judgments of intentionality in response to videotaped and verbally presented moral dilemmas: The medium is the message", *Child Development*, Vol. 44/2, pp. 315-320.

Cole, P.M., S.E. Martin and T.A. Dennis (2004), "Emotion regulation as a scientific construct: Methodological challenges and directions for child development research", *Child Development*, Vol. 75/2, pp. 317-333.

Collum, D.K. (1976), *The Empathic Ability of Actors: A Behavioral Study*, unpublished Doctoral Dissertation, Florida State University.

DICE Consortium (2010), *The DICE Has Been Cast. Research Findings and Recommendations on Educational Theatre and Drama*, Edited by A. Cziboly, www.dramanetwork.eu/file/Policy%20Paper%20long.pdf.

Ekman, P., R.W. Levenson and W.V. Friesen (1983), "Autonomic nervous system activity distinguishes among emotions", *Science*, Vol. 221/4616, pp. 1208-1210.

Freeman, G.D., K. Sullivan and C. Ray Fulton (2003), "Effects of creative drama on self-concept, social skills, and problem behavior", *Journal of Educational Research*, Vol. 96/3, pp. 131-138.

Futterman, A.D., M.E. Kemeny, D. Shapiro and J.L. Fahey (1994), "Immunological and physiological changes associated with induced positive and negative mood", *Psychosomatic Medicine*, Vol. 56/6, pp. 499-511.

Goldstein, T.R., and E. Winner (2012), "Enhancing empathy and theory of mind", *Journal of Cognition and Development*, Vol. 13/1, pp. 19-37.

Goldstein, T., M. Tamir and E. Winner (2012), "Expressive suppression and acting classes", *Psychology of Aesthetics, Creativity, and the Arts*, advance online publication, *http://dx.doi.org/10.1037/a0030209*.

Goldstein, T., K. Wu and E. Winner (2009-2010), "Actors are experts in theory of mind but not empathy", *Imagination, Cognition, and Personality*, Vol. 29, pp. 115-133.

Greer-Paglia (2006), *Examining the Effects of Creative Dance on Social Competence in Children with Autism: A Hierarchical Linear Growth Modeling Approach*, unpublished manuscript, Harvard University.

Gross, J.J. (1998), "The emerging field of emotion regulation: An integrative review", *Review of General Psychology*, Vol. 2/3, pp. 271-299.

Gross, J.J. (1999), "Emotion regulation: Past, present, future", *Cognitive and Emotion*, Vol. 13/5, pp. 551-573.

Gross, J.J. (2002), "Emotion regulation: Affective, cognitive, and social consequences", *Psychophysiology*, Vol. 39/3, pp. 281-291.

Gross, J.J. and O.P. John (2003), "Individual difference in two emotion regulation processes: Implications for affect, relationships, and well-being", *Journal of Personality and Social Psychology*, Vol. 85/2, pp. 348-362.

Hagen, U. and H. Frankel (1973), *Respect for Acting*, Macmillan, New York. (『「役を生きる」演技レッスン：リスペクト・フォー・アクティング』ウタ・ハーゲン著、ハスケル・フランケル協力、シカ・マッケンジー訳、フィルムアート社、2010年)

Harkness, K.L., M.A. Sabbagh, J.A. Jacobson, N.K. Chowdrey and T. Chen (2005), "Enhanced accuracy of mental state decoding in dysphoric college students", *Cognition and Emotion*, Vol. 19/7, pp. 999-1025.

Hogan, R. (1969), "Development of an empathy scale", *Journal of Consulting and Clinical Psychology*, Vol. 33/3, pp. 307-316.

Ickes, W. (2001), "Measuring empathic accuracy" in J.A. Hall and F.J. Bernieri (eds.), *Interpersonal Sensitivity: Theory and Measurement*, Erlbaum, Mahwah, NJ, pp. 219-241.

John, O.P. and J.J. Gross (2004), "Healthy and unhealthy emotion regulation: Personality processes, individual differences, and life span development", *Journal of Personality*, Vol. 72/6, pp. 1301-1333.

Kennedy, J.R. (1998), *The Effects of Musical Performance, Rational Emotive Therapy and Vicarious Experience on the Self-Effcy and Self-Esteem of Juvenile Delinquents and Disadvantaged Children*, Doctoral Dissertation, University of Kansas.

Kim, Y.-S. (2001), *The Influence of the Creative Dance Programs on the Development of Elementary Student's Sociality*, Doctoral dissertation, Seoul National University [in Korean].

Koshland, L., J. Wittaker and B. Wilson (2004), "PEACE through dance/movement: Evaluating a violence prevention program", *American Journal of Dance Therapy*, Vol. 26/2, pp. 69-90.

Larson, R.W. and J.R. Brown (2007), "Emotional development in adolescence: What can be learned from a high school theatre program?", *Child Development*, Vol. 78/4, pp. 1083-1099.

Lee, K. (2007), "The effects of dance class on educational self-efficacy and social skills for middle school students", *Korean Association of Arts Education*, Vol. 5/1, pp. 61-70 [in Korean].

Lee, S.-O. (2006), "The effects of dance education on self-concept formation of high school girl students", *Korean Association of Arts Education*, Vol. 4/2, pp. 55-62 [in Korean].

Levy, J. (1997), "Theatre and moral education", *Journal of Aesthetic Education*, Vol. 31/3, pp. 65-75.

Linch, S.A. (1994), "Differences in academic achievement and level of self-esteem among high school participants in instrumental music, non participants, and student who discontinue instrumental music education", *Dissertation Abstracts International*, Vol. 54/9-A, p. 3362.

Lobo, Y.B. and A. Winsler (2006), "The effects of a creative dance and movement program on the social competence of head start preschoolers", *Social Development*, Vol. 15/3, pp. 501-519.

Mamet, D. (1997), *True and False: Heresy and Common Sense for the Actor*, Vintage Books, New York, NY.

Mar, R.A., K. Oatley, J. Hirsh, J. dela Paz and J.B. Peterson (2006), "Bookworms versus nerds: exposure to fiction versus non-fiction, divergent associations with social ability, and the simulation of fictional worlds", *Journal of Research in Personality*, Vol. 40/5, pp. 694-712.

Metcalf, J.T. (1931), "Empathy and the actor's emotion", *The Journal of Social*

Psychology, Vol. 2/2, pp. 235-239.

Morton, J., U. Frith and A. Leslie (1991), "The cognitive basis of a biological disorder: autism", *Trends in Neurosciences*, Vol. 14/10, pp. 434-438.

Nettle, D. (2006), "Psychological profiles of professional actors", *Personality and Individual Differences*, Vol. 40/2, pp. 375-383.

Noice, T. and H. Noice (2006), "Artistic performance: Acting, ballet and contemporary dance" in K.A Ericsson, N. Charness, R.R. Hoffman and P.J. Feltovich (eds.), *The Cambridge Handbook of Expertise and Expert Performance*, Cambridge University Press, Cambridge.

Nolen-Hoeksema, S., J. Morrow and B.L. Fredrickson (1993), "Response styles and the duration of episodes of depressed mood", *Journal of Abnormal Psychology*, Vol. 102/1, pp. 20-28.

Ochsner, K.N. and J.J. Gross (2005), "The cognitive control of emotion", *Trends in Cognitive Sciences*, Vol. 9/5, pp. 242-249.

Pelletier, M., A. Bouthillier, J. Levesque, S. Carrier, C. Breault, V. Paquette, B. Mensour, J. Leroux, G. Beaudion, P. Bourgouin and M. Beauregard (2003), "Separate neural circuits for primary emotions? Brain activity during self-induced sadness and happiness in professional actors", *Brain Imaging*, Vol. 14/8, pp. 1111-1116.

Rousseau, C., M. Benoit, M. Gauthier, L.Lacroix, N. Alain, M. Rojas, A. Moran, D. Bourassa (2007), "Classroom drama therapy program for immigrant and refugee adolescents: A pilot study", *Clinical Child Psychology and Psychiatry*, Vol. 12/3, pp. 451-465.

Saarni, C. (1997), "Coping with aversive feelings", *Motivation and Emotion*, Vol. 21/1, pp. 45-63.

Saarni, C. (1999), *The Development of Emotional Competence*, The Guilford Press, New York, NY.(『感情コンピテンスの発達』C. サーニ著、佐藤香監訳、ナカニシヤ出版、2005年)

Schellenberg, E.G. (2004), "Music lessons enhance IQ", *Psychological Science*, Vol. 15/8, pp. 511-514.

Seham, J. (1997), *The Effects on At-risk Children of an In-school Dance Program*, Doctoral Dissertation, Adelphi University.

Stanislavsky, K. (1950), *My Life in Art*, Foreign Languages Publishing House, Moscow.

Verducci, S. (2000), "A moral method? Thoughts on cultivating empathy through method acting", *Journal of Moral Education*, Vol. 29/1, pp. 87-99.

Warger, C.L. and D. Kleman (1986), "Developing positive self-concepts in institutionalized children with severe behavior disorders", *Child Welfare*, Vol. 65/2, pp. 165-176.

Weber, E.W., M. Spychiger and J.-L. Patry (1993), *Musik macht Schule. Biografie und Ergebnisse eines Schulversuchs mit erweitertemMusikuntericcht*, Padagogik in der Blauen Eule, Bd. 17.

Wellman, H.M., D. Cross and J. Watson (2001), "Meta-analysis of theory-of-mind development: The truth about false belief", Child Development, Vol. 72/3, pp. 655-684.

Whiten, A. (1991), *Natural Theories of Mind*, Basil Blackwell, Oxford.

Winner, E., L. Goldsmith, L. Hetland, C. Hoyle and C. Brooks (2013), "Relationship between visual arts learning and understanding geometry", paper presented as part of symposium on "Evidence from Music, Fiction, and Visual Arts: Transfer of Learning from the Arts?" American Association for the Advancement of Science, Boston, February 17.

第10章
脳に対する芸術教育の効果

　本章では、今日盛んな神経科学の分野において、芸術教育と脳との関係がどのように探究されてきているかを論じる。我々は、実施されている研究の中からいくつかの事例を挙げるが、脳刺激や脳変化といったものそれ自体を目指すべき成果とは考えていない。他の章でも、我々が、より重要だと考える成果に照らして神経科学の成果を提示しようと決めたのは、こうした理由からである。

訓練された音楽家の脳は、音楽家ではない人の脳と、構造的（解剖学的）にも、（音楽によって活性化される領野の点で）機能的にも異なるというのが定説である (Jäncke, 2006; Schlaug, 2001)。こうした違いは先天的なものではなく、むしろ楽器演奏を学ぶ中で起こると考えられる。というのも、特に、幼児期に楽器演奏の訓練を開始した子供にこうした違いがはっきりとみられるからである (Amunts et al., 1997; Elbert et al., 1995; Jancke, 2008; Jancke et al., 1997: lotze et al., 2003; Schlaug et al., 1995a,b)。

　視覚芸術において作品を創り出すとき、あるいはそれをイメージするとき、視覚芸術家とそうではない人の脳には機能的な違いがあることが、ベルコファー (Belkofer, 2008) や、バッタチャリアとペッチ (Bhattacharya and Petsche, 2005) によって報告されている。また、ダンスに反応したり (Calvo-Merino et al., 2005)、創作ダンスを考えたり (Fink et al., 2009)、実際に簡単なダンスのステップをしてみたりするときに (Brown et al, 2006)、ダンサーとそうでない人の脳にも、機能的な違いがあることが報告されている。

　本書では、芸術教育による脳への作用・効果を、両者に関連があり、また行動的（認知的）成果に結び付く場合に取り上げた。つまり、音楽の訓練が脳幹の音への反応を変えていることを示す研究について取り上げた。ただし、我々は脳への作用・効果を独立して分析することはしない。なぜならば脳の効果は、それと結び付いた認知的・行動的成果の観点から議論されて初めて、最もよくわかると考えるからである。

　芸術教育の擁護者が芸術教育の重要性を証明するために、次のような発見を指摘することがある。例えば、エリック・ジェンセン (Eric Jensen) は、『Art with the Brain in Mind』（2001年）の中で、教育において芸術を中心に置くことを推進し、芸術は「脳を基盤としている」と主張している。それは、特定の芸術分野に選択的に反応する脳の領野を特定することが、可能であるということを示していると思われる。だがもちろん、芸術に限らず、我々の行いはすべて脳のある特定の領野を活性化している。例えば、音楽は脳のほぼすべての領野を活性化したり (Levitin, 2006, 2008)、脳のいくつかの領野の容積を増やすことすらできるという主張もあるが、我々の行いや学習のすべてが脳に変化をもたらすため、この主張によって、学校での音楽指導を正当化することはでき

ない。例えば、ロンドンのタクシー運転手の脳は、空間を再現する上で重要な脳の領野が拡大していること（Maguire et al., 2000）や、曲芸の訓練を3か月間受けると複雑な視覚動作を処理することに関係する脳の領野が大きくなること（Draganski et al., 2004）がわかっている。

　こうした発見は、成人後の脳の可塑性は機能的には起こり得ても解剖学的には起こり得ないとする、従来の考え方と相反するものである。今や、大人の脳も学習に応じて構造的に変化するということがわかっている。子供時代に楽器の訓練を受けることの効果を示した研究としては、（5歳から7歳の間に訓練を開始した）子供が15か月間レッスンを受けた後で、音楽的知覚と手の運動能力の両方における変化と関係する、（機能的な変化にとどまらず）構造的な変化が脳に現れたというものがある（Hyde et al., 2009）。

　すべての学習が脳を変化させるのだから、芸術教育と脳に関する重要な問いは、一体、芸術教育が脳を変化させるのかどうかである。そしてその答えは、もちろん「変化させる」である。またもし転移に関して興味があるならば、芸術教育は、芸術以外のスキルの学習の可能性を高めるような方法で脳を変化させことができるのかどうかという問いになろう。脳の刺激は、それ自体で1つの活動を説明するものではない。つまり大切なのは、ここで問われているある種の脳の活性化が、我々が価値を置く成果と結び付いていることを示すことである（Croft, 2009）。このため我々は、脳の成果に関する研究を脳が作用するスキルに関する研究とともに示すことに決めたのである。

　コラム10.1では、脳に対する音楽の効果を検証した研究を整理した（それらは認知的成果も調べているため、いくつかについてはこれまでの章でも扱っている）。

　他の芸術分野の訓練が脳に与える効果については、まだ研究が行われていない。音楽と脳の研究から、楽器の訓練が言語知覚や聴覚的作業記憶、実行機能、注意力に関係する脳の領野に影響を与えていることが示されている。これらの研究結果のほとんどは相関に関するものであるが、実験研究の場合は、実験に参加する子供や大人が一般的な脳の持ち主であるかどうかを明らかにする必要があるし、さらに言えば、音楽の訓練で形成された脳であるかどうかを明らかにする必要がある。

コラム 10.1　脳に対する音楽の効果：いくつかの研究例

　音楽の訓練と脳の成果に関する神経科学の文献は増えつつある。ここではいくつかの例を取り上げ、読者にこれらの研究のアイデアを示したい。

　楽器の訓練は、音韻の作業記憶に関わる、大脳の左縁上回にある高度な脳の活動と関係がある（Ellis et al., 2013）。このことから、音楽の訓練が聴覚に関わる作業記憶を強化することがわかる。しかし、この研究が実験的であるというよりもむしろ相関的であることから、因果関係があるとまでは結論付けることができない。

　音楽の訓練を受けている子供は受けていない子供に比べ、母語におけるピッチパターンに対する脳の反応が良い（Besson, 2007）。脳の反応が良いとは、ピッチパターンに対する行動反応が良いことを意味し、行動反応が良いとは、ピッチパターンに対する感度が高いことを意味する。

　音楽の訓練を受けた子供は訓練を受けていない子供に比べ、音楽での間違いと言葉の間違いの双方に対する、脳の事象関連電位（ERP: Event Related Potentials）反応が強い（Jentschke et al., 2005）ことがわかっている。

　楽器の訓練を受けた子供は受けていない子供に比べ、言語と音楽の両方で、シンタックスの不規則性に対する脳の電気的反応が強い（Jestchke and Koelsch, 2009）。

　会話を聞き続ける状況では、大人の音楽家の脳幹反応は音楽家でない人の脳幹反応よりも、ピッチの合図により直接的に反応する（Parbery-Clark et al., 2009）。このことは、音楽家が、会話のピッチにより敏感であることを意味している。

　バイオリンの訓練は、注意力に関連することで知られる脳の作用に影響を与えている（Fujioka et al., 2006; コラム3.7参照）。

　最低1年間の音楽のレッスンを受けた子供にみられる神経反応は、注意力と記憶の実行機能を強めることと関連している（Shahin et al., 2008）。

　4歳から6歳の子供を対象に、コンピュータを介した双方向型の音楽訓練を20日間行ったところ（同様の方法で、視覚芸術の訓練を同じ期間受けた者と比較した。両者は無作為に割り当てられた）、音楽の訓練を受けた群の方が視覚芸術の訓練を受けた群よりも、調整と注意力のレベルを評価する実行機能の問題において、統計的に有意な改善がみられた。また、実行機能に関連する機能的な脳の可塑性の

変化についても、両者の成績の違いに正の相関がみられた（Moreno et al., 2011）。

引用・参考文献

Belkofer, C.M. and L.M. Konopka (2008), "Conducting art therapy research using quantitative EEG measures", *Art Therapy: Journal of the American Art Therapy Association*, Vol. 25/2, pp. 56-63.

Besson, M., D. Schon, S. Moreno, A. Santos and C. Magne, (2007), "Influence of musical expertise and musical training on pitch processing in music and language", *Restorative Neurology and Neuroscience*, Vol. 25/3-4, pp. 399-410.

Bhattacharya, J. and H. Petsche (2005), "Drawing on mind's canvas: Differences in cortical integration patterns between artists and non-artists", *Human Brain Mapping*, Vol. 26/1, pp. 1-14.

Brown, S.M., J. Michael and L.M. Parsons (2006), "The neural basis of human dance", *Cerebral Cortex*, Vol. 16/8, pp. 1157-1167.

Calvo-Merino, B., J. Grezes, D.E. Glaser, R.E. Passingham and P. Haggard (2005), "Action observation and acquired motor skills: An fMRI study with expert dancers", *Cerebral Cortex*, Vol. 15/8, pp. 1243-1249.

Croft, J. (2009), "Artistic justifications: The role of the arts in education", unpublished paper, Harvard Graduate School of Education.

Draganski, B., C. Gaser, V. Busch, G. Schuierer, U. Bogdahn and A. May (2004), "Changes in grey matter induced by training", *Nature*, Vol. 427/6972, pp. 311-312.

Elbert, T., C. Pantev, C. Wienbruch, B. Rockstroh and E. Taub (1995), "Increased use of the left hand in string players", *Science*, Vol. 270/5234, pp. 305-307.

Ellis, R.J., B. Bruijn, A.C. Norton, E. Winner and G. Schlaug (2013), "Training-mediated leftward asymmetries during music processing: A cross-sectional and longitudinal fMRI analysis", *Neuroimage*, Vol. 75C, pp 97-107.

Fink, A., B. Graif and A.C. Neubauer (2009), "Brain correlates underlying creative thinking: EEG alpha activity in professional vs. novice dancers", *NeuroImage*, Vol. 46/3, pp. 854-862.

Fujioka T., B. Ross, R. Kakigi, C. Pantev and L.J. Trainor (2006), "One year of musical training affects development of auditory cortical-evoked fields in young children", *Brain*, Vol. 129/10, pp. 2593-2608.

Grafton, S. and E. Cross (2008), "Dance and the brain" in M. Gazzaniga (ed.), *Learning, Arts, and the Brain: The Dana Consortium Report on Arts and Cognition*, The Dana Foundation, New York/Washington, DC, pp. 61-70.

Hyde, K.L., J. Lerch, A. Norton, M. Forgeard, E. Winner, A.C. Evans and G. Schlaug (2009), "Music training shapes structural brain development", *Journal of Neuroscience*, Vol. 29/10, pp. 3019-3025 (reprinted in *New York Academy of Sciences*, Vol. 1169, pp. 182-186).

Jancke, L. (2008), *Macht Musik schlau? Neue Erkenntnisse aus den Neurowissenschaften und der kognitiven Psychologie*, Verlag Hans Huber, Bern.

Jancke, L., G. Schlaug and H. Steinmetz (1997), "Hand skill asymmetry in professional musicians", *Brain and Cognition*, Vol. 34/3, pp. 424-432.

Jensen, E. (2001), *Arts with the Brain in Mind*, Association for Supervision and Curriculum Development.

Jentschke, S. and S. Koelsch (2009), "Musical training modulates the development of syntax processing in children", *NeuroImage*, Vol. 47/2, pp. 735-744.

Jentschke S., S. Koelsch and A.D. Friederici (2005), "Investigating the relationship of music and language in children: Influences of musical training and language impairment", *Annals of the New York Academy of Sciences*, Vol. 1060, pp. 231-242.

Levitin, D.J. (2006), *This is Your Brain on Music: The Science of a Human Obsession*, Penguin New York, NY.

Levitin, D.J. (2008), "The illusion of music", *The New Scientist*, Vol. 197/2644, pp. 35-38.

Lotze, M., G. Scheler, H.R.M. Tan, C. Braun and N. Birbaumer (2003), "The musician's brain: Functional imaging of amateurs and professionals during performance and imagery", *NeuroImage*, Vol. 20/3, pp. 1817-1829.

Maguire. E.A., D.G. Gadian, I.S. Johnsrude, C.D. Good, J. Ashburner, R.S.J. Frackowiak and C.D. Frith (2000), "Navigation-related structural change in the hippocampi of taxi drivers", *PNAS*, Vol. 97/8, pp. 4398-4403.

Moreno, S., E. Bialystok, R. Barac, E.G. Schellenberg, N.J. Cepeda and T. Chau (2011), "Short-term music training enhances verbal intelligence and executive function", *Psychological Science*, Vol. 22/11, pp. 1425-1433.

Moreno S., C. Marques, A. Santos, M. Santos, S.L. Castro and M. Besson (2009), "Musical training influences linguistic abilities in 8-year-old children: More evidence for brain plasticity", *Cerebral Cortex*, Vol. 19/3, pp. 712-723.

Parbery-Clark, A., E. Skoe and N. Kraus (2009), "Musical experience limits the degradative effects of background noise on the neural processing of sound", *The Journal of Neuroscience*, Vol. 29/45, pp. 14100-14107.

Schlaug, G. (2001), "The brain of musicians. A model for functional and structural adaptation", *Annals of the New York Academy of Sciences*, Vol. 930, pp. 281-299.

Schlaug, G., L. Jancke, Y. Huang, J.F. Staiger and H. Steinmetz (1995a), "Increased corpus callosum size in musicians", *Neuropsychologia*, Vol. 33/8, pp. 1047-1055.

第11章
なぜ、今、芸術教育なのか：まとめと結論

　この結びの章では、本書で取り上げた方法と主な発見を整理するとともに、今後の研究のための課題を提案し、我々の発見から得られた政策的な意義を論じる。第1節では政策的背景を設定し、革新型社会に必要とされるスキルを簡単に要約する。第2節では、芸術教育のインパクトに関する検討から得られた主な結果を示す。第3節では、芸術教育に関する今後の研究のための課題を提案する。第4節では、革新型社会に対する芸術教育の主な貢献は、汎用性の高い「学びの技」を育てることにあることを論じる。そして、人間の経験にとって芸術が価値を持つこと、それ自体が、学校カリキュラムにおける芸術の存在を説明する十分な理由であることを主張して、我々の結論とする。

OECDのイノベーション戦略の主要なメッセージの1つは、「革新する力を人々に備えさせること」である（OECD, 2010）。芸術教育がこの課題にどのように寄与するのだろうか。この結びの章では、本書で取り上げた方法と主な発見を整理するとともに、今後の研究のための課題を提案し、我々の発見から得られた政策的な意義を探る。まずは、政策的背景を押さえ、革新型社会に必要とされるスキルを簡単に総括する。その上で、芸術教育のインパクトに関する我々の検討から得られた主な結果を整理する。次に、芸術教育に関する今後の研究のための課題を示し、続いて政策的課題を提案する。革新型社会に対する芸術教育の主な貢献は、汎用性のある「学びの技（habits of mind）」を育てることにある、というのが我々の主な主張である。芸術教育からの成果が転移するか否かにかかわらず、人間の経験にとって芸術が価値を持つということが、学校カリキュラムにおける芸術の存在を説明する十分な理由であると主張して、我々の結論とする。

第1節　イノベーションのためのスキルと教育

　教育システムが21世紀のポスト工業化、グローバル経済に必要とされるスキルを生み出していないという感覚を共有している国々では、こうしたスキルを探究するいくつかのグループや新たな取組みが生まれた。欧州委員会は、明日の世界のための8つの「キー・コンピテンシー」を明らかにしている。アメリカの労働力のスキルに関する新委員会（New Commission on the Skills of the American Workforce）、21世紀型スキルのためのパートナーシップ（Partnership for 21st Century Skills）、さらにAT21CS（Assessment & Teaching of 21st Century Skills）といった取組みもまた、「21世紀型スキル」の名の下で同様の取組みをしてきた。さらに、OECDスキル・ストラテジー（OECD, 2012）とOECDイノベーション・ストラテジー（OECD, 2010）は、知識基盤型社会において、また、イノベーションが今後の成長と福祉にとって決定的に重要となる社会において、国が競争していく上で、とりわけ個々人のスキルを育成する意義を強調している。

第11章　なぜ、今、芸術教育なのか：まとめと結論

経済におけるイノベーションの研究によって、革新型社会に求められるスキルが明らかにされてきた。そのうちの主なものは次のとおりである。第一に、イノベーションは、個々人のレベルですべてのスキルを、職場においてより集約的に用いることを求めていること。また、近年のイノベーションによって、ほとんどのOECD諸国では高等教育卒業者に対する需要が高まっていること。第二に、イノベーションは、生涯学習と継続訓練に関する優れた枠組みを必要としていること。イノベーションが「創造的破壊」をもたらすため、人々は研修し直さなければならない。それにはある一定レベルの初期教育と基本的スキルが重要であることがわかっている。さらに、従業員に研修や学習の機会をより多く提供している企業は、そうした機会をあまり提供しない企業よりも、最先端のイノベーションと強く関係しているというエビデンスもある。

イノベーションに関わる労働力構成をよく見てみると、イノベーションというものが、専門職業資格と学位の2つで測られるような、スキルの幅広い組み合わせに依存していることがわかる。どの国にもあるような多様なイノベーションのプロセスや部門を念頭に置けば、このことは驚くに値しない。イノベーションを担っているのはいくつかのタイプの人々である。つまり、科学者、開発者、起業家、実践者、ユーザーである。さらに、イノベーションにはいくつかの形態があり、典型的には生産、プロセス、組織、マーケティング方法においてみられる。最後に、そしておそらくもっと重要なのは、異なる部門や活動におけるイノベーションには異なるスキルの組み合わせが必要であり、例えば、金融市場におけるイノベーションには、携帯電話市場におけるイノベーションに求められるのとは異なる資格とスキルの組み合わせが必要とされる。

将来、スキルが一層必要となることはわかっているのだが、我々は、国レベルでイノベーションを一層促進するのに必要なスキルの組み合わせとは、どのようなものかを明確にすることができずにいる。教育の政策形成者は教育システムの使命が何であるかを再検討しているが、すべての個人が「イノベーションのためのスキル」を身に付けるという目標は、保守的なアプローチにみえる。我々はこれらのスキルを互いに重なり合う3つのスキル・セットと規定した。すなわち、1) テクニカルなスキル（内容知と手続知）、2) 思考と創造のスキル（アイデアを問いかけ、問題を発見し、知識の限界を理解し、関係付け

をし、想像すること）、3）社会的・行動的スキル（粘り強さ、自信、協同、コミュニケーション能力）である。指導の目的は1つに、これら3つのスキル・セットを同時に発達させることにあるとともに、それによって、学校の試験やテストで通常重視されるような、教科に必要とされるテクニカルなスキルを乗り越えさせることにある。

　それをどのように実施したらよいのだろうか。教育関係者は、学校カリキュラムを改めたり、将来の生活に向けて生徒を最もよく準備させるような指導と学習を検討したりする際に、この重要な問いに直面する。偉大な科学者、芸術家、起業家がイノベーションのためのロール・モデルを体現しているため、芸術教育や科学教育、起業家教育は、こうしたスキルを育むための特権的な手段として提示されることがよくある。とはいえ、芸術教育が芸術以外の多様なスキルに与えるインパクトに関して、研究によるエビデンスは我々に何を語っているのだろうか。

第2節　芸術教育に対するインパクトに関する新たな検討

　芸術教育は、批判的創造的思考力を発達させる1つの手段と言われることがよくある。また、数学、科学、読み書きといった、芸術以外のアカデミックな教科で成績を上げるようなスキルを発達させるとか、教科の学習への動機付け、自信、そして効果的にコミュニケーションをとったり、協力したりする生徒の能力を高めるといったことも議論されてきた。こうした議論の中で芸術教育は、我々が「イノベーションのためのスキル」と規定した3つのスキル・セット——1）芸術以外の教科に含まれるテクニカルなスキル、2）思考と創造のスキル、3）社会的・行動的スキル（すなわち性格）——に対してプラスのインパクトを持つと考えられてきた。

　本書で我々は、これらの成果に対する芸術教育のインパクトに関する経験的な知識の現状を詳細に検討した。検討した芸術教育には学校での芸術クラス（音楽、視覚芸術、演劇、ダンスの授業）、芸術が統合されたクラス（アカデミックな教科をサポートするものとして指導されている芸術の授業）、学校外で

第11章 なぜ、今、芸術教育なのか：まとめと結論

行われている芸術の学習（私的に受ける楽器の個人レッスン、演劇、視覚芸術、ダンスの校外授業など）が含まれる。本書では、芸術に関する教育あるいは文化の教育は扱わなかった。

本書は、ヘトランドとウィナー（Hetland and Winner）が主導した「教育と芸術の検証プロジェクト（REAP: Reviewing Education and the Arts Project）」によって2000年に公表されたメタ分析を最新のものにし、社会的・行動的スキルにまで範囲を広げた。REAPプロジェクトにおいてすでに検討された研究に加え、この新たな探究では、オランダ語、英語、フィンランド語、フランス語、ドイツ語、イタリア語、日本語、韓国語、ポルトガル語、スペイン語、スウェーデン語の教育及び心理学のデータベースを系統的に検討した。これは少なくとも1980年代以降に公表されたすべての実験研究を網羅する試みであると同時に、（1950年以降の）昔のメタ分析で発掘された研究を新たに活用する試みでもある。これらの国際的なデータベースを用いて、我々は上述のようなイノベーションのためのスキルの3つの分類に対して、芸術教育の主な分類が与えるインパクトの可能性について、わかっていることは何かを検討した。また、言語的スキル、数学的スキル、空間的スキル、創造性、アカデミックな動機付け、さらに自信、共感、他者の視点に立つ能力、感情の調整を含む社会的スキルも検討した。芸術教育に関係する神経科学の研究も検討した。

ここでの関心は、主に学校で行われる芸術教育によって発達するスキルにあるものの、我々は「転移」という視点からアプローチしている研究を基に検討した。検討した研究の多くが、芸術教育が芸術以外の教科におけるテストの得点や学校の成績にインパクトがあるかどうかをみようとしたものである。その中には、「転移」につながるスキルを明らかにしようとするものもあれば、様々な分野の芸術教育によって育まれる芸術以外のスキルを、より直接的に評価できるようにしようとするものもある。また、検討した研究には、創造性、社会的スキルあるいは行動スキルに対する芸術教育のインパクトを評価するものも含まれる。ただし、これらの能力の測定には、依然として改善の余地が残っている。

本書では、相関的な研究（因果的な結論が得られないもの）、準実験的な研究（無作為の割り当てを行っておらず、このため因果関係の推論を導くことが

一般的にはできないもの)、そしてこれらのトピックに関する真に実験的な研究(芸術教育を行う群とそうでない群とに生徒を無作為に分け、そこから因果関係の推論を導くことができるもの)を厳密に区別した。本書ではまた、横断研究と縦断調査(同じ生徒を一定期間追跡した調査)とを区別したが、後者の方が前者に比べ、明確なエビデンスを得られることが多い。

　これらの研究から得られた主な結果は以下のとおりである。

芸術教育と芸術以外の教科における学力

マルチ・アート教育

　アメリカにおける広範な相関データによれば、多くの芸術コース(これらの研究は、芸術コースのタイプを特定するものではなく、芸術コースを組み合わせたものを対象とすることが多い)に参加した生徒は、芸術コースにほとんど参加していないか、まったく参加していない生徒に比べ、学習到達度(学校の成績や言語と数学の標準テストの得点)が高いことを示している。また、ある研究は、この関係が社会経済的にみた上位層の生徒と下位層の生徒の両方にみられる傾向であることを示している。こうした相関的な発見があるからといって、芸術コースが学習到達度を高める原因であると考えるべきではない。とはいえ、非因果的な説明が妥当性を持つことも無視できない。学業に優れている生徒が芸術を学んでいる場合、そうした生徒は、アカデミックな学習と芸術の両方に価値を置く家庭の出身かもしれないし、また、この両者を重視する学校に通っているのかもしれない。さらに、生徒の得点の高さ、すなわち学習能力の高さが、芸術教育を受けるかどうかに対してプラスのインパクトを与えることは疑いようもない。というのも例えば、こうした成績の良い生徒は学校で芸術活動により多くの時間を費やしたり、教師や親から芸術を勉強するよう促されることが多いということがあり得るからだ。ただし、イギリスにおけるある研究では、逆の結果が出ていることは注目に値する。すなわち、芸術コースの生徒はアカデミックコースの生徒よりも全国的なテストにおける成績が悪かった。この研究は、芸術コースに入ることが、生徒自身の希望によるものかどうかを考慮することが重要であると指摘している (Harland *et al.*, 1998)。学習到達度

第11章　なぜ、今、芸術教育なのか：まとめと結論

に対する芸術クラスの因果的効果を検証したマルチ・アートの実験（相関ではない）研究はわずかで、有意な因果関係を示しているわけではなく、今後の研究に理論的根拠を与えるものにはなっていない。

音楽

　音楽教育が知能指数、学力、音韻能力、雑音の多い環境で話を聞き分ける能力を高めることから、外国語学習を促進するという予備的証拠もある。これらの結果を説明し得るものとしては、少なくとも2つのメカニズムがある。音楽は聴覚スキルを高めることによって、（読み書き、外国語学習を含む）言語的スキルを高めることができるのかもしれない。音楽教育は学校的な活動であり、集中したり、楽譜を読んだりといった学校的なスキル、ひいては知能指数を高めるスキルを訓練するものであるために、音楽は知能指数や学習能力を刺激するのかもしれない。

　音楽教育の視覚的・空間的推論に対するプラスのインパクトを示している研究が多い中、この問いに関する唯一の追跡調査では、3年間の音楽教育を経ても持続的な影響を検出することはできなかった。これは注意が必要であることを示唆している。音楽にはその根底に数学的構造があるとしても、音楽教育が数学の得点に対して何らかの因果関係を持つというエビデンスは、依然としてないのである。

演劇

　授業において物語を演じるという方法での演劇教育（学級演劇）は、言語的スキルを高めることができるという確かなエビデンスはあるものの、演劇の訓練と一般的な学力との関係を示すエビデンスはない。

視覚芸術

　視覚芸術における訓練が言語的スキルや数学的スキルを高めるというエビデンスはないが、視覚芸術を学習している生徒はそうでない生徒に比べ、幾何学的推論に強いということを示した新しい相関研究が2つある。しかしながら、因果関係は依然として見出されていない。また、視覚芸術の作品を注意深く見

る学習が、科学的な事象を観察するスキルを高めると考えられるという結論を出した実験研究が1つある。これは近接するスキルが転移した、典型的な例と言える。

ダンス

　ダンス指導が筆記型テストによって測られるような視覚的・空間的スキルを高めるということを示した研究はあるが、決定的な結論を得るにはそうした研究の数が非常に少ない。ダンス教育が言語的スキルや数学的スキルを高めるというエビデンスを、我々はまだ見つけていない。

芸術教育と思考・創造のスキル

　誰もが芸術を創造性と結び付けて考えている。演劇教育やダンス教育と創造性の向上を結び付ける研究はあるが、その数は限られており、統計的にみて、その結果を一般化できるような積極的なエビデンスはない。マルチ・アート教育に関する研究は、生徒の創造性や問題解決能力に対する因果関係を明確に証明するものとはなっていない。

　この問いに対するエビデンスが弱い理由の1つは、創造性の測定方法、すなわち「トーランス式創造性テスト」（例えば生徒が、ありふれた物のオリジナルな使い道を考え出したり、他とは異なるやり方で絵にタイトルをつける）など、「領域一般的」テストを用いる方法は測定できるものが限定的だということだ。芸術教育と創造性との間に強い結び付きがあることを証明できないもう1つの理由は、どんなものでも創造性と想像力を刺激するように教えることができる一方、それらを弱めるようなやり方で教えることもできるからである。つまり例えば、科学の授業で——実際にはどの教科の授業においても——優れた指導がなされるならば創造性と想像力を教えることができるし、教え方が良くなければ、芸術の授業であっても創造性と想像力とは無縁なものになり得る。芸術の授業であっても、時間と手間をかけて丹念に行って初めて、こうしたスキルを発達させることができると言える。また、ある分野の芸術において高い専門性を身に付けた生徒が、その芸術分野では創造的な能力を発揮することが

できたとしても、この新しい創造性は他の分野にまで波及するものではないのかもしれない。領域特定的な創造性を評価する研究（音楽における創造的思考力を音楽指導の機能として捉えることなど）は、依然として行われていない。

批判的思考力に対する芸術教育のインパクトを評価することを目的とした実験研究は、見つけられなかった。だが、こうした研究はヘトランドら（Hetland et al., 2013）が示した次の結果に照らして必要である。彼らの研究では、視覚芸術の教師が力を発揮するとき、振り返りやメタ認知を促すよう目指していることがわかった。教師が生徒に、自分の作品や仲間の作品を評価したり、制作の過程を話したりすることを期待すれば、他の分野の芸術教育であっても同様のことが高い確率で起こると考えられる。

芸術教育と社会的・行動的スキル

芸術教育は、公共政策の形成者や教育者から、生徒が学校生活を楽しんだり、他のアカデミックな教科を学習する動機付けの手段と捉えられることが少なくない。実証研究によれば、芸術コースに入った生徒は物事に対する積極性や動機付けが高いばかりでなく、アカデミックな学習に対しても意欲的であることがわかっている。積極的関与や動機付けは、一般的にはハイスクールの出席率の高さや中退率の低さによって測られ、そして、粘り強さや「課題」に対する姿勢、興味・関心などといった態度（観察や自己評価による）によって測られる。しかしながら、こうした研究は相関関係を示したものであり、芸術教育が生徒をやる気にさせるという結論を導いているわけではない。例えば、芸術を取っている生徒の通う学校が全体として良い学校で、このため生徒の動機付けが高いのかもしれないし、あるいは自分から希望して芸術を学んでいる生徒だから、もともと動機付けが高いのかもしれない。いずれ実験研究が必要である。

自信、自己概念、コミュニケーション及び協同のスキル、共感する能力、他者の視点に立つ能力、自分の感情を抑制するのではなくてむしろ表現することによって感情を調整する能力など、社会的・行動的スキルに対する様々な分野の芸術教育のインパクトに関しても、暫定的なエビデンスにとどまっている。演劇教育に関するエビデンスは初期段階ではあるが、最も期待が持てる。演劇

の授業が、共感する能力や他者の視点に立つ能力、感情を調整する能力を強化することを明らかにした研究も少数だがあり、こうした教育の性質を考慮すれば妥当な発見である。

　動機付けには非常に多くの異なる推進力があり、また、中退率や常習的欠席といった、芸術教育を受けるのとはかけ離れた指標によって測定されることが多いため、芸術教育から動機付けへの因果的関係を考える際には注意しなければならない。芸術教育には、生徒の動機付けに対する因果関係的なインパクトがないと言っているわけではない。因果関係があるとしても、むしろ、我々の研究の枠組みは幅広すぎて、今のところそれを捉えることができていない。さらに、芸術教育それ自体が、他の教科よりも生徒を動機付ける、その理由をはっきりと示すことは難しい。生徒が動機付けられるのは楽しいからだというのは確かにそうだろうが、その楽しさも人によって感じ方が異なる。ある程度まで、芸術教育がすべての生徒にとって主な動機付けになるかもしれないという意味では、この効果は芸術教育に付随する要因からくるものかもしれない。例えば、他の教科よりも芸術のクラスで、特に魅力的な指導方法が用いられることが多いのかもしれない。また、芸術を注入することによって学校文化を変えたり、その文化をより探究的なものにしたり、ひいては、動機付けを持つ意欲的な教育成果を上げることができるのかもしれない。さらに、生徒が他のコースよりも芸術コースを楽しめるのは、芸術がいわゆる「試験一発勝負ではない」ためや、正しい答えや間違った答えというものがないためで、このように楽しむことで学校や学習に対する生徒の関わり方を変える力が、芸術にはあるのかもしれない。加えて、生徒は友達が芸術を大切にしていることに気付くことで、自分自身の取組みを高めることができるかもしれないのである。

　すべてこうした推定は、芸術教育が生徒の動機付けを高める可能性と一致している。言ってみれば、芸術教育に付随する複雑な要因のまとまりが、動機付けの機能を発揮しているのだという主張もある。したがって研究者は、こうした複雑な要因と、芸術教育がこうした因果関係を持つ条件とを解きほぐす必要があり、その結果、異なる環境下での多様な成果をよりよく理解することができる。芸術教育と動機付けとの因果関係は、与えられた歴史的、社会文化的文脈において確認されるべきもので、政策形成者はこの情報を活用することがで

きるが、その際、常に芸術教育と生徒の動機付けとの間の関係性を仲介する、数多くの要因があることに注意しなければならない。要するに、芸術教育は複雑な「扱い」が必要であり、実際にどの要素あるいはどの媒介要因がその能力をもたらしているのかがわからなくても、プラスの成果をもたらすかどうか知ることが有益である。

まとめ

今回のように研究を体系的に概観することは、研究の当初の問いに対して、明確で適切な答えを出すための基礎となる。本書は、先に整理したように、ある分野の芸術指導が、実際に特殊なスキルを発達させる上でインパクトを持つことを示している。実証研究は関係するすべてのスキルを網羅してはいないし、むしろそれには程遠い。ある芸術分野における様々な学習は、その他の分野に波及するスキルを形成する。したがって、音楽の学習には聴覚の訓練が含まれているが、これを言語知覚のスキルに「波及させる」ことができる。また、音楽の学習は規律、練習、読譜など、極めて学校的であり、アカデミックな学習にそれを波及させることができる。さらに、演劇には登場人物の分析が含まれており、これも他者の視点に立って理解する能力に波及させることができる。

創造性や批判的思考力、または社会的・行動的スキルに対する芸術学習のインパクトに関するエビデンスはまだまだ結論を出せるまでには至っていない。それはこれらに関する実験研究の数が十分ではないこともあるが、こうしたスキルを適切に測定することが難しいためでもある。

第3節　今後の研究課題

1950年以降確認できた実証研究を体系的に概観することによって、我々は、芸術教育によるイノベーションのためのスキルの発達についてもっとよく知る上で対処すべき方法論上の弱点、及び理論的欠点を明らかにした。芸術教育に関する実証研究が、相対的に限られているということは注目に値する。我々

が確認できた研究は、39種類の教育成果に関する510の結果であった。つまり、1つの成果当たり平均で約13の研究を扱ったことになる。我々の検証範囲を考慮すれば、これはさほど多くはない。多くの場合、せいぜい2、3の研究しかない。芸術教育に関する研究は、教育研究においてわずかなシェアでしかない。

とはいえ、芸術教育に関する実証研究の必要に加えて、現在の研究の水準から、次の10年間における研究上の優先事項が明らかとなっている。1つの優先事項はインパクト研究のための方法論をさらに開発、活用することである。2つ目はもっと重要なことであるが、芸術教育が興味深い様々な成果に対するインパクトをなぜ、どのように持つのかということについて、妥当でテスト可能な理論を開発することである。

方法論上の改善

芸術教育の転移研究における方法論上の警告はこれまでにもあり、今後の研究ではこれに答える必要があろう。芸術を学習する子供がそうでない子供に比べて学校の成績が良いということを示した相関的な発見は数多いが、芸術を学ぶことが本当に芸術以外の能力を高めるかどうかをテストした真の実験研究（すなわち、芸術の介入群と芸術以外の介入群に生徒を無作為に分ける研究）はほとんどない。あるのは準実験研究（統制群は設定しているものの無作為に生徒を割り当てていない研究）で、芸術を取り入れている学校を自分で希望して入った生徒は、芸術以外の教科を取り入れている学校を選んだ生徒よりも、いくつかの学力測定において得点が高いことが示されている。だが、芸術の有無だけでなく、我々は多くの点で次元の異なる学校を比べているのである。加えて、生徒が自分でこれらの学校を選んでいるかという問題があり、この点、スタート地点からして異なる2つの学校の生徒の傾向をみることになる。こうした懸念から、我々が芸術教育の因果関係について何かしら結論付けることには、限界があるのである。

芸術が学力向上をもたらすことを証明する、最も説得力のある方法は、芸術注入型の学校と、同じような学校ではあるが芸術注入型ではない学校に子供を無作為に分けることであり、彼らの進歩について経年変化を見ることである。

第11章 なぜ、今、芸術教育なのか：まとめと結論

さらに、芸術の効果をいわゆるホーソン効果（ある種の介入の効果、医学のプラシーボ効果に相当する）と混同しないようにするためには、芸術注入型でない学校に分けられた生徒を、（例えばグローバリゼーションやスポーツ、チェス、あるいはテクノロジーといったテーマに焦点を当てる指導など）特別な介入を行う学校に割り当てることが必要である。そうすれば、芸術による効果なのか、新しいプログラムによる効果なのかを解き明かすことができる。この種の研究は実行するのはかなり難しく、これまでなかなかなかったのはそのためであろう。

　無作為に分ける要件を満たす上でより実施可能なのは、クラスに対して無作為に措置するアプローチである。例えば、同年齢の生徒から成るクラスを2つ持つ学校が30あるとする。そこでは生徒を知能指数や学力分布に系統的な違いがないものとする。次に、芸術の指導を行うクラスと、芸術以外のいくつかの教科を指導するクラスに分ける。（学年度の始めに実施する）事前テストと（学年度の終わりに実施する）事後テストによって各クラスの結果を評価する。理想的には、事前テスト段階で介入クラスと対照クラスとの間の得点分布に系統的な違いがないようにすべきである。もし、芸術を割り当てたクラスの成績に有意な改善がみられれば、芸術教育が成果の変化の要因であると言える。しかし、この種の無作為の割り当てによる実験研究は極めて限られており、イノベーションのためのスキルに対する芸術教育のインパクトに対する問いは、これまでのところ十分に検証されていない。

　もっと実施可能性が高いのは3つ目の方法で、相関研究を継続することであるが、その際、知能検査や社会経済的背景、学業成績、家庭の芸術や学力に対する考え方などといった、すべてのあり得る交絡変数を最初に厳密に統制しなければならない。だが、確認できた相関研究で、こうした変数すべてを統制したものはない。

　4つ目のアプローチは、個々の生徒（芸術に関わった生徒とそうでない生徒）を長期間にわたって追跡する時系列研究である。この種の研究はある時点のレベルではなく、むしろスキルの成長の軌跡を比較することによって、上述のような、時間を経ても変わらないすべての特徴を統制することを可能にする。

　本書によって、芸術教育とスキルの発達との関係に関する実証研究の課題を明らかにすることができた。また、本書は（実際的理由から行うことが難しか

った）最新のメタ分析のためのすべての要素を含んでいる。しかしながら、真の実験研究が不足していることを考えると、既存の研究をメタ分析するよりも、研究者にはむしろ上で述べたような厳密に統制された研究を行うことを薦めたい。（芸術に多様な指導のあり方があり、また、多様な成果の形がある中で）検証可能で幅広い様々な因果関係に関する問いがあることを考えると、優先すべき研究課題を深め、研究チームが特定の研究課題に対して連携して取り組むことを薦めたい。そうすれば、特定の課題に対して多元的かつ融合的な研究を行うことが可能になる。コラム 11.1 では、我々が推奨する研究課題をまとめた。

> **コラム 11.1** 芸術教育のインパクトに焦点を当てた研究分野への提言
>
> 我々は、芸術以外の多様なスキルに対する芸術教育のインパクトに関する研究の検討を踏まえ、今後、以下のような研究プロジェクトを推奨したい。
>
> - 芸術において育まれる「学びの技」を検証すること。こうした研究は、転移に関する優れた研究に向けた、まさに第一歩となる。
> - 特定分野の芸術と、芸術以外の特定分野のスキルや教科との間の説得力のある関係を探究すること。芸術から、（振り返り、批判的思考力、創造的思考力、あいまいさに対する寛容の能力といった）高次の認知への転移を期待することは、標準テストで評価されるような言語や数学といった、より基礎的なスキル以上に合理的かもしれない(Perkins, 2001; Tishman et al., 1999)。芸術分野が異なれば、異なる種類のスキルに対するインパクトも異なることについて、もっと理解されるべきである。芸術分野の中から音楽を例にとれば、我々は、フーガの作曲を学んだり、バイオリンを演奏したり、聖歌隊で歌ったり、ジャズ、クラッシック、ポップミュージックを演奏したりすることなど、異なる種類の活動から異なる種類の学習成果を期待する (Vuust et al., 2012)。また、あるアカデミックな教科の異なる次元との異なる関係を期待する。例えば、ある芸術分野は幾何に対してインパクトを持つかもしれないが、算術に対してはインパクトを持たないかもしれない（通常の数学のテストでは、それが相殺されているのかもしれないが）。

第11章 なぜ、今、芸術教育なのか：まとめと結論

- ある芸術分野そのものにおける学習を測定すること。そして、それを仮説として取り上げられた転移分野における学習と比較すること。ある分野の芸術における高いレベルの学習は、転移領域における高いレベルの到達度と相関するはずである（Bransford and Schwartz, 1999）。
- 転移の研究は、ある分野の芸術における学習がある転移領域における高い到達度をもたらすか否かによってではなく、その転移領域における学習をより容易にするか否かを問うことによって行うこと。
- 芸術における転移を意識して指導することの効果を検証すること。教師が芸術の授業で教えるスキルは他の教科でも用いることができるということを明示し、生徒がそれをどのようにしたらよいかを理解できるよう手助けし、生徒が働きかけて、両者を結び付ける練習や振り返りをしたりする場合のみ、生徒は芸術で学習したスキルを転移させることができるようになる。
- アカデミックな教科への入り口として芸術を用いることが、ある種の生徒に対して有効かどうかを探究すること。例えば音楽は、数学への確固とした入り口としての機能を持つかもしれない。だがそれは、音楽には強いが数学は苦手としている生徒について当てはまる。また、特別なニーズを持つ子供は、芸術によって学習が助けられることもあるだろう。それはおそらく、音楽が音韻スキルを高めるために、ディスレクシアの子供にとっては音楽が助けとなるのである。またおそらく、演劇の訓練には自閉症の子供に欠けているまさに社会的スキルを高める力（特に、他者の心理を理解すること）があるために、演劇の訓練がそうした子供の助けとなる。
- 芸術の授業を観察することで、他の教科分野が、優れた指導と深化学習についていかに学ぶべきかを研究すること。数学あるいは英語を取っている生徒が、スタジオ・アートのコースの実施方法と同じやり方で、つまり、教師と現在取り組んでいる制作について個別に相談しながら、授業時間（の比率）をできるだけプロジェクトに割くことから恩恵を得られるだろうか。あるいは科学や歴史、言語の授業について、スタジオ・アートのコースでよく行われている、定期的な中間評価から恩恵を得られるだろうか。
- 芸術に効果があるかどうかを経年で調べること。もし効果があるとすれば、それが継続するかどうかを明らかにし、また、テストで測定できないもの、つまり現実の生活に対してインパクトを持つかどうかを研究すること。

- 芸術における多様な学習成果を生む、様々な種類の指導方法、評価、及びカリキュラムの相対的な効果を調べること。できれば、他の領域で用いることができるスキルと「学びの技」の同時的な発達を研究する。

理論的改善

　方法論上の問題点としてよく指摘されるのは、芸術教育による望ましい効果がなぜ、そしてどのように得られるのかに関する理論的な熟慮に欠けている点である。既存の実証研究が、確固とした理論的枠組みを構築しているとは限らない。転移が期待される芸術分野で習得される「学びの技」を分析し、それに基づいてスキルの発達や転移を研究したものは極めて少ない。この種の分析としてはヘトランドら（2013）によって行われたものがあり、転移研究の基礎として用いることができる。なぜ、そしてどのように、芸術教育がある種のスキルを発達させ、それを他のアカデミックな教科に転移させると仮定できるのかについて、確固とした理論的枠組みを構築することが研究者に求められている。その第一歩は、異なる芸術教育によってどのようなスキルを発達させることができるのか、それを明確に理解することであり、さらに、それらのスキルが芸術分野に限定されたものなのか、あるいは他の分野にも波及するものなのかを明らかにすることである。教育の他の分野におけるのと同様、芸術を異なる方法で指導することによって、どのように異なる組み合わせのスキルを育むことができるのかを研究することも重要である。

　転移研究は、まずは芸術分野で指導される「学びの技」を分析し、次に、期待される転移による成果について妥当な仮説を立てるべきである。したがって、アカデミックなカリキュラムに多くの種類の芸術を注入すれば、テストの得点を高めることができるであろうという仮説を検証するのでは十分ではない。必要なのは、芸術を注入することで学習に何が起こり、また、なぜそのような学習がテストの得点といったものに影響を与えるのか、それについての理論である。研究では、ある種の芸術指導から得られると仮定される「学びの技」を1つ以上明らかにし、また、まさにその芸術分野における「学びの技」を学習す

第11章　なぜ、今、芸術教育なのか：まとめと結論

るレベルを評価しなければならない。論理的には、芸術の学習から芸術以外の学習への転移がみられるとすれば、最初に芸術学習がなければならない。ブランズフォードとシュワルツ（Brabsford and Schwartz, 1999）が指摘したように、多くの教育研究で転移がうまくいかなかったと報告されているのは、転移の元の分野での学習が限定的であったことから生じている。したがってこの問いに関する研究は、今後、「元の」芸術分野と転移先の分野での学習を測定すべきである。さらに、転移に関して見つけられるべきは、芸術分野での学習レベルと転移先分野での学習レベルとの強い相関関係である（Schwartz et al., 2005）。

　我々が検討した転移研究の中には、転移をはっきりとわかるように指導したものはなかった。そこでは、教師が転移を意識的に指導することによって、生徒は、ある分野の芸術で学ばれるものと、芸術以外の学習分野にそれを適用する方法との類似点を知ることができるようになる。こうした転移のための指導の仮説的な事例は、ある教師が、視覚芸術で学習する観察のスキルを指摘し、生物の授業で仲間と顕微鏡を通して観察する際も、同様のスキルを用いていることを生徒に気付かせるというものである。転移が自然に起こることを期待する場合、転移を意識的に指導する方が、転移はより一層起こりやすい（Salomon and Perkins, 1989; Terwal et al., 2009）。

　ブランズフォードとシュワルツ（1999）は、ある１つの分野における学習が、転移先の分野での成果を予測するかどうかを検証するといった、転移研究の伝統的なやり方を超える必要があるとした。こうしたアプローチに代わって、ある分野の学習が転移先の分野において、より良い「将来の学習のための準備」となり得るかどうかを検証すべきであると提案しているのである。このことを芸術に援用すれば、芸術クラスを出た生徒が幾何で高い得点を上げられるかどうかを調べるのでなく、むしろ芸術クラスを終えた生徒は、芸術クラスで学ばなかった生徒よりも幾何の学習ができるようになっているかどうかを調べるのである。同様に、生徒が音楽を学習することによって、後に算術のクラスで勉強する際に、算術の概念を習得しやすくなるのかどうかを調べることである。この種の研究、すなわちある分野の芸術を学ぶことで、芸術以外の分野での学習を容易にしているのかどうかを調べることは、まだ行われていない。

　最後に、転移研究は、芸術教育分野における研究の１つにすぎない。芸術教

育の研究でもう1つ主要なものがある。それは、芸術のスキルの獲得において、各芸術分野で用いられている指導方法の持つそれぞれの効果を理解することである。この種の研究は、芸術教育よりもアカデミックな分野で一層発展させることができる。芸術教育によって発達されるスキルや発現する素質に関する研究、そして芸術における様々な指導方法の異なるインパクトは、芸術教育の改善に役に立つに違いない。

まとめ

まとめると、芸術教育に関する実証研究をさらに進め、芸術的スキルそのものを含む、様々なスキルの発達に対する芸術教育のインパクトを探究すべきだと考えられる。また、こうした研究は他の分野で普通に行われているように、芸術教育における異なるタイプの指導が持っている質や効果に焦点を当てるべきである。一定の因果関係的推量を行うために、実験的設計もしくは準実験的設計を持った時系列研究も勧めたい。だが、質の高い芸術教育が育むべきスキルと成果に関する確かな理論が発展しないと、実証研究は成り立たない。芸術教育に関する研究のための資金が足りない現状を考えると、研究チームが協同でいくつかの特定の問いを検証し、異なる文脈においてその結果を再現することも提案したい。優先度の高い研究分野は、イノベーションにとって重要なスキル、例えば、創造性、メタ認知、コミュニケーションをうまくとるためのスキルなどに関する芸術教育の効果を探究することだと思う。

第4節 政策課題

イノベーションのためのスキルに対する芸術教育のインパクトを理解することは、教育政策形成者が適切なカリキュラムを設計したり、その設計に向かうインセンティブを持ったりするのに役立つ。芸術教育が発達させることのできそうなスキルとはどのようなもので、それにはどのような指導方法が必要なのか。大切な社会的・行動的スキルと同様に、芸術教育は学力、創造性、批判的

第11章　なぜ、今、芸術教育なのか：まとめと結論

思考力を同時に育むだろうか。今日のカリキュラムにおいて芸術を正当化するのはまさにこのためであるという主張が、政策文書や芸術教育の擁護者たちからよくなされている。本書では、この点に関するエビデンスを集め、わかっていることを（そしてわかっていないことも）整理している。この点から、本書は、なぜ芸術教育がすべての子供の教育にとって欠くことができないものなのかを明らかにする上で助けとなる。

芸術教育は正当なものだとする主な理由は、明らかに芸術的スキルの獲得であり、これは今日、OECD諸国のカリキュラムにおける芸術教育の優先目標となっている。芸術的スキルといった場合、我々は、異なる芸術分野（楽器演奏、作曲、ダンス、振付け、絵画、演劇など）において発達される技術的なスキルを意味するのみならず、芸術において発達される「学びの技」と態度を意味している。芸術教育が重要なのは、芸術の訓練を受けた人々が、OECD諸国におけるイノベーションのプロセスにおいて重要な役割を果たしているからである。芸術が、ある一国のイノベーション戦略の重要な側面であることは疑う余地はない。しかしまた究極的には、芸術は人類の遺産の本質的な部分であり、人間を人間たらしめているものであり、芸術教育抜きにより良く生きるための教育を想像することは難しいのである。

芸術教育の擁護と転移効果

芸術教育が他の教科や活動における様々な達成や能力といったものに対してプラスのインパクトを認めた多くの研究は、芸術教育擁護を目的として用いられてきた。芸術教育が学力や動機付けに対してインパクトがあるという主張は、芸術がそれ自体として重要であるのでなく、カリキュラムの他の側面をどのようにサポートできるのかという点が重要だという考え方を示す傾向がある。この種の主張は、芸術が存続の危機にあると受け取られる中で、芸術を守る手段として、実際的な理由から展開されてきたとも言える。

芸術は学校カリキュラムにおいて、伝統的なアカデミックな教科のようには重視されてこなかったが、芸術の授業時間は関係者が考えるほどには減っていない。過去10年間に、各国の規定の授業時間で芸術教育に充てられる時間は、

平均的にみてあまり変化していない。2001年から2010年の間に、9〜11歳児を対象とする必修の授業時間において、芸術教育に充てられる時間の割合が減ったのはOECD加盟18か国中10か国であった。だが、その減少は概してごくわずかなものであった。近年のこの安定的な状況は、長期的にみた場合の減少をわかりにくくしているかもしれないが、それでも近年の変化は平均的にみれば限定的である。アメリカ教育省による2012年の報告書によれば、過去10年間に、アメリカの初等学校においてダンスや演劇を教えている学校が激減している。すなわち、2000年には初等学校の20％がダンスや演劇を教えていたが、2010年にはダンスを教えている学校が3％、演劇を教えている学校が4％となった。しかしながら、音楽や視覚芸術の教育については減少しておらず、アメリカの初等学校における芸術教育の主要な内容となっている。したがって、繰り返しになるが、アメリカの学校における芸術教育の減少は限定的なものである。その報告書では、不利な背景を持つ生徒がこの減少から最も被害を受けているとして、アクセスに対する不公平さも指摘されている（NCES, 2012）。

　こうした減少（あるいは減少感）を背景に、芸術擁護者たちは、芸術は他の分野、中でもより体系化された分野に対して転移効果があるとする考えに基づいて、芸術教育の推進を唱えてきた。芸術学習が他分野に対する「副次的効果」を持つならば、なおさら好都合というわけである。だが我々は、芸術教育の存在意義を、芸術以外の伝統的でアカデミックな教科のスキルという観点から正当化できるとは決して考えていない。なぜなら、幾何のスキルを発達させたいのであれば、音楽やダンスを勉強するよりは、まず真っ先に幾何を勉強する方がより効果的であろう。実際、上述のように、芸術の訓練はなぜ読解や数学や科学のスキルを向上「させなければならない」のかという疑問がわいてくる。根底にある仕組みは何だろうか。芸術の訓練は読み書き計算（いわゆる3R）にいくらか効果を持つと言えるにしても、こうした基礎教科で学力が高まるのは、明らかに、それらがカリキュラムで中心的に扱われているからであろう。芸術教育は、芸術の本質的な重要性と芸術が育む関連スキルから、その正当性を主張すべきである。

　さらにどの分野においても、転移は常に証明することが難しい。『Transfer on Trial』と題する本の中で、著者のデターマン（Detterman）は序章におい

第11章　なぜ、今、芸術教育なのか：まとめと結論

て次のように述べている。「第一に、ほとんどの研究は転移を発見できていない。第二に、転移を主張するこれらの研究は最も甘い基準によって転移を発見したと言っているにすぎず、（デターマンが定義付けた、ある1つの行為がある1つの新たな状況において繰り返される程度という）転移の古典的な定義を満たしていない」(Detterman and Sternberg, 1993)。転移はまれであり、その発生の確率は2つの状況間の類似性にもっぱら依存するとする研究がある。つまり、芸術からの転移を厳密に証明しようとする場合も、他の学習形態の転移を証明しようとする場合と同じ限界があるということになる。したがって、芸術教育から社会的に価値があると考えられている芸術以外の教科への転移を示す確実なエビデンスは、極めて限定的なものであるということについて、芸術擁護者たちは驚いてはならない。

革新型社会における芸術教育

　また、芸術教育を正当化する別の説得的理由としては、芸術教育において育まれる（芸術以外のスキルよりもむしろ）芸術のスキルが、我々の社会においてますます重要になってきているという点である。OECD諸国にとって、イノベーションとスキル戦略において芸術教育が重要なのはこのためである。
　第一に、芸術教育が重要なのは職業的な理由からである。学力が高い低いにかかわらず、ある分野の芸術に高い潜在能力を持つ生徒は必ずいる。こうした生徒が学校で芸術教育に触れる機会に恵まれなければ、彼らは自分の芸術における力を発見できないかもしれない。芸術的な表現力に気付くことができれば、自信や幸福感を持つことができる。加えて、こうした発見によって、美術や舞台芸術の職業を選ぶという、より挑戦的な生き方を選ぶだけでなく、グラフィックデザイン、工業デザイン、照明デザイン、音楽産業といった芸術関連分野の職業を選ぶこともできるだろう。文化の経済や「創造的産業」は多くのOECD諸国の経済と成長の鍵を握っている。オーストラリア、カナダ、フランス、イギリス及びアメリカの5か国における、国内総生産（GDP）に占める文化産業の相対的割合は3～6％と見積もられている。
　第二に、芸術教育はユーザー（あるいは「消費者」）の視点からみても重要

である。OECD諸国の2011年家計支出平均でみると、文化的・余暇的財とサービスは5番目に位置する費目であった。したがって、芸術の知識や教育（アート・リテラシー）を育むことが求められ、その結果、人々がこれらの文化的・芸術的活動を最大限に活用し、こうした活動に対する力強い需要とそれに応える革新的な供給を継続させることになる。

　最後に第三として、領域一般的創造性テストによって測定されるような、芸術教育が創造性を高めることに関するエビデンスは今のところ不十分であるにもかかわらず、芸術を専攻した人々は、高度な革新型職業において有用で複雑なスキルを備えていそうだと考えられている。人材という点に関心を持つ場合、イノベーションのための政策は、通常、科学技術におけるスキルに焦点を当てる傾向がみられる。だが、芸術のスキルはイノベーションのプロセスに関係することが多い。高等教育を受けた専門職業人に関する国際的な2つのデータベース（Relex、Hegesco）を分析したところ、芸術関係の卒業生は、卒業5年後には高度な革新型職業に就いており、また、芸術関係の卒業生の54％が、いくつかのタイプのイノベーションを扱う高度な革新型職業に就いていることがわかった。彼らは生産イノベーションでは2番目に、技術イノベーションでは5番目に、知識・方法イノベーションでは7番目にランクされている（Avvisati et al., 2013）。確かに、より革新型のスキルを持つ人々は、自から望んで芸術を学ぶことを選択した人々であろうが、芸術教育がイノベーションにとって重要な一群のスキルを育むというのは妥当と思われる。職業アーティストは確実に、彼らの芸術的な作品を通じて国のイノベーション文化に貢献している。だが、芸術関係の卒業生のほとんどが職業アーティストではなく、経済のあらゆる部門で働いている。事実、芸術関係の卒業生は、教育・サービス部門や保健部門を除き（芸術関係の卒業生は前者の部門でどちらかといえば多く、後者の部門でどちらかといえば少ないが）、他の分野の卒業生と同じようなパターンで就職している。

　上述の結果を簡単に説明するならば、企業が商品を考案する際には、デザインとマーケティングが重要となり、このため企業は革新のために学際的なチームを立ち上げ、そして、そのチームには芸術的なスキルを持ったスタッフが加わる。結局のところ、アップルがiPodの売上に対しておよそ36％の利益を

第11章　なぜ、今、芸術教育なのか：まとめと結論

確保できたのは、アップルがiPodのデザインを考案し、それを世に出したからである（アップルがその技術を発明したからではない）。だが我々は今一度、芸術教育を受けた学生のほとんどが芸術家として働いているわけではなく、多くの科学者やエンジニアのように、技術的芸術的スキルを仕事で使っているということに留意すべきである。彼らが訓練によって発達させる（あるいは教育以前から持っていた）スキルは、どちらかといえば目に見えないスキルであると言えるかもしれないが、そうしたスキルによって、職場で革新型の仕事をより得られるようになるのだ。

多くの大学がイノベーションのための芸術教育の価値に気付き、芸術教育において育まれるスキルを活用するために、新しいタイプの学際的なカリキュラムや教育機関を開発している。興味深い刺激的な例は、近年創設されたフィンランドのアールト（Aalto）大学であるが、この大学はフィンランドの3大学（ヘルシンキ経済大学、ヘルシンキ芸術デザイン大学、ヘルシンキ技術大学）が合併してできたもので、芸術、エンジニア、ビジネスを1つにして、学生にイノベーションと起業家精神を育成することをねらいにしている。

第5節　結論

これからの社会が、今日以上に芸術の訓練を受けた人々を必要とするかしないかははっきりしないものの、少なくともそうした人々をあまり必要としない社会にはならないだろう。他教科、中でも科学や数学と同様に、初等・中等学校において芸術教育は2つの役割を果たすことになるだろう。1つは、芸術教育はある種のリテラシーやある一定レベルの技術的なスキルを提供する。もう1つは、芸術分野に対する生徒の理解を深め、興味・関心を高めさせることで、彼らは高等教育において芸術を専攻しようと考えるかもしれない。

人々はiPodで音楽を聴いたり、小説を読んだり、美術館に出かけたり、テレビドラマを見たり、またダンスをするといった芸術に満ち溢れた生活を送っている。我々は、芸術には元来喜びを与える力が備わっているのだから、学校教育において芸術に重きを置くような国では個々人の幸福が高まると信じてい

る。しかし、このことを証明する研究はまだ行われていない。

　究極的には、たとえ芸術教育が芸術以外のスキルにインパクトを与えるというエビデンスを見つけたとしても、芸術以外のスキルや労働市場におけるイノベーションに芸術教育が与えるインパクトは、必ずしも今日のカリキュラムにおける芸術教育の正当性を説明する最大の理由ではない。芸術は人類最古の時代から、すべての文化の一部として、科学やテクノロジー、数学、人文などと同様に人間活動の主要な領域として存在してきた。この点から、芸術は本来それ自体が教育にとって重要なものである。ある分野の芸術をマスターした生徒は、多分適職を得たり、生きがいを見つけることができるだろう。だが、すべての子供にとって芸術とは、科学やその他アカデミックな教科とは異なる、別の理解の方法を与えてくれるものである。芸術は、正しい答えとか間違った答えとかがない領域であるから、生徒がやりたいように探究したり、試したりすることができる。そしてまた、芸術は個人的な意味・意義を内省したり、発見したりする、そんな場なのである。

引用・参考文献

Avvisati, F., G. Jacotin and S. Vincent-Lancrin (2013), "Educating higher education students for innovative economies: what international data tell us", *Tuning Journal for Higher Education*, Vol. 1/1.

Bransford, J.D. and D.L. Schwartz (1999), "Rethinking transfer: A simple proposal with multiple implications", *Review of Research in Education*, Vol. 24/2, pp. 61-100.

Detterman, D.K. (1993), "The case for the prosecution: Transfer as an epiphenomenon" in D.K. Dettermann and R.J. Sternberg (eds.), *Transfer on Trial: Intelligence, Cognition, and Instruction*, Ablex, Norwood, NJ, pp. 1-24.

Dettermann, D.K. and R.J. Sternberg (eds.) (1993), *Transfer on Trial: Intelligence, Cognition, and Instruction*. Ablex, Norwood, NJ.

Harland, J., K. Kinder, J. Haynes and I. Schagen (1998), *The Effects and Effectiveness of Arts Education in Schools*, Interim Report 1, National Foundation for Educational Research, United Kingdom.

第11章 なぜ、今、芸術教育なのか：まとめと結論

Hetland, L., E. Winner, S. Veenema and K. Sheridan (2013), *Studio Thinking2: The Real Benefits of Visual Arts Education*, 2nd Teachers College Press, New York City. First edition: 2007.

National Center for Education Statistics (NCES) (2012), *Arts Education in Public Elementary and Secondary Schools: 1999-2000 and 2009-10*, Washington DC.

OECD (2010), *The OECD Innovation Strategy: Getting a Head Start on Tomorrow*, OECD Publishing, Paris. http://dx.doi.org/10.1787/9789264083479-en.

OECD (2012), *Better Skills, Better Jobs, Better Lives: A Strategic Approach to Skills Policies*, OECD Publishing, Paris. http://dx.doi.org/10.1787/9789264177338-en.

Perkins, D. (2001) "Embracing Babel: The prospects of instrumental uses of the arts for education. In Beyond the Soundbite: Arts Education and Academic Outcomes" in Conference Proceedings from *Beyond the Soundbite: What the Research Actually Shows About Arts Education and Academic Outcomes*, J. Paul Getty Trust, Los Angeles, pp. 117-124, http://www.getty.edu/foundation/pdfs/soundbite.pdf.

Tishman, S., D. MacGillivray and P. Palmer (1999), *Investigating the Educational Impact and Potential of The Museum of Modern Art's Visual Thinking Curriculum: Final Report to the Museum of Modern Art*, Museum of Modern Art, New York City, NY.

Salomon, G. and D.N. Perkins (1989), "Rocky roads to transfer: Rethinking mechanisms of a neglected phenomenon", *Educational Psychologist*, Vol. 24/2, pp. 113-142.

Schwartz, D.L., J.D. Bransford and D. Sears (2005), "Efficiency and innovation in transfer" in J.P. Mestre (ed.), *Transfer of learning from a modern multidisciplinary perspective*, Information Age Publishing, pp. 1-51.

Terwel, J., B. van Oers, I. van Dijk and P. van den Eeden (2009), "Are representations to be provided or generated in primary mathematics education? Effects on transfer", *Educational Research and Evaluation*, Vol. 15/1, pp. 25-44.

Vuust, P., E. Brattico, M. Seppanen, R. Naatanen and M. Tervaniemi (2012), "The sound of music: Differentiating musicians using a fast, musical multi-feature mismatch negativity paradigm", *Neuropsychologia*, Vol. 50, pp. 1432-1443.

Winner, E. and L. Hetland (2000), "The arts and academic achievement: What the evidence shows", double issue of *Journal of Aesthetic Education*, Vol. 34/3-4, Fall/Winter.

日本語版解説

本書の背景と意図 〜なぜ今OECDがアートの教育なのか〜

　本書は、経済協力開発機構（OECD）教育研究革新センター（CERI）編著『Art for Art's Sake?: The Impact of Arts Education』の日本語訳である。この本を手に取った方の中には、経済への貢献を目的とする国際機関が、なぜアート、しかもアートの教育なのだろうかと不思議に思うかもしれない。

　直接的なきっかけとなったのは、2010年に開催されたOECD教育大臣会合である。これはOECD加盟国の大臣級閣僚が参加し、先進国の教育をめぐる政策課題を討議するもので、OECDが数年に1度開催している。2010年の会合では、21世紀において文化的生活を送るのに必要なスキルは何か、そしてそれを生徒に身に付けさせるためにはどうしたらよいのかというテーマで議論が交わされた。その中で、21世紀に求められる様々なスキルの「適切なバランス」と、様々なスキルを身に付けていくための「動機付け」「やる気」が重要であるとされ、これを達成する上でアートの教育の役割に光が当てられたのである。

　そもそもOECDには、教育を担当する部局（現在は教育・スキル局）が設置されており、経済成長を支える人材・スキルとはどのようなもので、そうした人材・スキルを育成するためにはどのような教育・訓練が必要なのかという観点から、加盟国の協力を得て様々な国際プロジェクトを行ってきたという経緯がある。PISA（ピザ）として知られる「OECD生徒の学習到達度調査」もその1つであり、近年、エビデンスに基づく教育政策、学校教育、実践、指導方法の検討が当たり前のようになってきているが、これにはOECDが進めるこうしたプロジェクトの成果、影響によるところも少なくない。

　現在OECDは、今日そしてこれからの社会を、知識基盤型社会を前提として革新（イノベーション）によって持続し、進歩し、発展する社会と捉え、この革新型社会に必要なスキルを明らかにするプロジェクトに取り組んでいる。原著もそうしたプロジェクトの成果の1つである。本書の序文において、「経

済及び社会における革新（イノベーション）に力を与えるようなスキル、すなわち創造性、想像力、コミュニケーション能力、チームワークといったスキルを育成しなければならない。芸術教育には、まさにこうしたスキルを育成することのできる可能性がある」（序文、5頁）とあるが、これが本書の仮説である。

　本書はこの仮説を検証するために、OECDが定める「イノベーションのための3つのスキル」を芸術教育が高めるか否か、芸術教育がどのようなインパクトを持っているのか、英語圏以外の研究を含めて、過去半世紀の間に公表された関連研究を洗い出しながら、メタ分析を加えて、芸術教育のインパクト、成果・効果を検討している。ここで、イノベーション・スキル（skills for innovation）とは、互いにオーバーラップしている次の3つのスキルから成る。1）技術的スキル（内容や手順の知識）、2）思考・創造のスキル（アイデアを問う、課題を見つける、知識の限界を見定める、関係を構築する、そして想像する）、3）社会的・行動的スキル（粘り強さ、自信、共同そしてコミュニケーション）、である。このイノベーション・スキルへのインパクトを念頭に、既存の研究において検証されている、1）言語的、数学的、空間的スキル（能力）、2）創造性、3）アカデミックな教科の学習動機、そして4）社会的スキル（自信、共感、他者の視点に立つこと、そして感情の調整）への芸術教育のインパクトを検討したのが本書である。

　本書で扱う、芸術教育を通じたイノベーション・スキルを持つ人材の育成という視点からわかることは、OECD諸国の経済成長にとって鍵となるのは「創造的産業」の担い手であり、芸術教育に求められているのは、プロのアーティストや芸術教育の指導者といったいわゆる芸術の専門家養成という以上に、一般社会人、市民にも必要な、言わば「芸術リテラシー」を身に付けるべきだという考え方である。

　例えば、本書では、高等教育を受けた職業人に関する国際的なデータベースの分析結果から、芸術専攻の卒業生の半数以上が、プロのアーティストではなく、生産、技術、知識部門で革新型の職業に就いていることが挙げられており（第11章、334頁）、高等教育段階における芸術分野が、すでに経済の担い手を供給している一端がわかる。「芸術教育がイノベーションにとって重要であるとするいくつかの示唆的なエビデンスがあるが、これはOECD諸国で芸術を

日本語版解説

学んだ人々が、イノベーションの過程において重要な役割を果たしているためである。例えば、芸術関係の学部の卒業生が生産部門のイノベーションに広く関わっていることである。また、イノベーションに対する芸術教育の価値を認識し、新しいタイプの学際的なカリキュラムを開発する大学や、芸術教育において得られるスキルを活用しようとする機関も増えている」(要旨、25頁)。

芸術教育がもたらす成果や効果をより広く捉えることで、芸術の新たな可能性、価値を拓こうとしているのである。

日本の読者のための手引き 〜本書の構成と内容〜

日本人の私たちが本書を読む際に、まず最初に押さえたいのは、取り上げられている芸術教育（arts education）の指すところが、日本人が普通にイメージする学校教育での芸術の分野よりも、広いということである。つまり、私たちに馴染みのある美術や音楽に加えて、演劇やダンスといった身体を用いたパフォーマンスによる表現の芸術や、さらには分野を統合的に扱う芸術指導といったものが含まれている（そこで本書では、カタカナの「アート」をタイトルにした）。

原著者、エレン・ウィナー（Ellen Winner）ボストンカレッジ教授を中心とした研究者が拠点とするアメリカの教育、そしてその中における芸術教育の文脈を頭に入れておくことが、本書を理解する上で有効かと思われる。なぜならば、原著『Art for Art's Sake?』の分析の視点は、アメリカの芸術教育を巡る議論や動向を背景としたものであり、多くの日本人が日本の学校教育を通じて経験する美術教育とは異なるものだからだ。そして、一般にはあまり耳慣れないいくつかのキーワードが、本書に対する私たちの理解を深めるための、文字通り鍵となる。「学びの技（habit of mind）」「学習の転移（transfer of learning）」「マルチ・アート教育（多元的・統合的な芸術教育）（Multi-arts education）」などがそれである。

本書は11の章から成る。

第1章では、まず、芸術教育に期待されている新たな目標、すなわち革新型社会のためのスキルや態度を育成するという考え方が、どのような背景で生ま

れてきたのかを概観している。次に、芸術教育が、芸術以外の分野で必要とされるスキルを高めるのかどうか、すなわち「学習の転移」が起きるのかどうかを再検討することが目的であり、そのために、これまで様々な国々で行われてきた様々な実験研究、準実験研究を整理分類し、それらをメタ分析することによって確かめるという方法をとったことを論じている。

　本書で「アート」が、日本の特に学校教育からイメージされる芸術（美術）を超えた概念として捉えられ、様々な分野が取り上げられているのは何故なのかは、第1章で示されている。したがって、読者が研究者であるか否か、また、背景や興味・関心にかかわらず、是非一読いただきたい部分である。

　続く第2章から第6章までは、マルチ・アート教育（第2章）、音楽教育（第3章）、視覚芸術教育（第4章）、演劇教育（第5章）、ダンス教育（第6章）という芸術のそれぞれの分野が、芸術以外の分野における認知的能力を高めるのかどうか、これまでの研究結果からエビデンスがあると言えるのかどうかを検討している。このうち第4章の「視覚芸術教育」は、我々が慣れ親しんでいる「美術」に相当すると考えてよいと思う。

　さらに第7章から第10章までは、芸術教育が創造性（第7章）、動機付け（第8章）、社会的スキル（第9章）という非認知的能力を高めるというエビデンスが得られているのかどうかを検討するとともに、近年発達著しい脳科学の成果を芸術教育と関連付けながら論じている（第10章）。

　第2章から第10章において用いられているメタ分析については、コラム2.1（第2章、79～80頁）にその概要が解説されている。いくつかの先行研究を「効果量」を用いて統合することによって、研究結果から信頼できるエビデンスが得られるのかどうかを明らかにする統計的な分析手法の1つである。エレン・ウィナー教授を中心とする研究グループは、1) 様々な国のデータベースを検索し、多様な研究を網羅し、それらを整理分類した上で研究対象を決め、2) 統計分析に関して報告されている部分からデータを抽出し、1つの効果量指標にコード化し、3) 複数の研究の効果量を変換し、平均するなどして統合した上で、その結果を検証するという流れでメタ分析を行っている。本書は統計分析そのものを主眼としたものではないため、おそらく紙幅の関係もあって、具体の検証プロセスの大部分は省略されているものの、先行研究が真に妥当な

ものと言えるのかどうかを検証するメタ分析は、今日の統計的手法を用いた研究の流れとなっている。なお、効果量については、変数間の関係を示す「r」を用いるとされているが（コラム2.1参照）、本文中では、群間差を標準化した値である「コーエンのd」の相当量も並記されている。

　第11章では、革新型社会に必要とされるスキルを今一度おさらいした上で、芸術教育が認知、非認知の能力に対してインパクトがあるのかどうか、あるとしたらどのようなインパクトと言えるのか、本書で行ったメタ分析の結果を総括している。さらにそれを踏まえ、これからの研究に求められることは何か、課題を述べている。そして最後に、なぜ今、芸術教育が先進国の政策上の課題になり得るのか、イノベーションのためのスキルを育む芸術教育の視点から、学校教育における芸術分野の存在意義について論じている。

　この最終章は、第1章で提示した本書の目的、背景、問題意識に対する答えの章である。また、芸術教育に関する転移研究についての理論的、方法論的課題について総括し、この分野の研究を今後どう発展させるべきなのかについて、その提案が示されている。

　なお、本書が検討した実証研究における芸術教育は3つのタイプに分けられる。1つは、音楽や視覚芸術といった特定の芸術分野について指導する学校の授業やクラス、1つは、他のアカデミックな教科を支援する観点を供えた複数の分野にまたがる授業やクラス、そしてもう1つは、プライベートな演奏指導を含む教科外、学校外の指導である。また、取り上げられている実証研究のタイプには、相関研究、準実験研究、無作為の割り当てを行っている真の研究、さらに、分野間研究と長期の追跡調査が含まれている。

アメリカでの芸術教育の議論

　本書を読み進めると、エレン・ウィナー教授らの検討の視点には、アメリカの教育改革や芸術教育の文脈が見え隠れしている。特に、芸術を学んで身に付いたこと（スキル）が、他の芸術以外の領域や教科に「転移（transfer）」してそこで活かされる。このテーマが盛んに検証されてきた理由はなんであろうか。アメリカの芸術教育のあり方をめぐる議論と関係があるのではないか、も

しそうであれば、それをあらかじめ知っておくことで、また1つ、本書の別の読み方もできるのではないかと考え、『Encyclopedia of Education』（2003年）を紐解いたところ、アメリカの芸術教育の略史が整理されていた。一部を要約して以下に紹介する。

　第2次世界大戦後のアメリカにおいて、特に1957年に旧ソビエトが世界初の有人宇宙飛行に成功（いわゆる「スプートニクショック」）した後で、国家防衛教育法が成立すると、カリキュラムの重点は数学や科学といったアカデミックな教科に移っていった。さらに1970年代になると、学齢期人口の減少や深刻なエネルギー危機が教育財政に影響し、芸術教育プログラムの地位はいよいよ学校教育の中で隅に追いやられていった。だがその同じ時代に、DBAE（学問分野に基づいた美術教育）のような芸術教育を活性化する理論が生まれるなど、芸術教育者たちの巻き返しも図られた。

　そして1980年代、アメリカの生徒たちの学力水準の低下が、『危機に立つ国家』（1983年）以降、学校教育の危機として国家的な関心を呼ぶようになり、就学前からハイスクール（K-12）のすべての段階の教育改革が叫ばれるようになった。その動きは、1994年、教育内容や学力の基準となる「教育スタンダード」の策定を求めた「2000年の目標：アメリカ教育法」に結実する。これに対応して、分野の異なる芸術教育団体が全米の芸術教育連合を組織し、基本カリキュラムの中で芸術に正当な位置を得ようと努力した。全米芸術教育協会（NAEA）が中心となって、芸術の教育スタンダードも策定された。

　こうした芸術の教育スタンダードの形成に向かう議論には3つの理論的影響が認められる。1つは構成主義であり、ブルーナー、ピアジェ、ヴィゴツキーらの論によって教授理論が展開された。次に、ポストモダン思想であり、芸術教育においては、多文化主義と伝統が重視された。そして3つ目が、ハワード・ガードナーによって主導された多重知識理論（MIT）であり、音楽的、身体的、空間的知能などを含む複数の知性（当初7つ）を認める能力観である。アメリカの芸術カリキュラムの実践はこうした理論に支えられている（ちなみに、この最後の多重知識理論の提唱者ハワード・ガードナーは、本書の著者の中心人物エレン・ウィナー教授のご主人である）。

　こうした概略史をみると、本書で議論されているカリキュラムにおける芸術

日本語版解説

の位置付けや芸術の「転移」の研究は、アメリカの教育改革の文脈の中で現実的要請が高いものだったことがわかる。つまり、芸術教育を取り巻く状況が厳しいがために、関係者たちは、芸術教育が芸術以外の学力を高めるという論を展開することによって、学校教育における芸術教育の生き残りを主張してきたのである。

そして興味深いことに、こうした状況はアメリカに限らず多くの国でみられるということも示唆されている。「ほとんどのOECD諸国において、芸術教育のカリキュラムは当然のことながら芸術的スキルを身に付けさせようとするものである」が、「同時に、芸術に特化しない、より包括的なスキルを発達させるための方法として」捉えられており、「芸術における学習が芸術の外にあるスキルや行動に転移するという前提が、ほとんどのOECD諸国の芸術教育の施策に浸透している」(第1章、36頁)という指摘にそれを見てとることができる。

アートの教育の「効果」を測るということ

本書では、これまでの実験研究の成果をメタ分析するにあたって、繰り返し、相関関係と因果関係との違いに触れている。両方とも、芸術以外の分野に対する芸術教育の効果を説明し得るとしながらも、ある2つの事柄が関連しているという事実を示す相関関係と、ある1つの事柄がもう1つの事柄を導く、あるいはその原因となるという事実を示す因果関係とは別物であると指摘している。その上で、芸術を学ぶことが本当に芸術以外の能力を高めるのかどうかを検証するには、因果関係を推論できる実験が必要なのだが、芸術教育を受ける群と芸術以外を受ける群を設定し、それに無作為に生徒を割り当てた"真の"実験研究は学校現場で行うことが難しい、とも述べている。

つまり、本書で取り上げたマルチ・アート、音楽、演劇、視覚芸術、ダンスの各分野、そして思考力や創造性、社会的・行動的スキルについては、転移のエビデンスが示唆される分野がないわけではないが、多くは確実なことが言えないとしている。「それはこれらに関する実験研究の数が十分ではないこともあるが、こうしたスキルを適切に測定することが難しいためでもある」(第11章、323頁)。

345

芸術教育は評価が難しいのも、また多くの人々の感じているところではないだろうか。評価基準を共通の物差しとすることが難しい。だが、高度なスキルが要求される社会や経済においては、評価するのが難しいものにこそ学習する価値があるのではないだろうか。

　イノベーションのためのスキルを育むアートの教育。この命題に対して、著者たちが出した結論は、今現在、学校のカリキュラムにおけるアートの存在意義をゆるぎないものとして主張できるエビデンスは示されていないというものだ。だが、学校教育でアートに取り組む意味がないということが明らかになったとも言っていない。あくまでも、教育の効果やスキルを測定することの困難さに対する研究手法の限界や制約から、「証明されてしかるべきものが、まだ証明されていない」と考えている。

　つまり、エビデンスありきではないということだ。「エビデンスがないから存在意義がない」のではなく、「存在意義はあるが、まだエビデンスが十分でない」ということである。大事なのは、芸術の本質に様々な力、効果、効用があるということを確信できるための理論的裏付けであり、エビデンスはそうしたものに妥当性、信頼性という客観的な装いを与え、より多くの人々が共通の物差しで議論できるようにするための道具なのだということである。

　著者たちは教育におけるアートの重要性を高く評価し、「芸術教育の第一の意義は、芸術に内在する価値とそれに関連するスキル、そしてそれらが育む日常的に芸術を楽しむ精神であるべきだ」（要旨、26頁）と述べつつ、次のように締めくくっている。「ある分野の芸術をマスターした生徒は、多分適職を得たり、生きがいを見つけることができるだろう。だが、すべての子供にとって芸術とは、科学やその他アカデミックな教科とは異なる、別の理解の方法を与えてくれるものである。芸術は、正しい答えとか間違った答えとかがない領域であるから、生徒がやりたいように探究したり、試したりすることができる。そしてまた、芸術は個人的な意味・意義を内省したり、発見したりする、そんな場なのである」（第11章、336頁）。

　芸術は、我々が、学校や会社、規則や制度といった社会的な枠組みにどれだけコミットするかにかかわらず、生涯にわたって自律的であること、つまり、それぞれの個性や生活に合った枠組みをつくるスキル、日々の生活を心の底か

日本語版解説

ら楽しむスキルといったものを身に付けさせてくれるものなのかもしれない。著者たちが本書の原題『Art for Art's Sake?』に込めたアートへの思いは、知識基盤型経済を超えた、こんなところにもあるのかもしれない。

　我々訳者は読者に、本書が扱っているそれぞれの分野を超えて、「アート」として横断的に読んでいただけるように、そして何よりも、プロの芸術家や芸術教育の研究者、指導者、学校の図画工作や美術の先生を含め、様々な分野で人材・スキルの育成や評価に携わっている方々にも広く読んでいただけるよう、原文で述べられていることの意図や文脈をできるだけ汲み取りながら言葉を補ったり、本文で挙げられた文献にあたったりしながら、できるだけわかりやすい表現を心がけたつもりである。

　ここで訳語について、3つだけ説明しておきたい点がある。

　1つはskillsである。本書では、skillsという単語が、単独あるいは形容詞を伴いながら頻繁に使われている。そもそも本書のテーマがイノベーション・スキルと芸術教育である。skillsという単語は、求められる「能力」や獲得された「能力」を指し、「能力」と訳した方が、訳文としては読みやすい感じがする文脈も少なくない。しかし、skillsという言葉の重みを考慮すると、abilityといった単語が連想されないよう、翻訳ではできるだけskillsには「スキル」を当ててみることにした。

　次に、academic skills、academic outcome(s)、academic performance、academic achievement、そしてeducational attainmentという原語には、主に「学力」という訳語を当ててみた。これらの言葉は、言語や数学といったアカデミックな教科における、「学習によって得られた能力」や「テスト結果や学業成績として表れる能力」という文脈で使われており、我々が普段耳にする、比較的狭義の「学力」と親和性があると考えた。もちろん、イノベーション・スキルによって説明されるような能力は、広義の学力として議論されているものとオーバーラップするところがあると思う。

　さらにもう1つ、habits of mindである。これには心の習慣、思考や精神の習慣といった直訳が考えられるが、何かをつくろうとしたり、問題の解決に取り組むときに発揮される力、スキルを指している。本書のキーコンセプトの1つであり、例えば、視覚芸術において期待されるhabits of mindには、目に見

えないものを想像すること、テクニックを超えて自らを表現すること、眼に映ること以上を見ること、そして振り返ることなどが含まれる。こうした何かを達成しようとするときに発揮される知的精神的行動的な構えを、本書では「学びの技」と訳してみた。

　本書は、訳者3人がそれぞれの専門性から本書全体の翻訳にあたり、それらを統合、調整するプロセスを経て完成したものである。それぞれの特徴、得意とすることを活かした協同作業を形にすることができたのではないかと感じているが、訳業の不備は訳者の責任である。温かいご指摘をいただき、改善に努めたい。

　最後に、日本の読者に向けてメッセージをお寄せいただいた著者のエレン・ウィナー教授、そして本書刊行の機会を与えていただいた明石書店の安田伸氏に御礼申し上げる。

2016年8月

篠原康正／篠原真子／裵岩晶

◎訳者紹介

篠原 康正（しのはら・やすまさ）　SHINOHARA Yasumasa
元文部科学省外国調査官（2000～2017年）。1956年生まれ。東京大学大学院教育学研究科博士課程等を経て、1995年より文部省。近著に、文部科学省編著『諸外国の教育動向2016年度版』（共著、明石書店、2017年）、「政策に具体化し始めた『21世紀を生きる力』」（時事通信社『内外教育』第6470号、2016年）、「教育思想」（岡田昭人監修『教育学入門』（ミネルヴァ書房、2015年））、「ハーバート・リードの教育論における"discipline"について」（『教育文化政策研究』第5号、2018年）、'Some Aspects of the Growth of University Student Internship in Japan,' in: Jon Talbot (ed.), *Global Perspectives on Work-Based Learning Initiatives*, Hershey PA (2018)。訳書に、OECD教育研究革新センター編著『メタ認知の教育学：生きる力を育む創造的数学力』（共訳、明石書店、2015年）、経済協力開発機構（OECD）編著『PISAから見る、できる国・頑張る国2：未来志向の教育を目指す：日本』（分担訳、明石書店、2012年）などがある。

篠原 真子（しのはら・まさこ）　SHINOHARA Masako
国立教育政策研究所研究企画開発部総括研究官／文部科学省情報教育調査官。1963年生まれ。筑波大学大学院博士課程教育学研究科、同教育学系助手等を経て、2014年より現職。近著に、「連載（特集）：『情報活用能力』を測るとは①～⑤」（時事通信社『内外教育』第6570～6575号、2017年）、「連載：PISAが描く世界の学力マップ　第1～24回」（時事通信社『内外教育』第6332号～6378号、2014年）。著訳書に、国立教育政策研究所編『生きるための知識と技能5：OECD生徒の学習到達度調査(PISA)2012年調査国際結果報告書』（共著、明石書店、2013年）、OECD教育研究革新センター編著『メタ認知の教育学：生きる力を育む創造的数学力』（共訳、明石書店、2015年）、経済協力開発機構（OECD）編著『PISAの問題できるかな？：OECD生徒の学習到達度調査』（共訳、明石書店、2010年）、同『PISAから見る、できる国・頑張る国2：未来志向の教育を目指す：日本』（分担訳、明石書店、2012年）などがある。

裵岩 晶（ほろいわ・あきら）　HOROIWA Akira
国立教育政策研究所国際研究・協力部総括研究官。1970年生まれ。早稲田大学大学院教育学研究科博士後期課程等を経て、2012年より現職。平成30年度から文部科学省「情報活用能力調査の今後の在り方に関する調査研究企画推進委員会」委員。著訳書に、'Domestic and International Destinations of Japan's Doctorate Holders,' in: Leonid Gokhberg, Natalia Shmatko and Laudeline Auriol(ed.), *The Science and Technology Labor Force*（共著、Springer、2016年）、国立教育政策研究所編『生きるための知識と技能5：OECD生徒の学習到達度調査（PISA）2012年調査国際結果報告書』（共著、明石書店、2013年）、OECD教育研究革新センター編著『メタ認知の教育学：生きる力を育む創造的数学力』（共訳、明石書店、2015年）、経済協力開発機構（OECD）編著『PISAから見る、できる国・頑張る国2：未来志向の教育を目指す：日本』（分担訳、明石書店、2012年）。報告書に国立教育政策所編『PISA2012年問題解決能力調査－国際結果の概要－』（共著、国立教育政策研究所、2014年）などがある。

アートの教育学
革新型社会を拓く学びの技

2016年10月27日　初版第1刷発行	
2019年 3 月28日　初版第2刷発行	

編著者　OECD教育研究革新センター
訳　者　篠原　康正
　　　　篠原　真子
　　　　袰岩　晶
発行者　大江　道雅
発行所　株式会社 明石書店
　　　　〒101-0021
　　　　東京都千代田区外神田6-9-5
　　　　TEL　03-5818-1171
　　　　FAX　03-5818-1174
　　　　http://www.akashi.co.jp
　　　　振替 00100-7-24505

組版　　株式会社ハマプロ
印刷・製本　モリモト印刷株式会社

（定価はカバーに表示してあります。）　　　　ISBN978-4-7503-4430-0

メタ認知の教育学 生きる力を育む創造的数学力
OECD教育研究革新センター編著
篠原真子、篠原康正、袰岩晶訳
◎3600円

社会情動的スキル 学びに向かう力
経済協力開発機構(OECD)編著
ベネッセ教育総合研究所企画・制作
無藤隆、秋田喜代美監訳
◎3600円

学習の本質 研究の活用から実践へ
OECD教育研究革新センター編著
立田慶裕、平沢安政監訳
◎4600円

脳からみた学習 新しい学習科学の誕生
OECD教育研究革新センター編著
小山麻紀、徳永優子訳
小泉英明監修
◎4800円

グローバル化と言語能力 自己と他者、そして世界をどうみるか
OECD教育研究革新センター編著 本名信行監訳
徳永優子、稲田智子、来田誠一郎、定延由紀、西村美由起、矢倉美登里訳
◎6800円

21世紀型学習のリーダーシップ イノベーティブな学習環境をつくる
OECD教育研究革新センター編著
斎藤里美、本田伊克、大西公恵、三浦綾希子、藤浪海訳
木下江美、布川あゆみ監訳
◎4500円

学びのイノベーション 21世紀型学習の創発モデル
OECD教育研究革新センター編著
有本昌弘監訳 多々納誠子訳 小熊利江訳
◎4500円

キー・コンピテンシー 国際標準の学力をめざして
ドミニク・S・ライチェン、ローラ・H・サルガニク編著
立田慶裕監訳
◎3800円

図表でみる男女格差 OECDジェンダー白書2 今なお蔓延る不平等に終止符を!
OECD編著 濱田久美子訳
◎6800円

図表でみる教育 OECDインディケータ(2018年版)
OECD編著 徳永優子、稲田智子、大村有里、坂本千佳子、立木勝、松尾恵子、三井理子、元村まゆ訳
◎8600円

OECD保育の質向上白書 人生の始まりこそ力強く:ECECのツールボックス
OECD編著 秋田喜代美、阿部真美子、一見真理子、門田理世、北村友人、鈴木正敏、星三和子訳
◎6800円

OECD幸福度白書4 より良い暮らし指標:生活向上と社会進歩の国際比較
OECD編著 西村美由起訳
◎6800円

主観的幸福を測る OECDガイドライン
経済協力開発機構(OECD)編著
桑原進、高橋しのぶ訳
◎5400円

世界の行動インサイト 公共ナッジが導く政策実践
経済協力開発機構(OECD)編著
齋藤長行監訳 濱田久美子訳
◎6800円

諸外国の初等中等教育
文部科学省編著
◎3600円

諸外国の生涯学習
文部科学省編著
◎3600円

〈価格は本体価格です〉